“十二五”职业教育国家规划教材
经全国职业教育教材审定委员会审定

国际贸易实务实训教程

第3版

张君斐　主编

中国农业大学出版社
·北京·

内容简介

本书的主要特点是突出教材的先进性，反映了国际贸易发展的一系列新的特点和发展趋势以及国际贸易运作实践中的新经验与成果。尤其是书中反映了《UCP600》、《2010年国际贸易术语解释通则》对国际贸易业务的新要求和新做法。本书从行业企业需要和高等职业教育的要求出发，以强化国际贸易实务基本技能为要旨，以外向型企业的典型产品出口、进口和加工贸易方式为主线，以职业能力培养为核心，全书共分典型产品出口业务、典型产品进口业务、典型产品加工贸易业务，即上、中、下三篇，上篇包括出口准备工作、出口磋商与签约工作、出口履约工作、出口善后工作4个学习情境，中篇包括进口准备工作、进口磋商与签约工作、进口履约工作、进口善后工作4个学习情境，下篇包括进料加工业务、来料加工业务2个学习情境。为更好地适应高等职业教育改革需要、更贴近企业人才培养需求，着重从典型产品的国际贸易的实战性出发，每一学习情境均设综合性的技能训练，技能训练内容具有一定的前瞻性。

本书内容丰富全面，结构新颖，具有很强的实用性，既可用作高职高专院校国际贸易实务、国际商务、报关与国际货运专业及相关专业的教材，也可作为国际贸易实务课程的配套教材和国际贸易实务的培训用书，由于《国际贸易实务实训教程》注重国际贸易实务的实用性与操作性，除可作为学校教材外，也可作为外贸从业人员的学习用书或供国际商务人员在工作实践中学习与参考。

图书在版编目(CIP)数据

国际贸易实务实训教程/张君斐主编. —3版. —北京：中国农业大学出版社，2014.6
ISBN 978-7-5655-0991-9

Ⅰ.①国…　Ⅱ.①张…　Ⅲ.①国际贸易－贸易实务－高等学校－教材　Ⅳ.①F740.4

中国版本图书馆CIP数据核字(2014)第125684号

书　　名　国际贸易实务实训教程　第3版
作　　者　张君斐　主编

策划编辑　康昊婷　伍　斌　　**责任编辑**　张　玉
封面设计　郑　川　　**责任校对**　王晓凤　陈　莹
出版发行　中国农业大学出版社
社　　址　北京市海淀区圆明园西路2号　　**邮政编码**　100193
电　　话　发行部 010-62818525,8625　　读者服务部 010-62732336
　　　　　编辑部 010-62732617,2618　　出　版　部 010-62733440
网　　址　http://www.cau.edu.cn/caup　　**E-mail** cbsszs@cau.edu.cn
经　　销　新华书店
印　　刷　涿州市星河印刷有限公司
版　　次　2014年9月第3版　2014年9月第1次印刷
规　　格　787×1 092　16开本　18印张　438千字
定　　价　38.00元

图书如有质量问题本社发行部负责调换

中国农业大学出版社
“十二五”职业教育国家规划教材
建设指导委员会专家名单
（按姓氏拼音排列）

编 写 人 员

主　编　张君斐（嘉兴职业技术学院）

副主编　蔡玉娟（嘉兴职业技术学院）

参　编　肖文左（辽宁农业职业技术学院）

陈红艳（扬州环境资源职业技术学院）

陈　军（广西工业职业技术学院）

前 言

国际贸易实务实训是专门针对国际贸易等相关课程日常教学训练课程，是专业教育的一个重要实践性教学环节，也是一门具有涉外活动特点的实践性很强的综合性应用学科。本书主要研究国际贸易业务活动中应遵循的国际惯例、规则以及合同条款等相关内容，本书以典型产品完整的国际贸易业务为引导，提出相应的工作任务，结合相关的知识准备，进行实际的进出口贸易任务处理，同时配以紧密结合职业岗位的职业能力训练，以培养学生职业素养和职业能力，促进学生职业生涯发展。

本书以外向型企业的典型产品出口、进口和加工贸易方式为主线，以职业能力培养为核心，全书共分典型产品出口业务、典型产品进口业务、典型产品加工贸易业务，即上、中、下三篇，上篇包括出口准备工作、出口磋商与签约工作、出口履约工作、出口善后工作 4 个学习情境，中篇包括进口准备工作、进口磋商与签约工作、进口履约工作、进口善后工作 4 个学习情境，下篇包括进料加工业务、来料加工业务 2 个学习情境。本书与同类教材相比，具有以下特点：

1. 以典型产品贸易为学习情境。本书在出口业务、进口业务、加工贸易业务中引入了典型产品，使接单、核价、进度跟踪、出货、接汇等国际贸易业务有了相应的产品载体，不再是抽象的学习，使学生在学会典型产品贸易后，能够实现知识的迁移，适应更多的具体产品的外贸业务要求；以外向型企业的典型产品出口、进口和加工贸易方式为主线，改变了《国际贸易实务实训教程》只重点研究出口业务的情况，使学生能够适应进口贸易、加工贸易等贸易方式的外贸业务。

2. 围绕典型产品工作任务设计教学活动。以让学生学会典型产品贸易为教学目标，本书围绕典型产品工作任务设计教学活动，教材内容按典型产品工作化，结合实际工作任务，利用相关专业知识，参照相关法规及行业要求，对典型产品贸易的工作任务进行了分析，主要是要明确典型产品贸易工作对象、工作步骤、工作要求、工艺流程规范等内容，同时也明确典型产品贸易中必须建立的相应的部门和组织结构。使用本教材，实现教学过程"真实性"、能力培养的"直接性"、教学管理的"企业性"。

3. 突出情境训练教学。本书充分利用该领域的学者、业界人士和编写组老师的教改成果，体现职业标准、职业岗位和职业能力培养的要求，在本书的编写过程中，得到了嘉兴良友进出口集团股份有限公司、嘉兴市华严花边织造有限公司等外贸公司领导和外贸业务员的指导和帮助，每个学习情境均适当地配以体现企业真实业务的单证样本、形式多样的职业能力训练，使学员能够熟练运用进出口的成本核算、询盘、报盘、还盘等各种基本技巧，熟悉国际贸易的物流、资金流和业务流的运作方式，体会国际贸易中不同当事人的不同地位、面临的具体工作和互动关系，学会外贸公司利用各种方式控制成本以达到利润最大化的思路，提高发现问题、分析问题和解决问题的能力，为将来步入工作岗位打下良好基础。

本书由嘉兴职业技术学院张君斐任主编。具体分工如下：嘉兴职业技术学院张君斐老师负责学习情境 1、3、7、8、9、10 的编写，广西工业职业技术学院陈军老师负责学习情境 2 的编写，辽宁农业职业技术学院肖文左老师、扬州环境资源职业技术学院陈红艳老师负责学习情境 4 的编写，嘉兴职业技术学院蔡玉娟老师负责学习情境 5、6 的编写，全书由张君斐老师负责统稿总纂。

本书的顺利出版，得到中国农业大学出版社的大力支持和帮助，谨此致谢！

本书的撰写过程中参考了大量的书籍和文献，书中未一一列出，在此一并向有关作者表示衷心感谢！

由于编者水平和能力所限，书中若有不妥之处，请读者指正，并提出宝贵意见。

编　者

2014 年 1 月

目 录

上篇　典型产品出口业务

中篇　典型产品进口业务

上篇　典型产品出口业务

学习情境一

出口准备工作

学习目标

知识目标：了解熟悉典型产品的途径；掌握调研市场的方法；熟悉寻找客户的途径；熟悉禁止、限制出口货物的管理规定；熟悉样品的种类、样品管理等相关知识。

能力目标：能利用多种途径熟悉产品，能通过各种途径了解市场；能运用各种途径寻找客户；能做好参加交易会的各种操作；能查询出口货物HS编码、海关监管证件代码、出口退税率等相关贸易信息；能根据国外客户的要求开展打样、寄样等样品管理工作。

工作任务

浙江金莎进出口有限公司(Zhejiang Jinsha Imp. & Exp. Co., Ltd.)成立于1985年，是一家具有进出口经营权的贸易公司，主要从事纺织品的进出口业务。公司位于浙江省宁波市，下设业务部、单证储运部、财务部、人事部等部门，公司贸易规模日益扩大，客户遍及世界各地。2013年1月，公司因业务需要招聘了一名新业务员李婧，从事纺织品的进出口业务工作。

2013年4月15～19日，李婧参加了第113届春季广交会，在广交会上结识了来自德国的经营纺织服装的Kading Gmbh & Co. KG的经理Dirk Geraldine，他对款号为JS256和JS258的全棉男式夹克非常感兴趣，留下了名片。2013年4月25日，李婧收到了Dirk Geraldine的电子邮件，欲购全棉男式夹克，内容如下：

发件人：DirkG@kading.com.de
收件人：lijing@zjjs.com.cn
日期：2013-4-25 18:12:06
主题：Enquiry Men Jacket
附件：

Dear Miss Li,

It was regretful that we didn't have the chance to talk with you in detail during the 113th Chinese Import and Export Commodities Fair. We are one of German professional importer of textiles and textiles articles. Now we are keenly interested in your Men Jacket Style No. JS256 and JS258. It would be appreciated if you could quote us your best price in USD/pc on CIF Hamburg. The proceeds will be paid by L/C at sight and the date of shipment is not later than July 31, 2014.

Besides, please mail one sample of the above item by DHL a. s. s. p. The carriage charge will be paid by us via DHL No. 966 685 908. If the sample tests well, we pay the sample charge by T/T. If the price is reasonable, we will place the order of 2 000 pieces for Style No. JS256 and JS258 respectively.

Best wishes,

Yours truly,

Dirk Geraldine

Manager

Kading Gmbh & Co. KG

Add: Lerchenfeld 8, 22086, Hamburg, Germany

Tel: 0049-40-3410886

Fax: 0049-40-3410887

E-mail: DirkG@Kading . com. de

李婧的工作任务为：

1. 熟悉纺织服装产品；
2. 了解纺织服装出口市场；
3. 利用交易会平台开发客户；
4. 翻译并分析国外客户电子邮件内容；
5. 调查货物相关的贸易政策；
6. 打样寄样操作。

学习环节

任务一　熟悉典型产品

一、熟悉产品的途径

1. 专业书籍、专业网站

通过专业书籍补充产品知识，优势在于专业书籍通常对于专业知识有较为系统的介绍，但不足之处也很明显，主要在于：一是容量有限，介绍内容覆盖面不广；二是受书籍印刷成本限制，大多数内容限于文字介绍，难以形成直观印象；三是书籍内容不宜再整理编辑；四是书籍内容通常具有一定的滞后性。专业网站相对内容丰富、容量较大，但知识零散，不成体系，网络资源虽然查询方便，但需要对信息真伪及新旧具有较高的辨别能力。

2. 样品间

通过样品间来增加自身的产品知识，可以给业务员形象、直观、感性的认识，有助于业务员将原有的书本知识转化为直观印象，对业务员业务能力提高至关重要。外贸业务员需要将产品知识的感性认识与抽象认识相互结合，不仅提高自身的业务素质，也增加专业知识储备，使两种方式各自发挥优势。

3. 企业内有关部门人员

下车间了解生产，参与样品制作，熟悉生产的整个流程，和生产主管多交流沟通，虚心向老业务员请教，定时整理相关产品信息。到仓库去熟悉产品的各个部分，也是对产品周期的最好了解方式。生产车间的每一道工序都去熟悉，每种程序都会做，若是产品出问题了，一看便能知道是出在哪里。多到质监部门学习，一般留在那里的产品都是些残次品，和技术人员一起修理并发现问题，因为这些都是货物不可避免要出现的一些问题，如果下次客户遇到了这些问题，即便身边没有技术人员，也能轻松应对。研发部门也不能漏掉，这也跟参加展会是一样的，掌握最新的产品的特点和卖点，才能把握新产品的利润。有空到财务部去学习退税和利润，学好了才有更多的尺度和客户去议价。

二、需要熟悉的产品内容

1. 产品的生产过程与工艺

熟悉产品的颜色、规格、型号等；熟悉产品的原材料和各种成本，熟悉其主要成分；熟悉产品的生产加工环节和加工工艺；熟悉产品的原材料、产品的特点。

2. 产品专业分类

了解产品的不同分类，明确产品品种，为业务洽谈中确定产品的具体品种奠定基础。

3. 产品生产标准及品质标准

了解产品生产需要满足的生产标准及品质标准，包括出口产品需要满足的国内外标准的内容。

4. 产品专业词汇

掌握产品相关的中英文专业词汇。

5. 最新最全面的行业内的信息

行业内的信息对于业务来讲也是很重要的，本企业产品在行业内的地位、产品的优劣势、行业的发展方向等，知己知彼才能百战百胜。除了一些通用的信息之外，还有一些独特的信息需要直接去注意的，例如产品所需要的认证、行业内的展会、竞争对手的新产品发布会、同行业的价格趋势、退税及不同客户的关税、行业内被淘汰的产品型号、客户所在国家的局势等。

任务二 调研国际市场

1.调研的途径

外贸业务员了解市场信息的途径众多,对于不同的信息有不同的调研方法。可以通过业务接触和交往活动考察客户,掌握当地市场情况;通过举办交易会、展览会、技术交流会、学术交流会,接触和倾听客户对货物的反映,掌握货物发展动态及国际市场行情;通过有关国家的商会、银行、驻外机构、咨询公司和各国民间贸易组织了解客户资信、销售渠道、经营范围等;从国外的有关专业性报刊和各种行业名录中了解客户和物色潜在客户;通过向目标市场律师咨询,了解一些相关的法律法规情况。

2.调研的范围

一是关于国别、地区或某一市场的一般信息;二是针对广告宣传、定价、分销和产品中产生问题的专题信息;三是通过分析某国、某市场的社会、经济和消费趋势预测未来的市场需求。

3.调研的内容

(1)国际市场环境调研。一是国外经济环境,包括一国的经济结构,经济发展水平,经济发展前景、就业、收入分配等;二是国外政治和法律环境,包括政府机构的重要经济政策、政府对贸易实行的鼓励、限制措施、有关外贸方面的法律法规等;三是国外文化环境,包括使用的语言、教育水平、宗教、风俗习惯、价值观念等。

(2)国际市场商品情况调研。一是国外市场商品的供给情况,包括商品供应的渠道、来源,国外生产厂家、生产能力、数量及库存情况等;二是国外市场商品需求情况,包括国外市场对商品需求的品种、数量、质量要求等;三是国际市场商品价格情况,包括国际市场商品的价格、价格与供求变动的关系等。

(3)国际市场营销情况调研。一是商品销售渠道,包括销售网络设立、批零商的经营能力、经营利润、消费者对他们的印象、售后服务等;二是广告宣传,包括消费者购买动机、广告内容、广告时间、方式、效果等;三是竞争分析,包括竞争者产品质量、价格、政策、广告、分配路线、占有率等。

(4)国外客户情况调研。一是客户政治情况,主要了解客户的政治背景、与政界的关系、公司企业负责人参加的党派及对我国的政治态度;二是客户资信情况,包括客户拥有的资本和信誉两个方面;三是客户经营业务范围,主要指客户的公司企业经营的商品及其品种;四是客户公司、企业业务,指客户的公司企业是中间商还是使用户或专营商或兼营商等;五是客户经营能力,指客户业务活动能力、资金融通能力、贸易关系、经营方式和销售渠道等。

4.调研的基本程序

确定调研目标、信息来源、调研方式,分析进入市场的可能性,分析盈利的可能性,制订国际市场经营方案,进入国际市场。

任务三　开发国外客户

一、开发国外客户

国外客户主要是进口商，包括代理进口商及最终进口用户两类。开发的途径主要包括：

1. 建设公司网站

公司网站可以吸引世界各地的客户。

2. 参加商业展会

参加展会是接触到合格客户的最有效方式。展会上有关竞争对手提供的产品、价格以及市场营销战略等方面的信息，参展商通过观察和倾听就可以了解很多。此外，展会还提供了一个进行市场调查的极好机会，如果参展商正在考虑推出一款新产品或一种新服务，可以在展会上向参观者进行调查，了解他们对价格、功能和赔偿以及基本质量的要求。

3. 利用网络渠道

(1)行业展会网。各个行业都有各自的行业展会网，比如有欧洲的 eurobike、德国的 IFMA 等，像这些知名展会都有相关的主页，主页上面有所有参展商的联系方式、产品种类、参展商公司网站等重要资料。这些资料都是非常有价值的，因为国外的参展商既是卖家也是最大的进口商，所以这些国外客户要重点跟进，特别是公司网站上有产品的需求信息以及国外客户的详细信息，那些国外客户更是重点开发对象，通过开发信拉近和国外客户的关系。

(2)外贸各大黄页网站。网络黄页或称电子黄页、在线黄页等，网上黄页将超链接引入，可以获得更加详细的公司及产品信息。区域黄页更把电子地图引入，拓展了网上黄页的价值。欧洲很多企业都有在黄页上刊登自己公司信息的习惯，这点类似国内的中国电信出版的那种电话簿，不过这里说的黄页是网上的，不过黄页上一般没有公司的 E-mail 信息，这就需要你先从黄页上查到国外客户信息，再到搜索引擎上进行相关详细信息查询。国外黄页网站主要有欧洲黄页(www. europages. com)、美国黄页(www. superpages. com)、澳大利亚黄页(www. yellowpages. com. au)等。

(3)搜索引擎。搜索引擎开发国外客户是较为普遍的营销渠道，需要变化的就是要多用各个国家本地的搜索引擎，因为同样的关键词在一个意大利本国的搜索引擎和在 Google 上搜索的结果肯定都不一样，在使用不同国家的搜索引擎的时候最好把关键词在网上先翻译成对应的那个国家的语言，比如把关键词 pump 翻译成 pompa(意大利语)在 www. excite. it 这个意大利搜索引擎里面搜索，这样得到的信息会更多一些。

(4)国内的网站资源。如中国商务部办的“世界买家网”，这个网站里面的国外客户资料全部来自广交会，里面的“世界进口商”和“最新数据”每个工作日都会更新，需要每天查阅整理，然后到时候发广告信就可以直接说是在广交会上认识的客人。

(5)注册免费的 B2B 网站。在 B2B 网站上注册企业以及产品信息是一个间接地提升公司产品曝光率,从而让国外客户主动来联系我们的措施。网上可以免费注册的 B2B 的平台可以将免费与付费策略交叉使用,这样有利于提高发布的产品信息的质量。另外,注册完之后不要忘了定期登录和更新,因为很多国外客户都是直接利用该 B2B 的程序给你发了邮件,有时候没有直接转到你设置的邮箱里面,所以需要你定期登陆检查收件箱是否有国外客户询盘。

二、建立业务关系

一笔具体的交易往往始于出口商主动向潜在客户发函建立业务关系。在缮写这种信函时,首先要向对方说明信息来源,即如何取得对方的资料,并言明去函目的。其次需要介绍本公司性质、业务范围、经营商品等基本情况。在结尾部分,可与其他商业促销信函一样,写上一两句希望对方给予回应或劝服对方立即采取行动的语句。

(一)指明自己如何获知对方的资料和信息

如从本国驻外国使馆商务参赞处、商会、商务办事处或经某一银行或其他公司和机构介绍,或者是来自大众传媒、展览会上认识等。例如:

(1)Having obtained/had your name and address from…(Commercial Counselor's office of our Embassy in your country)

从……(我国驻贵国使馆商务参赞处)得知贵公司的名称及地址。

(2)On the recommended to us by…(Mr. Zhang, CEO of China's import and export co, ltd)

由……(中国进出口贸易有限公司总经理,张先生)推荐给我们。

(3)We have learned from…(the internet, our local newspaper)

我们从……(因特网、我们当地的报纸)得知。

(二)介绍致函的目的

一般出口商主动联系进口商,总是以扩大交易地区及对象、建立长期业务关系、拓展产品销路等为目的。例如:

(1)We are writing to you to see if we can establish/enter into long-term business relation with you.

我们写信给你,看看我们是否能够建立长期的业务关系。

(2)We wish to express our desire to enter into business relationship with you.

我们非常希望与贵方建立贸易关系。

(3)In order to expand our products into South America, we are writing to you to seek cooperation possibilities.

为了扩大产品在美国南部的市场,我们写信给您寻求合作机会。

(三)概括介绍自己的公司

主要包括对公司性质、业务范围、宗旨等基本情况的介绍以及公司某些相对优势的介绍,如贸易经验丰富、供货渠道稳定、销售渠道广泛等。例如：

(1) We are a leading company with many years experience in machinery export business.

我公司在机械类产品出口领域处于领先地位，有多年的出口经验。

(2) We are one of the leading importers/exporters engaged in…

我们是……行业进口商/出口商的排头兵。

(3) We are one of the representative importers/exporters in the line of…

我们是……行业的代表。

(4) We are enjoying an excellent/high reputation in the circle of textile.

我公司在纺织品行业圈内享有很高的信誉。

(四)简要介绍一些自己公司的产品

在较为明确对方需求时，可以选择特定产品、进行具体地推荐性介绍。也可介绍公司产品的整体情况，如对质量标准、价格水平、销售情况等作笼统介绍，并附上目录、报价单或另寄参考样品等。例如：

(1) Article No. 76 is our newly launched one with super quality, fashionable design, and competitive price.

76 号商品是我公司新开发的产品，其质量优良、设计时尚、并且价格公道。

(2) We have a good variety of colors and sizes to meet your different needs.

我公司产品颜色、规格齐全，一定能满足您的不同需求。

(3) Our products have enjoyed a high reputation/popularity in Asian market.

我们公司的产品在亚洲市场享有很高的声誉/极受欢迎。

(4) To give you a general idea of our products, we are enclosing our catalogue for your reference.

为让贵公司能对我公司产品有一个大概的了解，我们随附了产品目录以供参考。

(五)激励性结尾

作为建立业务关系的商业促销信函，在结尾部分，通常都会写上希望对方给予回应或劝服对方立即采取行动(如询价、递盘等)的语句。例如：

(1) We are looking forward to your earlier reply/receiving your earlier reply.

我们期待你的早日回复。

(2) We would appreciated your early reply.

你的早日回复我们将不胜感激！

(3) We are looking forward to your specific inquiries.

我们期待您的具体询价。

例 1-1：建立业务关系函件

Dear Sirs,

We have your name and address from the Commercial Office of Chinese Embassy in Pakistan. We take this opportunity to write to you with a view to set up friend business relations with you.

We are a state-owned company dealing specially with the export of tablecloth. We are in a position to accept orders according to the customer's samples. In the customer's samples, request about the assorted pattern, specification and package of the needed goods can be indicated particularly.

In order to give you a general idea of various kinds of the table-cloth we are handling, we are airmailing you under separate cover our latest catalogue for your reference. Please let us know immediately if you are interested in our products. We will send you our price list and sample to you as soon as we receive your specific inquiry.

Looking forward to your early reply, we are.

Yours faithfully

(Signature)

任务四 管理外贸样品

一、外贸样品的重要性

一般客人的第一封 E-mail 里面都会有要贵公司 catalog、website、sample 等的要求，最终他们感兴趣的还是产品，在决定大批量购买之前肯定是想看看以前做过的产品，这种产品我们习惯叫样品。

1. 样品是一个企业的形象代表

除了网络，外商能直接接触的是样品，外商从一个样品就能对一个公司有个大体的了解，从对样品的处理方面就能看出一个公司的服务。

2. 样品是产品品质的代表

一个样品就能体现出经营的产品是高档的还是低档的。

3. 样品是价格的代表

很多时候同样的图片不同的工厂出来的会是差别很大的价格，只有看到了样品，才能准备定价。

4. 样品是生产的代表

外贸业务订单是根据确认的样品来生产的，确认样品的难度、工艺要求、结构直接关系到生产的难度、时间、进程。

5. 样品是验货和索赔的依据

验货是根据确认样来验的，索赔也是根据确认样来进行的，所以一旦验货不通过或者发生索赔，第一时间找的就是确认样。

二、外贸样品的种类

1. 原样

是由卖方提供的用以代表整批货物品质的样品，也称代表性样品或标准样品。

2. 复样

是卖方给买方寄样品的同时，留存的一份或数份同样的样品，也称留样。

3. 对等样品

是卖方根据买方来样仿制或从现有货物中选择品质相近的样品提供给买方，以供买方确认的样品，也称回样。

4. 测试样

是交给买方由其通过某种测试检验卖方样品品质的样品。欧美客人经常会要求产品通过某种测试，一般会要求去做相关测试，如果测试不通过客户可能会不购货。

5. 修改样

是指买方对样品的某个方面提出修改，修改后卖方又重新寄给买方确认的样品。也可认为是确认样的一种，客户经常会对产品的某方面进行修改，修改后又重新寄的样品。

6. 确认样

是指买卖双方认可、最后经买方确认的样品，一旦确认，就要据此来生产的样品。

7. 产前样

是指生产之前寄客户确认的样品，一般是客户为了确认大货生产前的一些颜色、工艺是否正确。

8. 生产样

是从批量生产货物中选取的样品。大货生产时的样品，也就是生产中的产品，随机抽取的为了反映大货生产时的一些情况，客户根据这些情况可能还会有一些新的指示。

9. 出货样

是从准备装货的一批货物中选取的样品，也称为船样。有些客户就根据这个样品来决定这批货的品质。

10. 参考样

当样品寄给客户只是做品质、样式、结构、工艺等方面的参考，为了在产品的某方面达成共识。

三、选样

选样时应遵循“平均品质”原则，即选取样品的品质应该是整批货物的平均品质。如果选择品质较差的货物作为样品，会降低出口价格；如果选取品质较好的货物作为样品，将会导致卖方无法履约。

四、打样

打样是生产企业对产品生产工艺、生产工序和生产效率的确认，也是外贸企业对生产企业生产能力的检验。生产企业通过打样，可以确定生产能力，为出口企业准确估计交货期提供科学依据，同时也为出口企业成交以后按时、按质、按量完成交货义务奠定扎实基础。

五、寄样

1.寄样费用

样品一般通过快递公司寄送，从事国际快递业务的公司主要有 EMS、FEDEX、DHL、TNT、UPS、OCS 等。快递公司邮寄费用一般采用预付和到付两种方法。

2.寄样通知

寄样后，外贸业务员应尽快将寄样时间、快递单号等信息通知国外客户，请客户收到样品后确认。同时，在国外支付样品费的情况下，还需把样品的形式发票寄给国外客户，作为国外客户清关的必需单据。

3.寄样跟踪

寄样后，外贸业务员还需跟踪国外客户对样品的反馈意见，针对国外客户的反馈意见，对样品进行修改，以达到其要求为止。

任务处理

任务一：熟悉纺织服装产品

纺织服装产品有多种分类标准：根据用途可分为内衣和外衣两种；根据穿着组合可以分为整件装、套装、外套、背心、裙、裤等；根据服装面料与工艺制作可以分为中式服装、西式服装、刺绣服装、呢绒服装、丝绸服装、毛皮服装、针织服装、羽绒服装等；根据性别可以分为男装和女装；根据年龄可以分为婴儿服、儿童服、成人服等；根据服装的厚薄和衬垫材料不同还可以分为单衣类、夹衣类、棉衣类、羽绒服、丝棉服等。每一种分类又可进行细分。服装生产工艺比较复杂，如梭织服装要经过面辅料进厂检验、技术准备、裁剪、缝制、锁眼钉扣、整烫、成衣检验、包装、入库或出运等多个环节。服装产品也有很多专业词汇，如 lab dips（色样）、side panel（侧幅）等。

任务二：了解纺织服装出口市场

通过商务部网站了解到我国纺织服装出口主要国家和地区是欧盟、美国、日本、中国香港及韩国。同时也了解各主要进口国的地理、人口、经济等方面的内容，如德国是欧盟的主要成员国，实行自由贸易政策，主要进口产品包括机械、设备、化学品、纺织服装、金属等，对进口商品的安全、环保等指标要求较高，如向德国出口服装，尤其注意面料不含偶氮染料等化学物质。

任务三：利用交易会平台开发客户

做好参展商品准备工作、文件准备工作和工具准备工作。综合考虑厂家自身优势产品、国际流行时尚、竞争者情况等多方面因素确定参展商品，在选好样品后，做一个详细的样品清单，包括品名、产品编号、产品规格描述等，公司所经营的所有产品拍照分门别类存在电脑内，以便在展会上展示给客户。文件资料主要包括参展商品价格表、主要产品装箱尺寸、公司题头的便笺纸、空白的形式发票、个人名片等。工具主要包括剪刀(剪布样用)、照布镜(测算面料经纬密度用)、打火机(验证面料成分用)、胶带纸(粘贴布样用)、订书机(订名片用)等。展会前一个月发电邮通知各客户自己的摊位号,邀请其来参观自己的摊位。

交易会期间接待客商,对不同客商的类别、其询问的产品、规格、数量、报价等信息作详细记录。对于随便看看的客户主动向其介绍自己公司及公司经营产品,并主动递上目录;对于在行客户,跟着客户浏览自己的展品,等待客户提问,然后围绕客户的提问展开介绍,先问客户要名片再递上自己的名片和目录,接到客户名片后,将客户名字念一遍,加深自己的印象也避免念错,碰到客户名片发完的或不愿意留下名片的客户,让客户在自己的记事本上写下他的联系方式、电话、公司名、网址、邮箱、姓名等,以便日后联系与查询其公司情况;对每一位来访客户都详细在记事本上记清楚他看过、询问过哪些产品,自己有报过哪些价格,并记录下客户的体貌特征及相伴人员,以便交易会结束后有针对性地写邮件和回忆客户所谈内容;在对客人报价前,先问清楚客户是哪国人,是属批发商、经销商还是零售商再给予报价;对目录感兴趣的客户,随着客户目光的停留做详细介绍,并适时展示相应样品,一直浏览展品的,可跟着客户进行详细解说。

交易会结束后进行客户跟踪,对于有明确交易意向的客商按照客商要求寄送其所需详细材料;对于交易商品明确,交易条件不能洽谈一致的客商,则致函对方,进行试探性询问;对于交易商品明确,未能在交易会上详细洽谈的客商,及时联系,以变潜在客户为现实客户;对于只要求提供详细资料的客商,有选择地寄送客商要求的资料;对于走马观花的客商,进一步了解客商信息,以判断其是否有交易可能。

任务四:翻译并分析国外客户电子邮件内容

李婧翻译并分析国外客户电子邮件,觉得客户询价内容非常细,包括品名、款式、价格术语、报价货币、支付方式、交货期和订单量等。客户告知的信息也较全,不仅告知主营业务,还包括地址、电话、传真和电子邮箱等联系信息。客户寄样的要求非常合理,寄样费到付并告知DHL 协议号,若样品通过其测试还将支付样品费。李婧翻译的正文内容如下:

亲爱的李小姐:

在第 113 届中国进出口商品交易会上不能与您详谈,非常遗憾。我公司是专门从事服装进出口的德国公司。现对贵公司款号为 JS256 和 JS258 的男式夹克非常感兴趣,如果贵公司能以 CIF 汉堡条件用美元报最优惠价格,我公司将不胜感激。货款用即期信用证付款,交货期不得迟于 2014 年 7 月 31 日。

另外,请尽快通过 DHL 快递公司每款寄一件样品,快递费由我公司通过 DHL 协议号 966 685 908 支付。假如样品通过测试,我公司会电汇贵公司样品费。如果价格合理,款号为 JS256 和 JS258 男式夹克我公司将各订购 2 000 件。

送上最诚挚的祝福!

你最真诚的,

德科·葛罗瑞亚

经理

任务五:调查货物相关的贸易政策

李婧通过海关报关实用手册查询到该全棉男式夹克的 HS 编码为 6203320090,在海关报关实用手册中该全棉男式夹克的名称为“棉制其他男式上衣”。同时查到海关监管证件代码为 B,即出口报关时需向海关提供出境货物通关单,出境货物通关单是报关地出入境检验检疫机构对出口货物检验通过后签发的。因此,该全棉男式夹克属于法定报检商品,出口前需向出入境检验检疫机构办理报检手续。进入国家税务总局网站 www.chunatax.gov.cn,点击“纳税服务”栏目中的“出口退税查询”后,输入 HS 编码,查得出口退税率为 10%。

任务六:打样寄样操作

1. 打样

2013 年 4 月 25 日 李婧根据客户的电子邮件,给浙江嘉兴殷尚服装厂书写并传真如下打样和询价函:

浙江金莎进出口有限公司

浙江省宁波市人民南路 216 号

电话:0574-86890688　传真:0574-86890689

To :浙江嘉兴殷尚服装厂

Attn:向殷尚

Fm:李婧

尊敬的向厂长:

您好!

我公司接到国外客户关于贵厂款号 JS256 和 JS258 的全棉男式夹克询价函。希望贵厂能在 2 天内每款各提供 2 件样品并报含税价,同时要注明面料里料情况、包装方式、包装尺寸、毛净重、月生产能力、最低起订量、付款方式和交货地点等详细信息。

夏安!

李婧

2013 年 4 月 25 日

2. 工厂来样登记

2013 年 4 月 28 日,李婧收到浙江嘉兴殷尚服装厂寄来的款号 JS256 和 JS258 的全棉男式夹克各两件。李婧在工厂来样登记表中登记来样时间、所属业务、来样编号、来样工厂、样品支付方式、件数、预估金额和商业信息号等信息。

浙江金莎进出口有限公司　工厂来样登记表

来样时间	业务员	来样编号	来样工厂	样品支付方式	数量	预估含税单价	商业机会号
2013 年 4 月 28 日	李婧	YS130018	浙江嘉兴殷尚服装厂	工厂付	2	50.00 元	CAD 1001
2013 年 4 月 28 日	李婧	YS130019	浙江嘉兴殷尚服装厂	工厂付	2	50.00 元	CAD 1001

3. 寄样

因样品的货值不高，浙江嘉兴殷尚服装厂同意免费提供样品。李婧通过 DHL 把全棉男式夹克款号为 JS256 和 JS258 各 1 件样品寄给德国的德科·葛罗瑞亚，邮寄费到付，DHL 协议号为 966 685 908，快递单号为 5821415058。该样品为测试样。

4. 留样

李婧把两款全棉男式夹克的各 1 件样品自己留存。留样时制作样品标签，其内容一般包括样品的编号、品名、款号、客户名称、快递公司、寄样时间、快递单号等重要信息，便于识别和日后与客户联系时用，把制作好的样品标签分别挂在对应的样品上，再把样品挂在样品室。李婧制作的样品标签如下：

编号：YS130018 品名：100% Cotton Men Jacket 款号：JS256 客户：Kading Gmbh & Co. KG 快递公司：DHL 寄样时间：2013 年 4 月 28 日 快递单号：5821415058	编号：YS130019 品名：100% Cotton Men Jacket 款号：JS258 客户：Kading Gmbh & Co. KG 快递公司：DHL 寄样时间：2013 年 4 月 28 日 快递单号：5821415058

技能训练

综合业务题一

业务背景资料：Baden Trading Co. ,LTD 成立于 1980 年，是一家拥有进出口经营权的外贸公司。公司经营范围广泛，与多家供应商有业务往来，信誉良好。同时公司也极为重视新产品开发，2013 年的新产品 G 系列瓷器选用上等瓷土烧制，包装精美，质量上乘，非常具有竞争力。2013 年 4 月 18 日，公司业务员 Aaron 从网上看到一家加拿大公司求购瓷器的信息，想与他们建立业务关系。加拿大公司的具体资料如下：

MR. ANDY BURNS

D GENERAL TRADING CO. , LTD

#888 JALAN STREET，TORNTO，CANADA

TEL ：(+01)7708808

FAX ：(+01)7701111

E - mail：Andy@neo. com

根据上述资料，以 Baden Trading Co. ,LTD 业务员 Aaron 的名义，给加拿大公司写一封与他们建立业务关系的信函，要求用英文书写，表达清楚，内容完整。

综合业务题二

业务背景资料：CataTrading Co. ,LTD 成立于 1985 年，主要经营范围为轻工业品，目前经营的出口商品达 400 余种，历年来的出口贸易总额已达 10 多亿美元。公司位于杭州，在国内建立了雄厚的货源基地，最近对欧洲市场推出了铝制室外花园家具，产品质地轻盈，设计典雅，工艺精湛，极富浪漫情调。经了解，荷兰的 N 公司是一家资信良好的轻工业品进口商，在当地乃至整个西欧都有一定影响。公司决定首先通过 N 公司使产品进入欧洲市场，并争取打出知名度，为日后交易打下基础。

N 公司的联系地址如下：

ADD：POSTBUS 20168 2885 ECS - ROTTERDAM THE NETHERLANDS

TEL：31 - 07081 - 40 - 12

FAX：31 - 07081 - 23 - 78

根据上述背景资料，以 CataTrading Co.，LTD 业务员的名义，通过网络给 N 公司发一封 E - mail，表达与之建立业务往来关系的热切愿望。内容包括公司简介、写信意图、产品介绍、告知公司开户行为中国银行杭州分行，并说明已经空寄商品目录。

综合业务题三

业务背景资料：上海某外贸公司是一家拥有自己生产厂商的纺织品经营公司，假设你作为新加入的业务员，来到一个以开拓进取为部门精神的出口三部，首先要熟悉公司的客户网络，在整理资料的过程中你发现了如下一张名片：

HASSAN AL KAMAR FOR GENERAL TRADING

PURCHASING MANAGER

LAMIA KHASHOGGI

ADD：P. O. BOX 20242 TAIZ STREET

SANA'A REPUBLIC OF YEMEN

TEL：0098 26 245898

FAX：0098 26 245899

询问后得知该公司是也门一家颇有信誉的中间商，专营各类纺织品，具有广阔的销售渠道。本公司曾与其做过几笔交易，但由于去年一批货物出了质量问题，发生了摩擦，至今未再有联系。为了开拓市场，公司决定去信重新建立经常联系，介绍本公司的发展情况，了解当地的市场信息，向其推荐天乐牌腈棉毯，并随寄最新商品目录。请制订出口计划。

学习情境二

出口磋商与签约工作

学习目标

知识目标：掌握主要国际贸易术语的价格构成；掌握出口报价核算的原理与步骤；掌握贸易信函的基本要素、格式要求、写作要点与语言要求；掌握还价核算的技术公式，熟悉常见的还价策略；掌握出口合同的主要条款的表示方法和拟定技巧。

能力目标：能核算出口商品的出口成本、出口费用、出口利润，能核算出口商品报价；能书写出口发盘函、还盘函，能根据国外客户还价和采购成本核算预期出口利润；能根据双方达成的协议条款拟定一份完整的出口合同。

工作任务

2013年4月28日，浙江金莎进出口有限公司业务员李婧接到浙江嘉兴殷尚服装厂回函，内容如下：

浙江嘉兴殷尚服装厂

浙江省嘉兴市环城南路18号

电话：0573-89937800　传真：0573-89937801

To：浙江金莎进出口有限公司

Attn：李婧

Fm：向殷尚

尊敬的李小姐：

您好！

收到您的传真后，我公司马上开始打样，样品已于2013年4月28日下午寄出。全棉男式夹克JS256和JS258的报价及相关信息如下：

面料：全棉

里料：摇粒绒

含税价：46.8元/件

增值税率:17%

包装方式:用出口纸箱包装,16 件/纸箱

包装尺寸:57 厘米×43 厘米×44 厘米

毛重:15 千克/纸箱

净重:14 千克/纸箱

月生产能力:1 000 件/月

最低起订量:2 000 件/款

付款方式:交货时付款

交货地点:工厂交货

若有其他要求,我厂会尽力予以满足。

祝工作愉快!

向殷尚

2013 年 4 月 28 日

李婧的工作任务为:出口报价核算和出口盈亏核算

若 2013 年 4 月 28 日的美元牌价按 USD1=RMB￥6.225/6.386。

(1)全棉男式夹克的出口退税为 10%。

(2)到德国投保一切险的保险费率为 0.2%。

(3)从嘉兴到宁波港的国内运费为 10 000 元/20′FCL;从宁波港到汉堡港的海运运费为 4800 美元/20′FCL。

(4)除国内运费以外的其他所有国内费用为采购成本的 5%。

(5)预期出口利润率为购货成本的 10%。

2013 年 4 月 28 日,根据 2013 年 4 月 25 日 Dirk Geraldine 的电子邮件内容和以上出口报价核算的结果,李婧给 Dirk Geraldine 书写发盘函。

浙江金莎进出口有限公司与德国进口商 Kading Gmbh & Co. KG 经过几个回合的交易磋商,就各项交易条件达成协议,主要磋商谈判结果如下:

1. 商品

男式夹克,面料:全棉,里料:摇粒绒。

2. 数量

款式号 JS256:2 000 件;款式号 JS258:2 000 件。

款式号 JS256 颜色和尺码明细: 单位:件

尺寸 颜色	S	M	L	XL	合计
白色	80	400	400	80	960
黑色	80	400	480	80	1 040
合计	160	800	880	160	2 000

款式号 JS258 颜色和尺码明细：　　　　　　　　　　　　　　　　单位：件

尺寸 颜色	S	M	L	XL	合计
白色	80	400	400	80	960
黑色	80	400	480	80	1 040
合计	160	800	880	160	2 000

3. 价格

12.90 美元/件 CIF 汉堡。

4. 金额

51600.00 美元。

数量和金额都允许有 5%的增减。

5. 包装

16 件装 1 个出口标准纸箱，同箱衣服齐色齐码。

正唛：KADING　　　　　　　　侧唛：颜色

销售合同号：　　　　　　　　纸箱尺寸：

款式号：　　　　　　　　　　每箱数量：

目的港名称：

箱号：

6. 运输

收到信用证后 2 个月内装运；从中国宁波港运至德国汉堡港；允许转运，不允许分批装运。

7. 付款

见票后 90 天付款信用证，要求信用证在 2013 年 5 月 25 日前开到卖方。

8. 保险

由卖方按发票金额的 110%投保中国保险条款的一切险。

9. 单据

(1)发票一式三份。

(2)装箱单一式三份。

(3)全套清洁已装船海运提单，做成空白指示抬头，空白背书，标注运费已付，通知买方。

(4)保险单一式两份。

(5)普惠制产地证格式 A。

(6)卖方在装运后 3 天内发给买方装运通知传真副本，通知提单号码、商品名称、数量、包装数量、金额、船名航次和装运日期。

李婧的工作任务为：缮制国际货物买卖合同一份。

学习环节

任务一 询 盘

在对外贸易中，交易的一方欲出售或购买某种商品，向另一方询问买卖该商品的各项交易条件，这种口头的或书面的表示，在进出口业务中称之为询盘或询价。其常用句型表述如下：

(1) As a rule, we deliver all our orders within 3 months after receipt of the covering letters of credit.

一般来说，在收到相关信用证后3个月内我们就全部交货。

(2) Please quote us your price for 100 units of Item 6 in your catalog.

请给我们提供你们产品目录册上100组6号产品的报价。

(3) We have quoted this price based on careful calculations.

这个报价是我们在精打细算的基础上得出来的。

(4) I would like to have your lowest quotations CIF Vancouver.

希望您报成本加运费、保险费到温哥华的最低价格。

(5) Will you please send us your catalogue together with a detailed offer?

请寄样品目录和详细报价。

(6) We would appreciate you sending us the latest samples with their best prices.

请把贵公司的最新样品及最优惠的价格寄给我们，不胜感激。

(7) Will you please inform us of the prices at which you can supply?

请告知我们贵方能供货的价格。

(8) If your quality is good and the price is suitable for our market, we would consider signing a long-term contract with you.

若质量好且价格适合我方市场的话，我们愿考虑与你方签署一项长期合同。

(9) As there is a growing demand for this article, we have to ask you for a special discount.

鉴于我方市场对此货的需求日增，务请你们考虑给予特别折扣。

(10) We would appreciate your letting us know what discount you can grant if we give you a long-term regular order.

若我方向你们长期订货，请告知能给予多少折扣，不胜感激。

(11) Please quote your lowest price CIF Seattle for each of the following items, including our 5% commission.

请就下列每项货物向我方报成本加运费、保险费到西雅图的最低价格，其中包括我们5%的佣金。

(12) Please keep us informed of the latest quotation for the following items.

请告知我方下列货物的最低价格。

(13)Now that we have already made an inquiry on your articles, will you please make an offer before the end of this month?

既然我们已经对你们的产品进行了询价，请在月底前报价。

例 2-1：询盘举例

Dear Sirs,

We learn from Internet that you are manufacturing and exporting a variety of Chinese all cotton bed-sheets and pillowcases. As there is a steady demand here for high-quality Chinese all cotton bed-sheets and pillowcases. We want to establish direct business relationship with you. We will appreciate it very much if you can send us details of your prices and terms of payment. It would be most helpful if you could also supply more information concerning the products.

With best regards.

Yours faithfully,

(signature)

任务二　出口报价核算

一、国际贸易术语

国际贸易术语是在长期的国际贸易实践中产生的，是用来表示商品的价格构成，说明交货地点，确定买卖双方在货物交付过程中各自承担的有关费用、风险和责任的划分等问题的专门短语。一般用简短的文字或英文缩写字母来表示，如“成本、保险费加运费”或“Cost, Insurance and Freight”；也可用 3 个英文字母的组成的代码，如 CIF 表示。

(一)有关国际贸易术语的国际贸易惯例

在国际贸易中使用国际贸易术语，始于 19 世纪。国际商会、国际法协会等国际组织以及美国一些著名商业团体经过长期的努力，分别制定了解释国际贸易术语的明确规定。另一方面，如果双方在合同中未排除也未注明运用某项惯例，则在合同执行中发生争议时，受理该争议案的司法和仲裁机构往往会引用某一国际贸易惯例进行判决或裁决。

需要明确的是，国际惯例不是法律，没有普遍的法律约束力，只有当事人在合同中约定采用贸易术语时，才对当事人具有法律约束力。目前在国际上有较大影响力的有关国际贸易术语的国际惯例有以下 3 种：国际商会制定的《国际贸易术语解释通则》(International Rules for the Interpretation of Trade Terms，简称 INCOTERMS)；国际法协会制定的《华沙-牛津规则》(Warsaw-Oxford Rules)；美国一些商业团体制定的《1990 年美国对外贸易定义修订本》(Revised American Foreign Trade Definition 1990)。

由于上述各项解释贸易术语的规则,在国际贸易中运用范围较广,从而形成一般的国际贸易惯例。由于国际贸易惯例是国际贸易法的渊源之一,在当前各国都在积极谋求国际贸易法律统一化的过程中,国际贸易惯例的作用更为显著,尤其是通过国际商会对《国际贸易术语解释通则》的不断修订,有效地促进了国际贸易惯例的发展。现将解释国际贸易术语的各种国际贸易惯例,分别简介如下。

1.《1932 年华沙-牛津规则》

是国际法协会专门为解释 CIF 合同而制定的。该协会与 1928 年在华沙举行会议,制定了关于 CIF 买卖合同的统一规则,共 22 条,称为《1928 年华沙规则》。后又经过 1930 年纽约会议、1931 年巴黎会议和 1932 年牛津会议,修订为 21 条,定名为《1932 年华沙-牛津规则》。该规则对于 CIF 买卖合同的性质、买卖方所承担的风险、责任和费用的划分以及所有权转移的方式等问题都做了解释。

2.《1990 年美国对外贸易定义修订本》

1919 年,美国九大商业团体共同制定了有关对外贸易定义的统一解释《美国出口报价及其缩写》,供从事对外贸易人员参考使用,后鉴于贸易做法的演变,在 1940 年举行的美国第 27 届全国对外贸易会议上对其进行了修订,并于 1941 年 7 月 30 日经美国商会,美国进口商会理事会和全世界对外贸易理事会所组成的联合委员正式通过并采用了此项定义。并由全国对外贸易理事发行,并定名为《1941 年美国对外贸易定义修订本》;1990 年再次修订为《1990 年美国对外贸易定义修订本》。该定义对 6 种贸易术语做出了解释:

(1)Ex(Point of Origin)(产地交货)。

(2)FOB(Free on Board)(在运输工具上交货)。

(3)FAS(Free Along Side)(在运输工具旁边交货)。

(4)C&F(Cost and Freight)(成本加运费)。

(5)CIF(Cost,Insurance and Freight)(成本加保险费、运费)。

(6)Ex Dock(Named Port of Importation)(目的港码头交货)。

其中 FOB 术语有 6 种不同解释,所以《1990 年美国对外贸易定义修订本》实际上有 11 种贸易术语。为了具体说明买卖双方在各种贸易术语下各自承担的义务,在此修订本所列各种贸易术语之后,一般附有注释。这些注释,实际上是贸易术语定义不可分割的组成部分。

该修订本是国际贸易中具有一定影响的国际贸易惯例,不仅在美国使用,而且也为加拿大和一些拉丁美洲国家所采用。由于美国在国际贸易中的重要地位,使《1990 年美国对外贸易定义修订本》在世界贸易中的影响力仅次于《2010 年国际贸易术语解释通则》。在实际业务中,美国是我国的重要贸易伙伴,双方贸易活跃,在与美商洽谈业务时,合同和信用证中必须明确采用哪种惯例,以避免不必要的贸易纠纷。

3.《2010 年国际贸易术语解释通则》

国际商会自 20 世纪 20 年代初即开始对重要的贸易术语做统一解释的研究,并于 1936 年在法国巴黎提出了一套国际性的解释贸易术语的统一规则,定名为《INCOTERMS 1936》。国际商会为适应国际贸易实践的不断发展,分别于 1953 年、1967 年、1976 年、1980 年、1990 年和 2000 年对《INCOTERMS 1936》做了 6 次修订和补充,形成了《2000 年国际贸易术语解释通则》(表 2-1)。2010 年 9 月 27 日,国际商会又正式推出了对《2000 通则》做了修订的新版本——《2010 年国际贸易术语解释通则》(表 2-2),以取代已经在国际货物贸易领域使用了近 10 年的《2000 通则》,新版本已于 2011 年 1 月 1 日正式生效。

表 2-1　《2000 年国际贸易术语解释通则》分类

组别	英文简称与全称	中文全称	适用运输方式
E 组	EXW(Ex Works)	工厂交货	任何运输方式
F 组 主要运费未付	FCA(Free Carrier)	货交承运人	任何运输方式
	FAS(Free Alongside Ship)	装运港船边交货	水上运输方式
	FOB(Free on board)	装运港船上交货	水上运输方式
C 组 主要运费已付	CFR(Cost and Freight)	成本加运费	水上运输方式
	CIF(Cost,Insurance and Freight)	成本、保险费加运费	水上运输方式
	CPT(Carriage Paid to)	运费付至目的地	任何运输方式
	CIP(Carriage and Insurance Paid to)	运费、保险费付至目的地	任何运输方式
D 组 到达	DAF(Delivered at Frontier)	边境交货	任何运输方式
	DES(Delivered Ex Ship)	目的港船上交货	水上运输方式
	DEQ(Delivered Ex Quay)	目的港码头交货	水上运输方式
	DDU(Delivered Duty Unpaid)	未完税交货	任何运输方式
	DDP(Delivered Duty Paid)	完税后交货	任何运输方式

表 2-2　《2010 年国际贸易术语解释通则》分类

组别	英文简称与全称	中文全称
适用于水上运输方式	FAS(Free Alongside Ship)	装运港船边交货
	FOB(Free on board)	装运港船上交货
	CFR(Cost and Freight)	成本加运费
	CIF(Cost,Insurance and Freight)	成本、保险费加运费
适用于任何运输方式	EXW(Ex Works)	工厂交货
	FCA(Free Carrier)	货交承运人
	CPT(Carriage Paid to)	运费付至目的地
	CIP(Carriage and Insurance Paid to)	运费/保险费付至目的地
	DAT(Delivered at Terminal)	目的地或目的港的集散站交货
	DAP(Delivered at Place)	目的地交货
	DDP(Delivered Duty Paid)	完税后交货

(二)六种常用国际贸易术语

在国际贸易业务中使用的贸易术语,基本上是国际商会制订的《2010 年国际贸易术语解释通则》,而其中以 FOB、CFR、CIF、FCA、CPT 和 CIP 运用较广。

1. FOB 术语

FOB 的全称为 Free on Board(…named port of shipment),即装运港船上交货(……指定装运港),是指卖方必须在合同规定的时间或期限内,在指定装运港将货物交至买方指定的船上,并负担货物装上船为止的一切费用和货物灭失或损失的风险,买方承担货物自装运港装上船后的一切费用和货物灭失或损失的风险。FOB 术语要求卖方办理货物出口清关手续。这一术语只能适用于海运和内河航运。

卖方基本义务:

(1)自负风险和费用,取得出口许可证或其他官方批准证件,办理货物出口报关手续。

(2)在合同规定的时间或期限内,在指定装运港,按照港口习惯方式将与合同规定相符的货物装上买方指派的船上,并及时通知买方。

(3)提交商业发票以及证明货物已交至船上的通常单据或具有同等效力的电子数据交换(EDI)信息。

(4)负担货物在指定装运港装上船为止的一切费用和风险。

买方基本义务:

(1)自负风险和费用取得进口许可证或其他官方批准的证件,办理货物进口以及必要时经由另一国过境的一切海关手续;并支付有关费用及过境费。

(2)负责租船或订舱,支付运费并给予卖方关于船名、装船地点和要求交货时间的充分的通知。

(3)接受卖方提供的有关单据,受领货物,并按合同规定支付货款。

(4)负担货物在装运港装上船后的一切费用和风险。

按 FOB 术语成交时应注意的问题:

(1)美国定义中的 FOB 与《2010 通则》中的 FOB 的区别。在表达方式上,美国的 FOB 有 6 种,笼统地解释为在某处某种运输工具上交货,其适用范围很广。其中,前三种是在出口国内指定地点的内陆运输工具上交货,第四种是在出口地点的内陆运输工具上交货,第五种是在装运港船上交货(与《2010 通则》解释的 FOB 术语相似),第六种是在进口国指定内陆地点交货。上述第四种和第五种在使用时应加以注意,因为这两种术语在交货地点上有可能与《2010 年通则》相同。比如,都是在旧金山(San Francisco)交货,如果买方要求在装运港港口的船上交货,则应在 FOB 和港口之间加上"Vessel"(船)字样,变成"FOB Vessel San Francisco",否则卖方有可能按第四种,即在旧金山市的内陆运输工具上交货。因此,在同美国商订 FOB 进口合同时,除必须标明装运港名称外,还必须在 FOB 后加上"船舶"(Vessel)字样。如果只订为"FOB San Francisco"而漏写"Vessel"字样,则卖方不负责把货物运到旧金山港口并交到船上。

在费用负担上,FOB Vessel 规定买方需支付卖方协助提供出口单证的费用以及出口税和因出口而产生的其他费用。

(2)与《2000 通则》中 FOB 的区别。在《2000 通则》中,卖方负责货物在指定装运港越过船舷前的一切风险和费用。而《2010 通则》中取消了船舷的概念,卖方负责货物在装运港装上船为止的一切风险和费用,买方承担货物自装运港装上船后的一切风险和费用,这就使卖方的风险和费用从船舷移到了船上。

(3)船货衔接。按 FOB 的内容,买方应负责租船订舱,并将船期、船名及装船地点通知卖方。而卖方必须负责在合同规定的装运港和装运期内,将合同规定的货物装上买方指定的船上。买卖双方应各尽其职,各负其责。在办理大宗散货出口时,容易出现船等货、货等船等船货衔接不顺利的情况。因此在合同中应明确规定:因船等货而产生的空舱费、滞期费应由卖方来承担;因货等船而产生的仓储费、保险费应由买方承担。在 FOB 条件下,有时买方可能委托卖方代其租船订舱,但这只是委托代办性质,卖方可以接受,也可以拒绝。如果卖方租不到船只或订不到舱位,其风险仍由买方自负,买方无权向卖方提出赔偿损失或撤销合同。总之,按 FOB 条件成交,对于装运期和装运港要慎重规定,订约后,卖方备货装船和买方租船订舱或派船接货之间要加强联系,密切配合,以保证船货很好地衔接。

2. CFR 术语

CFR 术语的全称为 Cost and Freight(…named port of destination),即成本加运费(……指定目的港),是指卖方在合同规定的时间或期限内,在装运港将货物交至运往指定目的港的船上,卖方必须支付将货物运至指定目的港所需的运费和其他费用,但交货后货物灭失和损坏的风险,以及由于各种事件造成的任何额外费用自装运港装上船后即由卖方转移至买方。CFR 术语要求卖方办理货物出口清关手续。这一术语只能适用于海运和内河航运。

卖方基本义务:

(1)自负风险和费用,取得出口许可证或其他官方批准的证件,办理货物出口所需的一切海关手续。

(2)签订从指定装运港承运货物运往指定目的港的运输合同;在买卖合同规定的时间和港口,将货物装上船并支付至目的港的正常运费;装船后及时通知买方。

(3)承担货物在装运港装上船为止的一切风险和费用。

(4)提交商业发票以及证明货物已交至船上的通常单据或具有同等效力的电子数据交换(EDI)信息。

买方基本义务:

(1)自负风险和费用,取得进口许可证或其他官方批准的证件,办理货物进口以及必要时经由另一国过境的一切海关手续,并支付有关费用及过境费。

(2)承担货物在装运港装上船以后的一切风险和费用(从装运港到目的港的运费除外)。

(3)接受卖方提供的有关单据,受领货物,并按合同规定支付贷款。

使用 CFR 术语的注意事项:

(1)卖方应及时发出装船通知。按 CFR 条件成交时,由卖方安排运输,由买方办理货运保险。如卖方不及时发出装船通知,则买方就无法及时办理货运保险,甚至有可能出现漏保货运险的情况。因此,卖方装船后务必及时向买方发出装船通知;否则,卖方应承担货物在运输途中的风险和损失。

(2)租船运输时卸货费用的负担问题。CFR 合同的卖方负担的费用,只是在 FOB 的基础上增加了运费。运费是指正常运费不包括在运输途中可能发生的额外费用。在装运港的装船费用由卖方负担,货到目的港后的卸货费用可有买卖双方协商如何划分。如果货物使用班轮运输卸货费用由卖方负担因为班轮运费内已包括装船费和卸货费。如果是大宗货物使用租船装运那么买卖双方应明确卸货费用由哪方承担,其方法可以在合同中用文字做具体规定也可以在 CFR 贸易术语后增列附加条件，即采用 CFR 术语变形。实践中，人们习惯于对 CFR 的术语进行变形，用变形的形式来重新划分卸货费的负担问题。常见的变形有以下几种：

CFR Liner Terms（CIF 班轮条件）：是指卸货费按班轮办法处理，即买方不负担卸货费。

CFR Landed（CFR 卸到岸上）：是指由卖方负担将货物卸到目的港岸上为止的卸货费，其中包括从轮船到码头转运时可能发生的驳运费和码头捐税。

CFR EX Tackle（CFR 吊钩下交货）：是指卖方负责将货物从船舱吊起卸到船舶吊钩所及之处（码头上或驳船上）的费用。在船舶不能靠岸的情况下，租用驳船的费用和货物从驳船卸到岸上的费用，概由买方负担。

CFR Ex Ship's Hold（CFR 舱底交货）：是指买方负担将货物从目的港船舱舱底起吊卸到码头的费用。

应当指出，在上述 CFR 后面另列附加条件，只是为了重新划分卸货费由何方负担的问题。尽管 CFR 出现变形，但交货地点和风险划分的界线，并无任何改变。

3. CIF 术语

CIF 术语的全称为 Cost, Insurance and Freight (…named port of destination)，即成本、保险费加运费（……指定目的港）。此术语是指卖方在合同规定的时间或期限内，在指定装运港将货物交至买方指定的船上，卖方必须支付将货物运至指定目的港所需的运费和保险费，但交货后货物灭失和损坏的风险，以及由于各种事件造成的任何额外费用自装运港装上船后即由卖方转移至买方。CIF 术语要求卖方办理货物出口清关手续。这一术语只能适用于海运和内河航运。

卖方基本义务：

(1)自负风险和费用，取得出口许可证或其他官方批准的证件，办理货物出口所需的一切海关手续。

(2)签订从指定装运港承运货物运往指定目的港的运输合同；在买卖合同规定的时间和港口，将货物装上船并支付至目的港的正常运费；装船后及时通知买方。

(3)承担货物在装运港装上船为止的一切风险和费用。

(4)负责办理货物运输保险，并支付保险费。

(5)提交商业发票以及证明货物已交至船上的通常单据或具有同等效力的电子数据交换(EDI)信息。

买方基本义务：

(1)自负风险和费用，取得进口许可证或其他官方批准的证件，办理货物进口以及必要时经由另一国过境的一切海关手续，并支付有关费用及过境费。

(2)承担货物在装运港装上船以后的一切风险和费用（海运费和保险费除外）。

(3)接受卖方提供的有关单据，受领货物，并按合同规定支付贷款。

使用 CIF 术语应注意的事项：

(1)CIF 合同属于“装运合同”。在 CIF 术语下，交货点及风险点都是在装运港的船上，卖方在装运港将货物装上船，即完成了交货义务，装运后货物可能发生的风险，卖方不再承担责任。上述特点表明，CIF 合同不是到达合同，而是装运合同。因此，采用 CIF 术语订立的合同属“装运合同”。此类合同的卖方在按合同规定在装运地将货物交付装运后，对货物可能发生的任何风险不再承担责任。在实际业务中，一些外销人员在与客户进行业务洽谈时，往往将FOB合同称为离岸合同，而将CIF合同称为到岸合同，错误地认为只要是按照CIF贸易术语签订的合同，我方就一定要保证将货物准确无误地运送到目的港。

(2)卖方在装运港办理保险的责任。在CIF合同中，卖方是为了买方的利益办理货运保险的，而货物在运输途中的风险是由买方承担的，因此此保险具有代办性。则一般需要买卖双方在订立合同时应具体规定保险金额，保险险别和适用保险条款，以及保险责任的起讫期限，选择协会或中国保险条款，保险单银行交单时要背书转让给买方。据《2010年通则》的解释，合同中如无其他规定，则只要求卖方投保最低责任的保险险别，最低保险金额通常为合同规定的价款加10%，并以合同货币投保。

(3)象征性交货问题。从交货方式来看，CIF是一种典型的象征性交货。所谓象征性交货，是指卖方将符合合同规定的货物按期在约定地点完成装运，并向买方提交合同规定的包括物权凭证在内的有关单证，就算完成了交货义务，而无须保证到货。在象征性交货方式下，卖方是凭单交货，买方是凭单付款，只要卖方如期向买方提交了合同规定的全套合格单据，即使货物在运输途中损坏或灭失，买方也必须履行付款义务。反之，如果卖方提交的单据不符合要求，即使货物完好无损地运达目的地，买方仍有权拒付货款。由此可见，CIF交易实际上是一种单据的买卖。所以，装运单据在CIF交易中具有特别重要的意义。同时还需注意如果卖方提交的货物不符合要求，即使买方已经付款，也仍然可以根据合同的规定向卖方提出索赔。

(4)CIF的变形。CIF术语中关于卸货费的承担根据《2010通则》的解释：由买方承担。但在国际贸易中人们习惯对其进行变形重新划分卸货费。划分的情况与CFR一样：

CIF Liner Terms(CIF班轮条件)：这是指卸货费按班轮办法处理，即买方不负担卸货费。

CIF Landed(CIF卸到岸上)：这是指由卖方负担卸货费，其中包括驳运费在内。

CIF EX Tackle(CIF吊钩下交货)：这是指卖方负责将货物从船舱吊起卸到船舶吊钩所及之处(码头上或驳船上)的费用。在船舶不能靠岸的情况下，租用驳船的费用和货物从驳船卸到岸上的费用，概由买方负担。

CIF Ex Ship's Hold(CIF舱底交货)：这是指货物运到目的港后，由买方自行启舱，并负担货物从舱底卸到码头的费用。

应当指出，在上述CIF后面另列附加条件，只是为了重新划分卸货费由何方负担的问题。尽管CIF出现变形，但交货地点和风险划分的界线，并无任何改变。

4. FCA术语

FCA术语的全称是Free Carrier(…named place)，即为货交承运人(……指定地点)。此术语是指卖方在指定地点将货物交给买方指定的承运人，并办理了出口清关手续，即完成交货。FCA术语适用于各种运输方式，包括多式联运。为便于使用FCA术语，《2010通则》还对“承运人”的含义作了解释。“承运人”是指在任何运输合同中，承诺通过铁路、公路、空运、海运、内河运输或上述运输的联合方式履行运输或由他人履行运输的人。若买方指定承运人以外的其他人来取货物，则当卖方将货物交给此人时，即视为卖方已履行了交货义务。

卖方基本义务：

(1)自负风险和费用，取得出口许可证或其他官方批准证办理货物出口所需的一切海关手续。

(2)在合同规定的时间、地点，将符合合同规定的货物置于买方指定的承运人控制下，并及时通知买方。

(3)承担将货物交给承运人控制之前的一切费用和风险。

(4)自负费用向买方提供交货的通常单据，如买卖双方约定采用电子通信，则所有单据均可被具有同等效力的电子数据交换(EDI)信息所代替。

买方基本义务：

(1)自负风险和费用，取得进口许可证或其他官方证件，办理货物进口和从他国过境的一切海关手续，并支付有关费用及过境费。

(2)签订从地点承运货物的合同，支付有关的运费，并将承运人名称及有关情况及时通知卖方。

(3)承担货物交给承运人之后所发生的一切费用和风险。

(4)根据买卖合同的规定受领货物并支付货款。

使用 FCA 术语应注意的事项：

(1)关于交货问题。《2010 通则》规定，在 FCA 术语下，卖方交货地点，如指定地点是在卖方所在地，则当货物被装上买方指定的承运人或代表买方的其他人提供的运输工具时，交货即算完成；如指点的地点是任何其他地点，当货物在卖方运输工具上，尚未卸货而交给买方指定或卖方选定的承运人处置时，交货即告完成。如指定地点没有约定具体交货地点，只有几个交货地点可供选择，卖方可以选择最合适的交货地点。

(2)关于运输合同。《2010 通则》中的 FCA 术语，应由买方自负费用订立运输合同的义务。但当卖方被要求协助与承运人订立合同同时，只要买方承担费用和风险，卖方也可以办理。当然，卖方也可以拒绝运输合同，如若拒绝，则应立即通知买方，以便买方另作安排。

(3)FCA 与 FOB 的异同点。FCA 贸易术语的基本模式与 FOB 贸易术语类似，卖方承担的风险都是在交货地点随着交货义务的完成而转移，都有买方负责安排自交货地至目的地的运输事项，并承担其费用，并负责保险事宜。两者之间的主要区别在于：FOB 术语以货物在装运港装上船为分界点，而 FCA 术语以货物在指定地点交给承运人为分界点；FOB 术语仅适用于海洋或内河运输，而 FCA 术语适用于任何运输方式。

5. CPT 术语

CPT 术语的全称为 Carriage Paid to(…named place destination)，即运费付至(……指定目的地)。按此术语成交，卖方应向其指定的承运人交货，并支付将货物运至目地点的运费，卖方承担的风险自货物交给承运人控制之前的一起费用和风险。在多式联运情况下，卖方承担的风险自货物交给第一承运人控制时即转移给买方。

卖方基本义务：

(1)自负风险和费用，取得出口许可证或其他官方批准证办理货物出口所需的一切海关手续。

(2)签订货物运至指定目的地的运输合同，支付有关的运费，在合同规定的时间、地点，将符合合同规定的货物置于指定的承运人控制下，并及时通知买方。

(3)承担将货物交给承运人控制之前的一切费用和风险。

(4)自负费用向买方提供交货的通常单据,如买卖双方约定采用电子通信,则所有单据均可被具有同等效力的电子数据交换(EDI)信息所代替。

买方基本义务:

(1)自负风险和费用,取得进口许可证或其他官方证件,办理货物进口和从他国过境的一切海关手续,并支付有关费用及过境费。

(2)承担货物交给承运人之后所发生的一切费用和风险。

(3)根据买卖合同的规定受领货物并支付货款。

按CPT术语成交,卖方只是承担从交货地点到指定目的地的正常运费。正常运费之外的其他有关费用,由买方负担。

使用CPT术语应注意的事项:

CPT贸易术语与CFR贸易术语相类似,按这两种术语成交,卖方承担的风险都是在交货地点随着交货义务的完成而转移,卖方都要负责安排自交货地至目的地的运输事项,并承担其费用,而保险事宜有买方负责。另外,按这两种术语订立的合同,都属于装运合同,卖方只需保证按时装运。CPT贸易术语与CFR贸易术语的主要区别在于适用的运输方式不同,交货地点和风险划分界限也不相同。CFR贸易术语适用于水上运输方式,交货地点在装运港,风险划分以货物装上船为界;CPT贸易术语适用于各种运输方式,交货地点因运输方式的不同由双方约定,风险划分以货交承运人为界。除此之外,卖方需提交的单据等方面也有区别。

6. CIP术语

CIP术语的全称为Carriage and Insurance Paid to(…named place of destination),即运费,保险费付至(……指定目的地),是指卖方向其指定的承运人交货,且卖方还必须支付将货物运至目的地的运费,即买方承担卖方交货后的一切风险和额外费用。但是卖方还必须为买方办理货物在运输途中灭失或损坏风险的保险,因此应由卖方订立保险合同并支付保险费。如果货物是以多式联运方式运输的,则风险自货物交给第一承运人时转移。该术语要求卖方办理出口清关手续,并可适用于各种运输方式,包括多式联运。

卖方基本义务:

(1)签订运输合同、支付运费,办理保险并支付保险费用,按合同的规定把货物交给承运人并将有关情况通知买方。

(2)办理出口清关手续、支付费用。

(3)承担货交承运人之前的一切风险和费用。

(4)提供交货凭证、运输单据或同等效力的电子信息。

买方基本义务:

(1)办理进口清关手续、支付相关费用。

(2)承担货交承运人之后的一切风险和费用。

(3)根据合同规定受领单据和货物,支付货款。

使用CIP术语应注意的事项:

(1)风险和保险问题。按CIP术语成交的合同,卖方要负责办理货运保险,并支付保险费,但货物从交货地点运往目的地的运输途中的风险由买方承担。所以,卖方的投保仍属于代办性质。根据《2010通则》的解释,如果双方未在合同中规定应投保的险别,则由卖方按惯例投保最低的险别,保险金额一般是在合同价格的基础上加成10%。

(2)应合理确定价格。与FCA相比,CIP条件下卖方要承担较多的责任和费用。要负责办理从交货地至目的地的运输,承担有关运费;办理货运保险,并支付保险费。由于这些费用都反映在货价之中。所以。卖方对外报价时,要认真核算成本和价格。在核算时应考虑运输距离、保险险别、各种运输方式和各类保险的收费情况,并要预计运价和保险费的变动趋势等方面问题。

(3)CIP与CIF的区别。CIP与CIF有相似之处,它们的价格构成中都包括了通常的运费和约定的保险费,而且,按这两种术语成交的合同均属于装运合同。但CIP和CIF术语在交货地点、风险划分界限以及卖方承担的责任和费用方面又有其明显的区别:CIF适用于水上运输,交货地点在装运港,风险以装运港装上船为界,卖方负责租船订舱,支付从装运港到目的港的运费,且办理水上运输保险,支付保险费;CIP术语则适用于各种运输方式,交货地点要根据运输方式的不同由双方约定,风险是在承运人控制货物时转移。卖方要负责办理从交货地点到指定目的地的全程运输,而不仅仅是水上运输。卖方办理的保险,也不仅是水上运输险,还包括各种运输险。

FOB、CIF、CFR、FCA、CIP、CPT异同比较见表2-3。

表2-3 FOB、CIF、CFR、FCA、CIP、CPT异同比较

		卖方	买方
相同点		装货,通知对方	接货
		出口手续,提供证件	进口手续,提供证件
		交单	受单,付款
		装运港交货,费用、风险划分以装上船为界(FOB、CIF、CFR) 风险划分都以货交承运人为界(FCA、CIP、CPT)	
		都适用于海洋和内河运输(FOB、CIF、CFR) 都适用各种运输方式(FCA、CIP、CPT)	
不同点	FOB、FCA		租船订舱,支付运费 办理保险,支付保险费
	CIF、CIP	租船订舱,支付运费 办理保险,支付保险费	
	CFR、CPT	租船订舱,支付运费	办理保险,支付保险费

(三)其他国际贸易术语

1.EXW术语

EXW的全称是Ex Work(…named Place),即工厂交货(……指定地点),是指卖方在其所在地(如工场、工厂或仓库等)将备妥的货物交付买方,以履行其交货义务。按此贸易术语成交,卖方既不承担将货物装上买方备妥的运输工具,也不负责办理货物出口结关手续,除另有约定外,买方应承担自卖方的所在地受领货物的全部费用和风险。

按 EXW 术语达成的交易，在性质上类同于国内贸易。卖方在本国范围内与买家达成交易完成交货，卖方所承担的风险、责任和费用也都局限于出口国国内，不必承担有关货物出境、入境及保险、运输等事宜。所以按 EXW 贸易术语成交的合同不涉及运输和保险问题，并且除非合同中另有规定，卖方一般没有义务提供出口包装。如果签约时已明确货物是供应出口，并对出口包装的要求做出了相应要求，则卖方应该按规定提供符合出口需要的包装。此外，卖方一般没有义务将货物装上买方所派的运输工具上，如果双方约定由卖方承担这笔费用和风险，则必须在合同中做出明确规定。

综上所述，按 EXW 术语成交时，卖方承担责任、费用和风险都是最小的。在交单方面，卖方只需提供商业发票或具有同等作用的电子信息，只有当合同另有要求时，才需要提供证明所交货物与合同规定相符的证件。卖方无义务办理货物出境所需的出口许可证或其他官方文件。但如果买方办理存在困难，卖方在应买方的要求，并由买方承担风险和费用的情况下，也可以协作买方办理出口手续。如买方不能直接或间接地办理出口手续，不应使用该术语，而应使用 FCA 术语。在外贸出口迅速发展的今天，EXW 在实际业务中已经被广泛使用。

2. FAS 术语

FAS 的全称是 Free Alongside Ship（…named port of shipment），即装运港船边交货，（……指定装运港），是指卖方把货物送到指定的装运港船边，即履行其交货义务。买卖双方负担的风险和费用均以船边为界。该术语仅适用于海运或内河运输。根据《2010 通则》的解释，按 FAS 贸易术语成交时，卖方要在约定的时间内将合同规定的货物交到买方指定装运港指派船只的船边，在船边完成交货义务。买卖双方负担的风险和费用以装运港船边为分界点。如果买方所派的船只无法靠岸，卖方则要负责用驳船把货物运至船边，仍然在船边交货。装船的责任和费用由买方负担。按该术语成交时，卖方要提供商业发票或同等作用的电子信息，并自负费用和风险，取得出口许可证或其他官方证件，办理货物出口的一切海关手续，并交纳关税及其他费用，提供通常的证明单据以证明其已完成交货的义务。

3. DAT 术语

DAT 的全称是 Delivered at Terminal（…named port of destination or shipment），即目的地或目的港的集散站交货（……指定目的地或目的港），指卖方在指定的目的地或目的港的集散站卸货后将货物交给买方处置即完成交货，术语所指目的地包括港口。卖方应承担将货物运至指定的目的地或目的港的集散站的一切风险和费用（除进口费用外）。本术语适用于任何运输方式或多式联运。此术语相当于取代了《2000 通则》中的 DEQ 术语。

4. DAP 术语

DAP 的全称是 Delivered at Place（…named port of destination），即目的地交货，（……指定目的地），指卖方应在规定的期限内，在指定的目的地将在运输工具上尚未卸下的货物交给买方，即完成交货。此术语所指的运输工具包括船舶，目的地包括港口。卖方应承担将货物运至指定的目的地的一切风险和费用（除进口费用外）。本术语适用于任何运输方式或多式联运方式。该术语相当于取代了《2000 通则》中 DAF、DES 和 DDU 术语。

5. DDP 术语

DDP 的全称是 Delivered Duty Paid（…named place of destination），即完税后交货（……指定目的地），是指卖方应在规定的期限内，将货物运至指定目的地交给买方，即完成交货。卖方须承担将货物运至目的地的一切风险和费用，办理进口清关手续，交纳各种进口税费，包括办理一切海关手续；交纳海关手续费、关税及其他费用的责任和风险。所以，DDP 术语是卖方承担责任最大的一种术语。DDP 术语适用于所有运输方式。

在《2010 通则》所规定的 11 种贸易术语中，属于象征性交货的有 7 种：FOB、CFR、CIF、FCA、CPT 和 CIP、FAS，其余的 4 种贸易术语均为实际交货术语。在象征性交货方式下，卖方只负责交货和交单，无须保证到货。如果货物安全到达，但是单证不符，也不算完成交货责任。《2010 通则》11 种贸易术语对比见表 2-4。

表 2-4 《2010 通则》11 种贸易术语对比

英文缩写	中文全称	交货地点	风险划分	出口手续	进口手续	适用运输方式	术语后注地点
FAS	船边交货	装运港船边	货交船边后	卖方	买方	海运或内河运输	装运港名称
FOB	装运港船上	装运港船上	装运港船上	卖方	买方	海运或内河运输	装运港名称
CFR	成本加运费	装运港船上	装运港船上	卖方	买方	海运或内河运输	目的港名称
CIF	成本、运费加保险费	装运港船上	装运港船上	卖方	买方	海运或内河运输	目的港名称
EXW	工厂交货	卖方处所	买方接管货物后	买方	买方	各种运输方式	出口国指定地点
FCA	货交承运人	出口国内承运人接货处	承运人接管货物后	卖方	买方	各种运输方式	出口国指定地点
CPT	运费付至	出口国内承运人接货处	承运人接管货物后	卖方	买方	各种运输方式	目的地名称
CIP	运费、保险费付至	出口国内承运人接货处	承运人接管货物后	卖方	买方	各种运输方式	目的地名称
DAT	目的地或目的港的集散站交货	目的地或目的港的集散站	买方接管货物后	卖方	买方	各种运输方式	目的地或目的港名称
DAP	目的地交货	目的地	买方接管货物后	卖方	买方	各种运输方式	目的地名称
DDP	完税后交货	进口国指定地	买方接管货物后	卖方	卖方	各种运输方式	目的地名称

二、出口价格的表示方法

可以用 Unit Price 和 Total Value 两种方法表示。单价是由计价货币、计价金额、计量单位和贸易术语四部分组成。总值是单价和数量的乘积。例如：

USD30.00 Per Metric Ton CIF Tokyo

每公吨 30 美元 CIF 东京。

三、出口价格构成

国际贸易中的价格主要是由成本、费用、利润三部分构成。

1. 成本

成本是整个价格的核心。它是出口企业或外贸单位为出口其产品进行生产、加工或采购所产生的生产成本、加工或采购成本，称之为含税成本。

2. 费用

出口报价中的费用主要有国内和国外费用两部分。其中国内费用主要包括：包装费、仓储费、国内运输费、认证费、港口费、商检报送费、捐税、购货利息、经营管理费、银行费用等；国外费用包括出口运费、出口保险费、佣金等。

3. 预期利润

利润是出口价格的组成部分之一，出口价格包含利润的大小由出口企业自行决定的。

四、出口报价核算要点

1. 成本核算

一般来说，我们掌握的成本是采购成本或含税成本，即包含增值税。但很多国家为了降低出口商品的成本，增强其品在国际市场的竞争能力，往往对出口商品采取增值税全部或部分退还的做法。在实施出口退税制度的情况下，在核算出口商品价格时，就应该将含税的采购成本中的税收部分根据出口退税比率予以扣除，从而得出实际采购成本。具体计算公式如下：

实际采购成本＝含税成本－退税收入

退税收入＝含税成本×出口退税率÷(1＋增值税率)

实际采购成本＝含税成本×[1－出口退税率÷(1＋增值税率)]

例 2-2：某产品每单位的购货成本是 28 元人民币，其中包括 17％的增值税，若该产品出口有 13％的退税，那么该产品每单位的实际采购成本＝含税成本×[1－出口退税率÷(1＋增值税率)]＝28×[1－13％÷(1＋17％)]＝24.89 元人民币/单位。

2. 运费核算

一般是算每一个个体的运费。

单位运费＝运费÷[(柜体积÷每一个大箱体积)×每箱数]

3. 保险费核算

保险费＝保险金额×保险费率

保险金额＝CIF 价×(1＋投保加成率)

CIF 报价＝CFR÷[1－(1＋投保加成率)×保险费率]

4. 佣金计算

在出口报价中，有时对方要求包含佣金，这时称为含佣价。

含佣价＝净价÷(1－佣金率)

5. 预期利润核算

利润的确定可以用某一个数额表示，也可以用利润率即百分比表示。用利润率表示时应当注意计算的基数，可以用某一成本作为计算利润的基数，也可以用销售价格作为计算利润的基数。

例 2-3：出口某商品，生产成本为每单位 185 元人民币。出口的各项费用为 13.5 元人民币，如果公司的利润率为 10%，公司对外报 FOB 价，试分别按生产成本、出口成本和出口价格为基数计算利润额。

按生产成本为基数计算的利润为：185×10%＝18.5(人民币元)

按出口成本为基数计算的利润额为：(185＋13.5)×10%＝19.85(人民币元)

按 FOB 出口价格为基数计算的利润额为：(185＋13.5)÷(1－10%)－(185＋13.5)＝22.06(人民币元)

6. FOB、CFR、CIF 三种价格的报价核算

FOB 报价＝(实际采购成本＋各项国内费用之和)÷(1－预期利润率)

CFR 报价＝(实际采购成本＋各项国内费用之和＋国外运费)÷(1－预期利润率)

CIF 报价＝(实际采购成本＋各项国内费用之和＋国外运费)÷[1－预期利润率－(1＋投保加成率)×保险费率]

例 2-4：某公司欲出口一批不锈钢厨具至开普敦，3 个货号各装一个 20 英尺货柜。

货号	包装方式	尺码长	尺码宽	尺码高	购货成本
3SA1012RG	2 套/箱	56	32.5	49	180 元人民币
3SA1013	2 套/箱	61.5	30.5	74	144 元人民币
3SA1004	8 套/箱	63	35.5	25	55 元人民币

已经上海至开普敦 20 英尺 FCL 海洋运费为 2 200 美元，增值税率为 17%，退税率为 9%。加一成投保一切险加战争险分别为 0.8%和 0.2%。这批货一个 20 英尺货柜的国内运费共2 000 元人民币；出口商检费 100 元人民币；报关费 150 元人民币；港区港杂费 600 元人民币；其他业务费用共 1 800 元人民币，包装费每箱 2 元人民币。如果公司预期利润率为成交金额的 6%，加客户要求 3%的佣金。请报出 3 个货号 CIF3capetown 价格。(1 美元＝6.27 元人民币)

(1)三种货一个货柜可以装多少只。

3SA1012RG ：25÷(56×32.5×49)＝280(箱)

3SA1013 ：25÷(61.5×30.5×74)＝ 180(箱)

3SA1004：25÷(63×35.5×25)＝ 447(箱)

(2)实际购货成本。

SA1012RG＝166.153 8(人民币元)

SA1013＝132.923 1(人民币元)

SA1004＝50.769 2(人民币元)

(3)国内费用。

每套货物国内费用：

SA1012RG＝(2 000＋100＋150＋280×2＋600＋1 800)÷280×2＝9.303 6(人民币元)

SA1013＝(2 000＋100＋150＋180×2＋600＋1 800)÷180×2＝13.916 7(人民币元)

SA1004＝(2 000＋100＋150＋447×2＋600＋1 800)÷447×8＝1.550 3(人民币元)

(4)海洋运费。

每套的海洋运费：

SA1012RG＝2 200÷280×2＝3.928 6(美元)

SA1013＝2 200÷180×2＝6.111 1(美元)

SA1004＝2 200÷447×8＝0.615 2(美元)

(5)保险费。

保险费＝[报价×(1＋10%)]×(0.2%＋0.8%)

(6)佣金。

佣金＝报价×3%

(7)CIF 报价。

每套的 CIF 报价为：

SA1012RG ＝[(166.153 8＋9.303 6)÷6.27＋3.928 6]÷[1－3%－6%－(1＋10%)×1%]
＝35.50(美元)

SA1013 ＝[(132.923 1＋13.916 7)÷6.27＋6.111]÷[1－3%－6%－(1＋10%)×1%]
＝32.85(美元)

SA1004 ＝[(50.769 2＋1.550 3)÷6.27＋0.616 5]÷[1－3%－6%－(1＋10%)×1%]
＝9.97(美元)

任务三　发盘与还盘

一、发盘

发盘也叫发价，指交易的一方(发盘人)向另一方(受盘人)提出各项交易条件，并愿意按这些条件达成交易的一种表示。发盘在法律上称为要约，在发盘的有效期内，一经受盘人无条件接受，合同即告成立，发盘人承担按发盘条件履行合同义务的法律责任。其常用句型如下：

(1)We have the offer ready for you.

我们已经为你准备好报盘了。

(2)We can offer you a quotation based upon the international market.

我们可以按国际市场价格给您报价。

(3)We offer firm for reply 11 am. tomorrow.

我们报实盘，以明天上午 11 点答复为有效。

(4)My offer was based on reasonable profit, not on wild speculations.

我的报价以合理利润为依据，不是漫天要价。

(5)We always try our best to meet your requirements in view of our long relations.

鉴于我们长期的贸易关系，我们总是尽力满足你们的要求。

(6)This offer is based on an expanding market and is competitive.

此报盘着眼于扩大销路而且很有竞争性。

(7)The offer will remain open for 3 days.

报价的有效期为3天。

(8)Our offer is RMB300 per set of tape-recorder, FOB Tianjin.

我们的报价是每台收录机300元人民币,天津离岸价。

(9)We quote this article at $250 per M/T CFR.

我们报成本加运费价每公吨250美元。

例2-5:发盘举例

Dear Sirs,

We have your name and address from the Internet and are glad to learn that you are seeking for Chinese all cotton bed-sheets and pillowcases. We specialize in the export of textiles and are pleased to enter into business relation with you.

Recently we have received a large number of orders from our clients and it seems that the demand is still increasing. We hope the same thing will happen in your market and are very glad to quote as follows:

Commodity:

ART. NO. bs-12 USD136.62/dozen CIFC3 NEW YORK

ART. NO. bs-14 USD147.21/dozen CIFC3 NEW YORK

ART. NO. pc-12 USD25.02/dozen CIFC3 NEW YORK

ART. NO. pc-14 USD31.10/dozen CIFC3 NEW YORK

Packing:

ART. NO. bs-12 & bs-14 to packed in cartons of 12 dozens each

ART. NO. pc-12 & pc-14 to packed in cartons of 24 dozens each

one 20'FCL for each Art. No. 200 cartons to packed in one container

Shipment:

Shipment is to be effected within 30 days of the receipt of the relevant L/C, but not later than May 31, 2013.

Insurance:

To be covered by the seller for 110% of total invoice value against all risks and war risks.

Payment:

By irrevocable sight letter of credit for full amount of the invoice value.

This quotation is valid for 7 days and we are looking forward to receiving your order.

Best regards!

Yours

(signature)

二、还盘

受盘人不同意发盘中的交易条件而提出修改或变更的意见,称为还盘。在法律上叫反要约。还盘实际上是受盘人以发盘人的地位发出的一个新盘。原发盘人成为新盘的受盘人。还盘又是受盘人对发盘的拒绝，发盘因对方还盘而失效，原发盘人不再受其约束。还盘可以在双方之间反复进行，还盘的内容通常仅陈述需变更或增添的条件，对双方同意的交易条件无须重复。其常用句型如下：

(1)I appreciate your counter-offer but find it too low.

谢谢您的还价，可我觉得太低了。

(2)Your price is too high to interest buyers in counter-offer.

你的价格太高，买方没有兴趣还盘。

(3)We make a counter-offer to you of ＄150 per metric ton FOB London.

我们还价为每公吨伦敦离岸价 150 美元。

(4)It is difficult to quote without full details.

未说明详尽细节难以报价。

(5)Buyers do not welcome offers made at wide intervals.

买主不欢迎报盘间隔太久。

(6)We cannot make any headway with your offer.

你们的报盘未得任何进展。

(7)Please renew your offer for two days further.

请将报盘延期两天。

(8)Please renew your offer on the same terms and conditions.

请按同样条件恢复报盘。

(9)We regret we have to decline your offer.

很抱歉，我们不得不拒绝你方报盘。

例 2-6：还盘举例

Dear Sirs,

Thank you for your letter of March 17th 2013. We have discussed the matter with our manufactures and brought them to see eye to eye with the idea of lowering our price, but still your counter-offer seems too high to be accepted. Since this is the first business between us, we try our best to quote as follows:

ART. NO. bs—12 USD 127.52/dozen CIFC3 NEW YORK

ART. NO. bs—14 USD 139.52/dozen CIFC3 NEW YORK

ART. NO. pc—12 USD 22.33/dozen CIFC3 NEW YORK

ART. NO. pc—14 USD 28.34/dozen CIFC3 NEW YORK

This quotation is valid for only 8 days. Please take advantage of this chance and send your acceptance to us as soon as possible.

Best regards!

Yours faithfully,

(signature)

任务四　接受与签约

一、接受

受盘人在发盘的有效期内，无条件地同意发盘中提出的各项交易条件，愿意按这些条件和对方达成交易的一种表示。接受在法律上称为“承诺”，接受一经送达发盘人，合同即告成立。双方均应履行合同所规定的义务并拥有相应的权利。如交易条件简单，接受中无须复述全部条件。如双方多次互相还盘，条件变化较大，还盘中仅涉及需变更的交易条件，则在接受时宜复述全部条件，以免疏漏和误解。

例 2-7：接受举例

Dear Sirs,

Your quotation of March 22nd has been accepted and we are glad to place our order NO. Dragon9701 as follows:

ART. NO. bs－12 USD 127.52/dozen CIFC3 NEW YORK

ART. NO. bs－14 USD 139.52/dozen CIFC3 NEW YORK

ART. NO. pc－12 USD 22.33/dozen CIFC3 NEW YORK

ART. NO. pc－14 USD 28.34/dozen CIFC3 NEW YORK

Other terms and conditions are the same as we agreed before.

As this is the very first transaction we have concluded, your cooperation would be very much appreciated. Please send us your sales confirmation in duplicate for counter-signing. Best regards.

Yours faithfully,

(signature)

二、签约

(一)国际货物买卖合同的形式

1. 口头形式

口头形式是指当事人双方用对话方式表达相互之间达成的协议。当事人在使用口头形式时，应注意只能是及时履行的合同才能使用口头形式，否则不宜采用这种形式。

2. 书面形式

书面形式是指当事人双方用书面方式表达相互之间通过协商一致而达成的协议。在签订书面合同时，当事人应注意，除主合同之外，与主合同有关的电报、书信、图表等也是合同的组成部分，应同主合同一起妥善保管。我国的外贸企业使用的书面合同形式主要有以下几种：

(1)合同。合同进口出口双方当事人依照法律通过协商就各自的在国际贸易上的权利和义务所达成的具有法律约束力的协议。合同条款完备、内容全面，它除了列明商品的名称、品质、数量、包装、价格、运输、保险、交货期限、付款方式等条件外，还会列明商品检验、异议索赔、仲裁、不可抗力等条款。适合大宗商品或金额较大的交易及与新客户的交易。根据起草方的不同，合同又可分为：

售货合同是指平等主体的自然人、法人、其他组织之间关于某一标的物的销售而进行的约定或协议，通常由卖方草拟。

购货合同是指平等主体的自然人、法人、其他组织之间关于某一标的物的采购为目的，出卖人转移货物的所有权，买受人支付货物价款的合同，通常由买方草拟。

(2)确认书。确认书包括销售确认书和购货确认书。销售确认书是买卖双方在通过交易磋商达成交易后，是由卖方出具并寄给对方加以确认的列明达成交易条件的书面证明，经买卖双方签署的确认书，是法律上有效的文件，对买卖双方具有同等的约束力。确认书一般只列明合同的要件，如商品的名称、品质、数量、包装、价格、运输、保险、交货期限、付款方式等条件。适用于金额不大、批数较多的小宗商品或是已订有代理、包销等长期协议的交易。

(3)协议。协议在法律上是合同的同义词。只要协议对买卖双方对权利和义务作出明确、具体和肯定的规定，即使书面文件上被冠以“协议”或“协议书”的名称，一经双方签署确认，即与合同一样，对买卖双方具有约束力。

3. 其他形式

其他形式是指可能存在的除书面形式、口头形式之外的合同形式。如通过发运货物或预付货款等行为形式表示对合同内容的确认。

(二)国际货物买卖合同的基本内容

书面合同的基本内容通常包括约首、基本条款和约尾三个组成部分。

1. 约首

约首是指合同的序言部分，一般包括合同名称、合同编号、订约双方当事人名称和地址、电报挂号、电传号码及双方订立合同的意愿和执行合同的保证等项内容。

2. 基本条款

基本条款是合同的主体部分，具体规定了买卖双方各自的权利和义务，其中包括品名、品质、数量或重量、价格、包装、装运、支付及商检、索赔、仲裁、不可抗力等条款。

3. 约尾

一般合同在尾部列明合同的份数、使用的文字及其效力、订约的时间和地点、生效的时间及买卖双方确认签字等项内容。

(三)国际货物买卖合同条款

1. 品名、品质条款

商品的名称和品质是国际货物买卖当事人双方首先需要商定的交易条件，是买卖双方进行交易的物质基础。如果商品的名称和品质不明确，买卖双方也就失去了洽商的依据，无法进行交易。

(1)根据商品的特性来确定表示品质的方法。表示品质的方法应视商品特性而定,凡可用一种方式表示的,就不要采用两种或两种以上的方法,订得过于烦琐只会增加生产和交货的困难。

(2)品质条款的订立应科学、合理。在规定品质条款时,用词须简单、具体、明确,切忌使用“大约”、“左右”、“合理误差”等含糊的字眼,避免引起纠纷。此外,要从生产实际出发,防止把品质条款订得过高或过低,给生产或交货造成困难或影响销售。

(3)凡能采用品质机动幅度或品质公差的商品,应订明幅度的上下限或公差的允许值。如所交货物的品质超出了合同规定的幅度或公差,买方有权拒收货物或提出索赔。

(4)品质条款应符合有关国家或相关国际组织的标准,以提高产品的竞争能力。

2. 数量条款

数量条款的基本内容是规定交货的数量和使用的计量单位。如果是按重量计算的货物,还要规定计算重量的方法,如毛重、净重、以毛作净、公量等。注意事项:

(1)数量条款应当明确具体。为了便于履行合同和避免引起争议,进出口合同中的数量条款应当明确具体。在规定成交商品数量时应一并规定该商品的计量单位。对按重量计算的商品还应规定计算重量的具体方法。

(2)合理规定数量机动幅度。在粮食、矿砂、化肥和食糖等大宗商品的交易中,由于商品特性、货源变化、船舱容量、装载技术和包装等因素的影响,要求准确地按约定数量交货,有时存在一定困难。为了使交货数量具有一定范围内的灵活性和便于履行合同,买卖双方可在合同中合理规定数量机动幅度。

3. 价格条款

在国际货物买卖中,进出口商通常采用固定作价方法。注意事项:

(1)合理地确定商品的单价,防止偏高或偏低。

(2)争取选择有利的计价货币,必要时可加订保值条款。

(3)灵活运用各种不同的作价办法,尽可能避免承担价格变动的风险。

(4)如交货品质、交货数量有机动幅度或包装费另行计价时,应一并订明机动部分作价和包装费计价的具体办法。

4. 支付条款

支付条款包括支付方式和支付时间。支付方法有很多,常见的有信用证 letter of credit、现金 in cash、支票 by check、信用卡 credit card、汇票 draft/bill of exchange 等。注意事项:

(1)客户信用。在选择支付条款时应充分考虑客户的信用,对信用一般或不了解的新客户,应选择 L/C 或 payment in advance (预付货款)方式;对信用很好的客户,可选择 D/P 等方式;对本企业联号或分支机构以及确有把握的个别交易对象可使用 D/A。

(2)经营意图。如果卖方销售畅销货物,既可以提高售价,又可以选择对自己最有利的结算方式与资金占用方式;如果卖方销售滞销货物或市场竞争激烈的货物,除了需降低售价,在结算方式上也需作必要的让步。

(3)贸易术语。对象征性交货的术语可采用 L/C 或 D/P 方式;对实际交货的术语一般不能使用托收;对 FOB、FCA 术语的合同,虽然可凭运输单据交货与收款,但由于运输由买方安排，出口方较难控制货物，一般也不宜采用托收方式。

5.包装条款

包装条款是国际贸易买卖合同的主要条件之一。卖方交付的货物，如未按合同规定的方式装箱或包装，就构成违约。其内容主要包括包装材料、包装方式、包装规格、包装标志、包装费用和每件包装中所含物品的数量或重量等内容。注意事项：

(1)明确规定包装材料和包装方式，不宜笼统。例如“适合海运包装”(Sea-worthy Packing)、“习惯包装”(Customary Packing)之类。

(2)包装费用的负担问题。一般包括在货价内，如买方有特殊包装要求，额外的包装费用应由买方负担，并应在合同中具体规定负担的费用和支付方法。

(3)关于运输标志(唛头)。一般由卖方决定，如买方要求使用其指定唛头，应在合同中明确规定唛头的具体样式和内容。

6.装运条款

国际货物买卖合同中的装运条款的主要包括装运时间、装运地、目的地、分批装运、转运、装运通知、滞期、速遣条款等内容。注意事项：

(1)目的港要明确具体，不要笼统订为“……地区主要港口”以避免由于含义不明，给安排船舶造成困难。

(2)出口装运港口，尽可能争取订为“中国港口”，或者订为几个中国港口，由卖方选择。

(3)装运期避免“双到期”，一般应争取结汇有效期长于装运期15天，以便货物装船后有足够的时间办理结汇手续。

7.保险条款

如果按FOB、FCA、CFR、CPT贸易条件签订买卖合同，则由买方办理保险手续，并支付保险费。在此情况下，合同中的保险条款比较简单，只需明确保险责任。CIF、CIP贸易条件下的由卖方办理保险手续。注意事项：

(1)明确依据何种保险条款进行投保。按CIC条款或ICC条款应予以明确说明。

(2)明确投保险别。即根据货物的性质和特点，选择平安险、水渍险或一切险，如需加保一种或几种附加险也应同时写明。

(3)规定投保加成率，如超过发票金额10%的加成，要说明由此而产生的保险费由买方负担。

(4)明确保险单据形式。合同中明确注明投保人应提交保险单、保险凭证等保险单据的名称。

(5)保险单所采用的币种通常与发票币种一致。

8.商检条款

检验条款一般包括以下内容：有关检验权的规定、检验或复验的时间和地点、检验机构、检验项目和检验证书、检验标准等。注意事项：

(1)必须明确规定检验的时间、地点、检验的机构和出具何种证书。

(2)必须使商检条款与合同中的品质条款、数量条款、包装条款等相互衔接，以防由于某一条款订得过于苛刻或过于烦琐以致事后无法出具商检证书，或因所出证书不符而难以议付。

(3)必须明确复验期限和复验地点。在买方有复验权的情况下，复验期限实际上就是索赔的期限。只有在此期限内,由卖方同意的商检机构出具的证书,才能作为有效的索赔依据。

(4)必须明确检验方法和检验标准。同一种商品,采用不同的检验方法和标准,会得出不同的结果。因此,必须事先在合同条款中载明一种标准和方法对商品进行检验,而不能列上"某种或某几种"标准和方法的字样,以免事后发生争议。

9.其他条款

(1)不可抗力条款。不可抗力条款是一种免责条款,即免除由于不可抗力事件而违约的一方的违约责任。一般应规定的内容包括:不可抗力事件的范围,事件发生后通知对方的期限,出具证明文件的机构以及不可抗力事件的后果。

(2)索赔条款。索赔条款是指双方当事人在国际货物买卖合同中约定,当发生违约情况时,一方应承担什么责任,一方可享有什么权利以弥补损失。在索赔条款中应明确下列三个内容:索赔期限、索赔依据和索赔方式。

(3)仲裁条款。我国进出口合同中的仲裁条款的内容繁简不一,一般包括下列几个方面:仲裁地点、仲裁机构、仲裁规则、仲裁裁决的效力、仲裁费用的负担等。

任务处理

任务一:出口报价核算和出口盈亏核算

1.出口报价核算

出口退税额=购货成本÷(1+增值税率)×出口退税率

=46.8÷(1+17%)×10%

=4(人民币元/件)

实际购货成本=购货成本-出口退税额

=46.8-4

=42.8(人民币元/件)

国内总费用=国内运费+其他所有国内费用

=10 000÷4 000+46.8×5%

=4.84(人民币元/件)

预期利润=46.8×10%

=4.68(人民币元/件)

FOB NINGBO=实际购货成本+国内总费用+预期利润

=42.8+4.84+4.68

=52.32(人民币元/件)

=8.40(美元/件)

CFR HAMBURG=8.40+4 800÷4 000

=9.60(美元/件)

CIF HAMBURG=9.60÷(1-110%×0.2%)

=9.62(美元/件)

2.出口盈亏核算

出口总成本=实际购货成本+国内总费用

=42.8+4.84

=47.64(人民币元/件)

出口商品换汇成本＝出口总成本(人民币元)÷出口外汇净收入(美元)

＝47.64÷8.40

＝5.67(人民币元/美元)

出口盈利额＝出口销售人民币净收入－出口总成本

＝8.40×6.225－47.64

＝4.65(人民币元/件)

出口盈利率＝出口盈利额 ÷出口总成本×100％

＝4.65÷47.64×100％

＝9.76％

任务二:书写发盘函

2013年4月28日,李婧根据2013年4月25日电子邮件内容和报价核算的结果给客户的发盘函如下:

发件人:lijing@zjjs.com.cn
收件人:DirkG@kading.com.de
日期:2013-04-28 18:12:06
主题:Offer on Men Jacket
附件:Style No. JS256,jpg　Style No. JS258,jpg

Dear Miss Dirk,

Thanks for your inquiry on Apr. 25,2013. Our offer is as follows:

①Men Jacket:Style No. JS256 & JS258

Shell:100％ cotton

Lining:Polar fleece

②Packing:16 pieces/carton Size:57 cm×43 cm×40 cm

③Minimum Order Quantity: 2000pieces/Style

④Unit Price:USD14.38/pc CIF Hamburg

⑤Payment:By L/C at sight

⑥Shipment:To be effected within 60 days after receipt of the relevant L/C

This offer is valid subject to your reply here befour May 5,2013.

Besides,one sample for each style of Ladies Jacket was mailed by DHL on Apr. 28, 2013. Please check it and tell us if you have received the sample,if there are any amendments for the sample,we will remark the sample to meet your demand.

We wish we could become your good trade partner.

Yours faithfully,

Li Jing

Zhejiang Jinsha Imp. & Exp. Co. ,Ltd

Add:216 Renmin South Road ,Ningbo,China.
Tel:0086 - 0574 - 86890688
Fax: 0086 - 0573 - 86890689
E-mail: lijing@zjjs. com. cn

任务三:缮制国际货物买卖合同

李婧分别从约首、本文和约尾三部分内容拟订出口合同(见样本 2-1)。李婧把拟订好的出口合同传真给国外客户,当天收到客户公司签名盖章的出口合同传真件,该合同开始生效。

样本 2-1 **出口合同**

SALES CONTRACT

1. THE SELLER:Zhejiang Jinsha Imp. & Exp. Co. ,Ltd S/C NO. :ZJJS13027
2. ADDRESS:216 Renmin South Road ,Ningbo,China.
DATE:9 - May - 13
TEL: 0086 - 0574 - 86890688
FAX:0086 - 0574 - 86890689
E-mail: lijing@zjjs. com. cn
3. THE BUYERS: Kading Gmbh & Co. KG
4. ADDRESS: Lerchenfeld 8, 22086,Hambury,Germany
TEL: 0049 - 40 - 3410886
FAX:0049 - 40 - 3410887
E-mail: DirkG@Kading . com. de

THE SELLERS AGREE TO SELL AND THE BUYERS AGREE TO BUY THE UNDERMENTIONED GOODS ACCORDING TO THE TERMS AND CONDITIONS AS STIPULATED BELOW

NAME OF COMMODITY & SPECIFICATION	QUANTITY	UNIT PRICE	TOTAL VALUE
Men Jacket			CIF Hamburg
Style No. JS256	2000pcs	USD12. 90	USD25 800. 00
Style No. JS258	2000pcs	USD12. 90	USD25 800. 00
Shell:100% cotton			
Lining:Polar fleece			
As per the conmirmed sample of Apr. 28,2013			

Total	4000pcs		US$51 600.00
TOTAL CONTRACT VALUE: SAY U. S. DOLLARY FIFTY ONE THOUSAND SIX HUNDRED ONLY.			
More or less 5% of the quantity and the amount are allowed.			

Size/color assortment for style No. JS256: Unit: piece

Color Size	S	M	L	XL	Total
White	80	400	400	80	960
Black	80	400	480	80	1 040
Total	160	800	880	160	2 000

Size/color assortment for style No. JS258: Unit: piece

Color Size	S	M	L	XL	Total
White	80	400	400	80	960
Black	80	400	480	80	1 040
Total	160	800	880	160	2 000

PACKING: 16 pieces of Men jacket are packed in one export standard carton, solid colore and solid size in the same carton.

SHIPPING MARKS:

Shipping mark includes Kading, S/C No., style No., port of destination and carton No.

Side mark must show the color, the size of carton and pieces per carton.

TIME OF SHIPMENT:

Within 60 days upon receipt of the L/C which accord with relevant clauses of this Contract.

PORT OF LOADING AND DESTIMATION:

From Ningbo, China, to Hamburg, Germany.

Transshipment is allowed and partial shipment is prohibited.

INSURANCE:

To be covered by the Seller for 110% of invoice value covered ALL Risks as per CIC of PICC dated 01/01/1981.

TERMS OF PAYMENT:

By Letter of Credit at 90 days after sight, reaching the Seller before May 24, 2013 and remaining valid for negotiation in China for further 15 days after the effected shipment, in case of late arrival of the L/C, the Seller shall not be liable for any in shipment and shall have the right to rescind the contract and/or claim for damages.

DOCUMENTS:

+Invoice in triplicate.

+Packing List in triplicate.

+Full set of clean on board ocean Bill of Lading marked "freight prepaid" made out to order blank endorsed notifying the Buyer.

+Insurance Policy in duplicate.

+GSP Certificate of Origin FORM A.

+Seller's Certified Copy of Fax dispatched to the Buyer within three days after shipment advising B/L No. , name, quantity and amount of goods, number of packages, name of vessel and voyage No. , and date of shipment.

INSPECTION:

The certificate of Quality issued by the China Entry-Exit Inspection and Quarantine Bureau shall be taked as the basis of delivery.

CLAIM:

In case of late delivery, the Buyer shall have the right to cancel this contract, reject the goods and lodge a claim against the Seller. Except for Force Majeure, if late delivery occurs, the Seller must pay a penalty, and the Buyer shall have the right to lodge a claim against the Seller. The rate of penalty is charged at 0. 1% for every day. The total penaity amount will not 5% of the shipment value. The peneity shall be deducted by the paying bank or the buyer from payment.

FORCE MAJEURE:

The Seller shall not held responsible if they, owing to Forcemajeure cause or canses, fail to make delivery within the time stipulated in the Contract or cannot deliver the goods. However, in such a case, the Seller shall inform the Buyer immediately by cable and if it is requested by the Buyer, the Seller shall also deliver to Buyer by registered letter, a certificate attesting the existence of such a cause or canses.

ARBITRATION:

All disputes in connection with this contract or execution thereof shall be settled amicably by negotiation. In case no settlement can be reached, the case shall then be submitted to the China international Economic and Trade Arbitration Commission for settement by arbitration in accordance with the Commission's arbitration rules. The award rendered by the commission shall be final and binding on parties. The fees for arbitration shall be the losing party unless otherwise awarded.

This contract is made in two original copies and becomes valid after signature, one copy to be held by each party.

Signed by:	Signed by:
THE SELLER:	THE BUYER:
ZHEJIANG JINSHA IMP. & EXP. CO. , LTD.	KADING GMBH & CO. KG
金莎	Dirk Geraldine

技能训练

综合业务题一

业务背景资料一：加拿大客户 NQDFORCECO.，LTD. 与南京时尚服饰公司（NANJING FASHION GARMENT CO.，LTD）是合作多年的业务伙伴。2013 年 12 月 2 日，NQD 公司传真一份制作女式全棉上衣的指示书，并邮寄面料、色样及一件成衣样品给时尚公司，要求时尚公司 2014 年 3 月 25 日前交货，并回寄面料、色样及两件不同型号的成衣样品确认。2013 年 12 月 22 日，NQD 公司收到时尚公司寄去的成衣样品，确认合格，要求时尚公司报价。当天，时尚公司进行核算后，向 NQD 公司报价，经过多次磋商，2013 年 12 月 26 日，双方最终确定以每件 USD12.80 的报价成交，并在南京签订合同号为 LCB13127 的外销合同。

卖方名址：NANJING FASHION GARMENT CO. LTD.

NUOYA MANSION RM5050 NO. 224 ZHONGSHAN ROAD,

NANJING 210005，CHINA

买方名址：NQD FORCE CO.，LTD.

P. O. BOX 8015 NEW TERMINAL，ALTA，

VISTA OTTAWA，CANADA

唛　　头：FASHION FORCE CO.，LTD　　　　**装运港：**SHANGHAI

LCB 13127　　　　**目的港：**MONTREAL

CTN NO.

MONTREAL

MADE IN CHINA

业务背景资料二：确认函

NANJING FASHION GARMENT CO.，LTD

NUOYA MANSION RM5050 NO. 224 ZHONGSHAN ROAD,

NANJING 210005，CHINA

TEL：0086-25-84715114　FAX：0086-25-84715115

Dec. 26，2013

Dear Sirs，

We thank you for your letter of Dec. 25，2013 which enquiring for ladies Cotton Blazer(100% cotton，40S×20/140×6).

Based on your requirement，we are quoting as follow：

style no.：46-301A

qty：2550pcs(with 3% more or less of shipment)

packing：carton

usd/pc：12.80

Payment Terms：By L/C at sight to be opened through a bank to be approved by the seller.

Shipment：not later than Mar. 25，2014 by vessel.

Insurance: For 110% CIF invoice value covering all risks, institute cargo clauses, institute strikes, institute war clauses and civil commotions clauses.

Remarks:

1. partial shipments: not allowed

2. transshipment: allowed

The above prices are understood to be on CIF Montreal basis net. Please note that we do not allow any commission on our cotton blazer, but a discount of 5% may be allowed if the quantity for each specification is more than 1 000 pieces.

The above quotation is made without engagement and is subject to our final confirmation.

Noted: our quotation remains effective until Jan. 10, 2013.

We look forward to your early reply.

Best Regards,

Wang Jun (Mr.)

请缮制出口合同,要求格式清楚、条款明确、内容完整。

综合业务题二

业务背景资料:青岛丽华有限公司(Qingdao Lihua Co., Ltd.)是一家流通性外贸企业。2013 年 9 月 3 日,该公司外贸业务员汪雅收到来自阿联酋客户 Tim Co., Ltd. 的电子邮件,内容如下:

Dear Miss Li,

Thank you for your letter of Aug. 12, 2013 and your latest catalogue.

We are impressed by your Door Handle Article No. DH5010 and would appreciate you sending some detailed information about the best price of 9 000 pairs on FOB Chinese port, CFR Dubai, UAE, payment by D/P at sight.

Awaiting your early offer.

Yours faithfully,

Jan

汪雅立即通知门把手的制造商山东潍坊五金有限公司报价,次日收到其报价如下:锌合金门把手 9 000 付,人民币 58.5 元/付(含税价),增值税率为 17%,每付装 1 个泡沫纸袋(含配件),然后装入一个出口标准内盒,每 20 个内盒装一个标准出口纸箱,纸箱尺寸为 57 厘米×31 厘米×31 厘米,每箱毛重为 18.5 千克,净重为 17.5 千克,9 000 付装 1×20'FCL,交货时全额付款,工厂交货。

(一)出口报价核算

1. 若 2013 年 9 月 4 日的美元牌价按 USD1=RMB¥6.53/6.56 计,公司报价时要求美元按当天牌价的 99%计算;出口退税率为 5%,退税款利息不计;国内运费为 RMB¥1 800/20'FCL,其他所有国内费用为采购成本的 6%;由青岛至阿联酋迪拜的海运费为 USD1 800/20'

FCL;预期成本利润率为 10%(按采购成本计算)。请核算出口报价。(计算过程中,数值要保留到小数点后 3 位,最后保留到小数点后 2 位。)

2. 根据以上核算的出口报价和相关条件,用英文书写以下发盘函,要求在 2013 年 9 月 10 日复到有效。装运期为签订合同后 30 天内。

(二)签订出口合同

单价:8.80 美元/付 CFR DUBAI,UAE

装运期:最迟 2013 年 10 月 18 日装船,不允许转运,不允许分批装运。

支付:20%货款在合同签订后 10 天内电汇支付;余款用即期付款交单方式支付。

数量与金额允许有不超过 1%的增减。

SALES CONTRACT

NO. LY1323　　DATE: SEP. 18, 2013

THE SELLER: Qingdao Lihua Co., Ltd.　　THE BUYER: Tim Co., Ltd.

No. 1 Renmin Rd., Qingdao　　No. 1 Roak Rd., Dubai

China　　UAE

This Contract is made by and between the Buyer and Seller, whereby the Buyer agrees to buy and the Seller agrees to sell the under mentioned commodity according to the terms and conditions stipulated below:

Commodity & Specification	Quantity	Unit Price	Amount
Total			
Total Contract Value:			

MORE OR LESS CLAUSE: ________________

PACKING: IN CARTONS

TIME OF SHIPMENT: ________________

PORT OF LOADING AND DESTINATION: ________________

TRANSSHIPMENT IS ________ AND PARTIAL SHIPMENT IS ________

INSURANCE: ________________

TERMS OF PAYMENT: ________________

____

____

REMARKS:

This contract is made in two original copies and becomes valid after both parties's signature, one copy to be held by each party.

Signed by:

THE SELLER:　　**THE BUYER:**

综合业务题三

业务背景资料：杭州美丽有限公司（Hangzhou Meili Co.，Ltd.）是一家流通性外贸企业。2013 年 3 月 12 日，外贸业务员张婧收到来自德国新客户 ABC Co.，Ltd. 的电子邮件，内容如下：

> Dear Sirs,
>
> We are very interested in your Caps, Style No. C123, whose shell fabric would be 100% cotton. Please quote us the price based on CFR Hamburg and L/C at sight.
>
> Meanwhile, please mail a sample of the cap by DHL as soon as possible. We will pay the express charge via DHL Account No. 966 769 888.
>
> Looking forward to hearing from you.
>
> Yours sincerely,
>
> Smith

张婧立即通知太阳帽的供应商宁波帽业有限公司寄 2 个太阳帽样品和报价，当日收到其报价如下：太阳帽，全棉，人民币 6.30 元/个（含税价），增值税率为 17%，20 个装 1 个塑料袋，10 个塑料袋装 1 个出口纸箱，纸箱尺寸为 60 厘米×40 厘米×40 厘米，每箱毛重为 18 千克，净重为 16.5 千克，月生产能力为 60 000 个，最低起订量为 20 000 个，交货时付款，工厂交货。次日，张婧收到宁波帽业有限公司寄来的 2 个太阳帽样品之后，马上寄给德国客户 1 个太阳帽样品。

（一）寄样与发盘操作

1. 张婧应以什么方式把样品寄出，由谁承担寄样费？

2. 若 2013 年 3 月 12 日的美元牌价为 USD1＝RMB￥6.729 5/6.760 5；业务定额费为采购成本的 5%；国内运费为 RMB500；国内其他费用为 RMB500；预计垫款时间为 1 个月，银行贷款年利率为 6.12%；出口退税率为 13%，退税款利息忽略不计；银行手续费预计为出口报价的 0.5%；国外运费按 W/M 计费，每运费吨为 USD18.75；预期利润率为 15%，请核算出口报价。（计算过程中，数值要保留到小数点后 4 位，最后的报价保留到小数点后 2 位。）

3. 根据以上核算的出口报价和相关条件，书写以下发盘函，要求在 2013 年 3 月 19 日复到有效。装运期为收到信用证后 45 天内装运。

（二）签订出口合同

单价：0.85 美元/个 CFR HAMBURG AS PER INCOTERMS 2013。

数量：蓝色 8 000 个，白色 12 000 个。

装运期：最迟装运日期为 2013 年 5 月 15 日，允许转运，不允许分批装运。

不可撤销议付信用证必须于 2013 年 4 月 1 日之前开到出口商，若信用证晚到，出口商则不承担晚交货责任，并有权撤销合同和要求进口商赔偿损失。数量与金额允许有不超过 3% 的增减。

学习情境三

出口履约工作

学习目标

知识目标：掌握审证的依据和步骤，熟悉改证的原则和步骤；熟悉国内采购合同条款，了解签订购销合同的注意事项；熟悉出口托运、出口投保、出口报检、出口报关操作流程；掌握出口制单的工作要求和主要依据；熟悉信用证、托收、电汇等结算方式的收汇操作。

能力目标：能根据外贸合同审证并书写信用证修改函；能根据出口合同条款以及与国内供应商谈判结果拟定国内购销合同；能根据信用证和/或出口合同条款以及实际备货情况及时办理出口托运、报检、报关和投保业务；能根据信用证和/或出口合同条款以及实际出货信息缮制信用证要求的其他结汇单据并对结汇单据进行审核；能办理出口收汇操作。

工作任务

2013 年 5 月 25 日，浙江金莎进出口有限公司(Zhejiang Jinsha Imp. & Exp. Co.，LTD.)收到进口商 Kading Gmbh & Co. KG 通过开证行中国银行汉堡分行(Bank of china，Hamburg Branch)开来的编号为 AD201379001346 的信用证信开本，在装运货物之前，浙江金莎进出口有限公司对国外来证进行仔细的审核并发现该信用证存在的问题，浙江金莎进出口有限公司立即通知进口商要求修改信用证。

2013 年 5 月 30 日收到通知行转来的信用证修改通知书，经审核，认为其符合改证要求，随即开始根据信用证的有关规定备货出运。2013 年 5 月 30 日，李婧根据出口合同以及与浙江嘉兴殷尚服装厂达成的主要协议条款，拟订如下购销合同。

2013 年 7 月 2 日，李婧登录中国国际海运网(http://www.shipingchina.com)上网查找船期并比较运价，选择一家国际货运代理公司。首先进入船期查询，输入上海装运港、汉堡目的港和中国—欧洲航线，查到若干家国际货运代理公司的船期；其次，点击各国国际货运代理公司网站或进行电话联系，获得上海港至汉堡港的运价表；最后，通过比较，选择浙江丽丽国际货运代理公司代理中远集装箱运输有限公司 2013 年 7 月 11 日的船期，船名为 JINHE，航次为 31E，报价为 USD4800/20′FCL。浙江金莎进出口有限公司委托浙江丽丽国际货运代理公司向船公司订舱。

2013 年 7 月 4 日中远集装箱运输有限公司通知浙江金莎进出口有限公司其所定舱位已

经确认，该批货物将于2013年7月7日装上由宁波港开往汉堡港的"JIN HE"轮第31E航次。在得到了船公司关于确认定舱的配舱回单后，浙江金莎进出口有限公司即于2013年7月5日按照信用证的有关规定向保险公司投保海运货物一切险和战争险。

2013年7月5日中国人民保险公司宁波分公司出具了PICCNB131337号承保回执。

2013年7月5日浙江金莎进出口有限公司委托浙江丽丽国际货运代理有限公司向嘉兴出入境检验检疫局申请出口商品检验。

2013年7月6日浙江金莎进出口有限公司按船公司的要求将货物送进船公司在码头的集装箱堆场，并预计在第二天装船出运。当天，浙江金莎进出口有限公司委托浙江丽丽国际货运代理有限公司出口报关，由浙江丽丽国际货运代理有限公司报关员向宁波海关报关，申报货物出口。海关经审核后准予浙江金莎进出口有限公司此批货物出口，并在装单上盖上海关放行章。凭这张有海关放行章的装货单，船方将货物装船出运。在办理货物出运工作的同时，浙江金莎进出口有限公司开始了议付单据的制作。

2013年7月7日中国外轮代理公司宁波分公司作为承运人中国远洋运输公司下属的中远集装箱运输有限公司的代理，签发了13COS87654号提单。

根据中国银行汉堡分行开证行开来的AD201379001346号信用证的规定，浙江金莎进出口有限公司共需向银行提交如下议付单据：商业发票；装箱单；普惠制产地证格式A；海运提单；保险单。

李婧的工作任务是：

1.落实备货资金；

2.下排产单备货；

3.开立增值税发票；

4.办理出口托运；

5.办理出口报检；

6.办理出口报关；

7.办理出口投保；

8.缮制或办理其他结汇单据；

9.审核出口结汇单据并办理出口收汇。

任务一　催证、审证、改证

一、催证

国际贸易中，卖方催促买方开立信用证的方法很多，如发信函、电报、电传、传真、E-mail、或请银行或我驻外机构协助代为催证。催证工作并非每笔业务必有的程序，只有在进口人未及时开证或出口方根据货源或运输情况可能提前装运才需催证。

催证函示例

例 3-1 CONTRACT NO. 12345 GOODS READY PLEASE RUSH L/C.

12345 号合同下货物已备妥，请即开证。

例 3-2 CONTRACT NO. 12345 PLEASE FAX WHEN AND THROUGH WHAT BANK L/C OPENED.

请告 12345 号合同下信用证何时通过何银行开立。

例 3-3 CONTRACT NO. 12345 PLEASE CABLE L/C TO REACH US BEFORE MAY 15 TO CATCH SS "TIANHUA" SAILING MAY 30.

速于 5 月 15 日前将 12345 号合同信用证开到我处，以赶 5 月 30 日天华轮。

在履行信用证支付方式的出口合同中，出口商必须做好催证、审证及必要的改证工作，以保合同顺利履行及货款的及时收回。

二、审证

出口商审核信用证时的主要依据是国内的有关政策和规定、交易双方成交的合同、《UCP600》以及实际业务中出现的具体情况，审核信用证通常遵守的原则是：信用证条款规定比合同条款严格时，应当作为信用证中存在的问题提出修改；而当信用证的规定比合同条款宽松时，往往可不要求修改。

(一)银行审证要点

1. 政策上审核

来证应符合我国方针政策，不得有歧视性内容。

2. 对开证行资信及信用证真实性的审查

对开证行所在国政治经济状况、开证行的资信、经营作风等进行审查。对来证进行印押审查，如信函开证，核对印鉴是否相符，如果相符，银行在来证上盖有核符戳记；如 swift 开证，电文尾端有"SAC"或"MAC"表示密押相符。

3. 信用证生效及开证行付款责任的审查

对信用证加列限制性条款或保留条件的条款，如："领到许可证后方能生效"，"另函详"等字样，应在接到上述生效通知书或信用证详细条款后再履行交货义务。我们接受不可撤销的信用证，同时证内要载有开证行保证付款的文句。

(二)出口单位审证要点

1. L/C 的真实性

通知行只对表面真实性负责，印鉴/密押待核的 L/C 交单或仅凭 L/C 副本交单须向银行提交担保函。

(1)信开 L/C 的印鉴是否核符。

(2)电传开立 L/C 的密押是否核符。

(3)SWIFT 开立 L/C 的真实性一般情况下已得到确认。

2. L/C 的付款保障是否有效

(1)L/C 是否表明不可撤销,是否适用《UCP600》。

(2)转让的 L/C 一般规定等第一受益人收妥后付款;背对背的 L/C 一般等原信用证项下货款收妥后付款。

(3)受益人能否掌握货权。如:1/3 提单径寄申请人,L/C 要求提交货物收据。

(4)是否存在软条款。软条款是指受益人不能主动控制能否满足其要求而得到付款的条款。

(5)开证行是否处于高风险国家。注意银行的通知面函和对来证中某些条款的提示。

3. 各个期限能否做到

(1)装运期,如 L/C 规定分批装运的时间和数量应注意是否能做到。

(2)到期日,注意国外到期和限制议付的情况。

(3)交单期,即装运后几天内交单,如无规定,则为 21 天。

①交单期对到期日的限制。交单期早于到期日应在交单期内提交;交单期晚于到期日应在到期日之前或到期日提交。

②到期地点的限制。国外到期或限制议付情况下,还应考虑单据寄到国外或议付行的合理邮程,提前 2～4 天交单。

③到期日的顺延。到期日/交单期最后一天如为银行的节假日,则顺延至该日以后的第一个银行营业日。

4. L/C 的内容是否完整和准确

(1)受益人、申请人的名称地址是否完整准确。

(2) 金额、单价、数量及其增减幅、价格条款、货物描述、分批装运、转运。

(3)费用条款,不点费、罚金。

(4)规定单据能否及时提供,使馆认证能否办到,船公司证明能否办到等。

(5) L/C 条款有无矛盾之处及模糊之处,如 FOB 价格要求运费已付。

三、改证

(一)信用证修改的原因

1. 受益人要求修改信用证

(1)由于信用证内容与合同不符。

(2)信用证中某些条款受益人无法办到。例如:来证规定货物不允许转运,但实际并无直航船只抵达目的地。

(3)货源或船期等出现问题,要求展期。

2. 开证申请人要求展期

(1)由于市场或销售情况发生变化。如:需要提前或推后发货,增加或减少货物数量或品种,改变信用证单价、金额等。

(2)进口国某些情况发生变化,使信用证必须修改,才能进口有关货物。如:进口国政策改变，规定进口某些货物必须具备某特定单据等。

(3)国际政治、经济形势变化，使进出口风险增加。如：当战争爆发时，进口商要求增保战争险或改变航运路线等。

3. 开证行工作疏漏，在打字或传递上造成的错误使信用证必须更正

一份规范的改证函主要包括三方面内容：感谢对方开来信用证；列明不符点并说明如何修改；感谢对方合作，并希望信用证修改书早日开到。常用的语句有：

(1)Thank you for you L/C No. SG99WE34 issued by West Country Bank, Los Angeles Branch dated February 5, 2013.

(2)We are very pleased to receive your L/C No. YUC9022 established by the National Bank of Bangladesh dated March 1, 2013 against S/C No. 1DXB15.

(3)However, we are sorry to find it contains the following discrepancies.

(4) But the following points are in discrepancy with the stipulations of our S/C No. ERT12.

(5)As to the description of the goods, please insert the "red" before "sun".

(6)Please delete the clause "The invoice evidences that the goods are packed in wooden cases," and insert the wording "The invoice evidences that the goods are packed in seaworthy cartons."

(7)Please amend the amount in figure to USD78,450.00.

(8)The expiry date should be February 15, 2009 instead of February 5, 2013.

(9)Please extend the shipment date and the validity of the L/C to March 15, 2013 and March 30,2011 respectively.

(10)Thank you for your kind cooperation. Please see to it that the L/C amendment reaches us within next week, otherwise we cannot effect punctual shipment.

(二)修改信用证的注意事项

(1)需要修改的内容，应一次性向客户提出。

(2)拒绝修改有两种方式：作出书面拒绝通知；以行动按照原信用证的内容办事。

(3)同一修改中内容不允许部分接受。

(4)修改证应通过原信用证通知行通知。

(5)明确修改费用承担。

任务二　跟踪内贸合同

一、落实备货资金

打包贷款是在信用证支付方式下，出口地银行为支持出口商按期履行合同、出运交货，向收到合格信用证的出口商提供的用于采购、生产和装运信用证项下货物的专项贷款。打包贷款是一种装船前短期融资，使出口商在自有资金不足的情况下仍然可以办理采购、备料、加工，顺利开展贸易。

(1)申请办理打包贷款时向银行提交：打包贷款申请书；国外销售合同和国内采购合同；贸易情况介绍；正本信用证。

(2)需与银行签订正式的《借款合同(打包贷款)》。

(3)凭以放款的信用证以融资银行为通知行，且融资银行可以议付、付款。

(4)信用证中最好不含有出口商无法履行的“软条款”。

(5)申请打包贷款后，信用证正本须留存于融资银行。

(6)正常情况下，信用证项下收汇款须作为打包贷款的第一还款来源。

(7)装运货物并取得信用证下单据后，应及时向银行进行交单。

二、签订国内购销合同

大型有出口经营权的外贸企业内一般设有自己的生产企业、车间。这种企业出口备货，一般由出口部门向生产加工及仓储部门下达出口生产加工通知即整装备货通知单。没有生产加工实体的外贸企业，主要通过与国内生产企业即厂家签订国内购销合同落实备货。对外贸企业来讲，国内购销合同是它与国内生产厂家之间权利义务的法律文件，是它完成和落实出口合同货物的基础和证明。国内购销合同用中文填写，填写内容、方法与国际货物买卖合同大致相同。

三、商品验收入库

外贸公司与国内生产企业签订国内购销合同后，须经常深入工厂了解出口商品的生产，掌握生产进度，检查产品生产过程中的质量，发现问题及时解决。工厂交货前，外贸公司应提前做好准备，包括确定进货的存放地点、堆码垛型、保管方法、进货所需要的各种苫垫材料、必要的检验工具及预先熟悉拟进商品资料。工厂交货时，公司应认真核对承运单位的货运记录、供货单位提供的产品质量合格证明、发票，对货物实体进行严格的感官甚至理化鉴定，严把进货质量，保证出口货源的数量准确、质量完好。商品验收合格即可填写出口商品进货通知单，办理商品入库手续。

四、整装刷唛

整装刷唛是出口备货工作中的一项重要内容。整装刷唛的意义是“将货物特定化”。业务中仓储货运部门应及时按合同/信用证整理出口货物的包装、刷制出口包装唛头。刷唛时，有关人员须注意防止错刷、漏刷、出现英文字母颠倒、倒置，认真与合同或信用证核对，做到清楚、醒目，位置大小适当，避免“白板”出口。

任务三　委托货代订舱

一、选择海洋运输方式

海洋运输是指使用船舶通过海上航道在不同国家和地区的港口之间运送货物的一种方式。

按船公司对船舶经营方式的不同，海洋运输可分为班轮运输和租船运输两种方式。

(一)班轮运输

班轮是指按照预定的航行时间表、沿着固定的航线、按照既定的港口顺序、收取相对固定的运费、经常从事航线上各港口之间运输的船舶。班轮运输的特点有：

(1)“四固定”。所谓“四固定”是指固定航线、固定航期、固定停挂港口和相对固定的费率。

(2)由船方负责配载装卸，装卸费包括在运费中，货方不再另付装卸费，船货双方也不计算滞期费和速遣费。

(3)船、货双方的权利、义务、责任和豁免，以船方签发的提单条款为依据。

(4)班轮承运货物的品种、数量比较灵活，货运质量较有保证，且一般采取在码头仓库交接货物，故为货主提供了较便利的条件。因此，少量货物或件杂货，通常都用班轮运输。

基于班轮运输的上述特点，班轮运输已成为国际货物运输的主要方式之一。在我国沿海、沿江各开放港口营运的班轮主要分为三类：自营班轮、中外合资班轮和外国班轮。

(二)租船运输

租船运输又称不定期船运输，是指船舶所有人把船舶按事先商定的条件租给租船人，以赚取运费。租船有租赁整船和租赁部分舱位两种形式，一般以租赁整船为多。租船运输的方式包括：

1. 定程租船

又称航次租船，是指由船舶所有人负责提供船舶，在指定港口之间进行一个航次或数个航次，承运指定货物的租船运输。

(1)定程租船的特点。船舶的营运调度由船舶所有人负责，船舶的燃料费、物料费、修理费、港口费、淡水费等营运费用也由船舶所有人负担；船舶所有人负责配备船员，负担船员工资、伙食费。

采用这种方式，船方必须按照合约规定的航程完成货物运输任务，同时负责船舶的经营管理和船舶在航行中的所有费用。它适用于单一货类或装卸港较少的大宗货物运输。程租船时，船方负责支付燃油费和船员工资，租船人负责运费，所以在租船合同里有"滞期、速遣"条款，装卸费等费用，也有视租船合同而定。一般情况下租船合同中有关装卸费的条款有：船方负担装货费和卸货费，又可称为"班轮条件"(GROSS TERMS；LINER TERMS；或 BERTH TERMS)；船方管装不管卸(FO)；船方管卸不管装(FI)；船方装和卸均不管(FIO)；船方不管装卸、理舱和平舱(FIOST)。

(2)定程租船分类。按租赁方式的不同分为：单程租船，又称单航次租船；往返租船；来回航次租船；连续航次租船；包运合同。

(3)定程租船装卸时间的一般规定。装卸时间又称装卸期限，即货主将货物全部装入船舱或由船舱全部卸下所需要的时间，它是程租船合同的重要条款。装卸时间一般用若干日(或时)表示，也可用装卸率来表示，即规定每一工作日或每个舱口装卸若干吨。

2. 定期租船

是指由船舶所有人将船舶出租给承租人，供其使用一定时间的租船运输。承租人也可将此期租船充作班轮或程租船使用。租船人负责在各航次中所产生的燃料费、港口费、装卸费等各种费用，船方负担船员工资、伙食以及因保持船舶在租赁期间具有适航性而产生的有关费用。定期租船特点：

(1)船长由船舶所有人任命，船员也由船舶所有人配备，并负担他们的工资和给养，但船长应听从承租人的指挥，否则承租人有权要求租船所有人予以撤换。

(2)租船的营运调度由承租人负责，并负担船舶的有关营运费用，而船舶所有人则负担船舶的维持费。

(3) 租金按船舶的载重吨、租期长短及商定的租金率计算。

(4)租船合同中订有关于交船和还船，以及关于停租的规定。

(5)较长期的定期租船合同中常订有"自动递增条款"。

(6)采用定期租船时，在租赁期间，租船人可根据租船合同规定的航行区域自由使用和调度船舶。

3. 光船租船

是指船舶所有人将船舶出租给承租人使用一个时期，但船舶所有人所提供的船舶是一艘空船，即无船长，又未配备船员，承租人自己要任命船长、船员，负责船只的给养和船舶营运管理所需的一切费用。在形式上是期租船的一种。实际上属于单纯的财产租赁。

4. 航次期租

是以完成一个航次运输为目的，按完成航次所花的时间，按约定的租金率计算租金的一种租船方式，是近年新发展租船方式。

二、核算海运运费

在采用 CIF、CFR 价格术语时，办理运输并支付运费是出口商的责任，这时，运费就构成了货价的要素之一。海运方式中，根据承运货物船舶的营运方法可以分为班轮运输和租船运输两种，进出口交易中除了大宗初级产品采用租船运输外，多数采用班轮运输。根据是否装入集装箱班轮运输可以分为件杂货与集装箱货。

(一)件杂货运费的计算

总运费＝基本运费＋附加费

　　　＝基本费率×计费数量＋附加费

件杂货运费包括基本运费和附加费两部分，前者是指货物从装运港到卸货港所应收取的基本运费，它是构成全程运费的主要部分；后者是指对一些需要特殊处理货物，或者突然事件的发生或客观情况变化等原因而需另外加收的费用。

1.基本运费的计算

基本运费＝基本费率×计费数量

基本费率即班轮运价，是班轮公司向货主收取的运费价格，是按照班轮运价表的规定计收的。班轮运价表一般包括说明及有关规定、货物分级表、航线费率表、附加费表、冷藏货及活牲畜费率表等。目前，我国海洋班轮运输公司使用的“等级运价表”，即将承运的货物分成若干等级，每个等级的货物有一个基本费率，称为“等级费率表”。该表前部列有常用商品等级表(中英文对照)，不同商品有不同等级，每一等级有一基本费率，一般分为 20 个等级，一级运费最低，二十级运费最高。在等级表后列有各航线的杂货与集装箱货的费率，同时附有计收标准以及各种附加费的收取。基本运费的计收标准有如下几种：

(1)按重量吨(weight ton)计收。运价表上用“W”表示。按货物毛重(公吨)计算，吨以下取小数三位。适用于价值不高、体积小、重量大的货物。

(2)按尺码吨(measurement ton)计收。运价表上用“M”表示。按货物体积(立方米)计算，立方米以下取三位小数。适用于价值不高、重量轻、体积大的货物。重量吨和尺码吨统称为运费吨或计费吨(freight ton，缩写 FT)。

(3)按价格计收。俗称从价运费。运价表上用“Ad. Val”或“A. V.”表示。以货物价值作为运费计收标准，一般按 FOB 价收百分之零点几到五的运费。适用于黄金、白银、精密仪器、手工艺品等贵重商品。

(4)按重量吨或尺码吨计收。运价表上用 W/M 表示。这是常见的一种计收标准，由船公司选择其中数值较高的一种计收。

(5)按重量吨或尺码吨或从价运费计收。运价表上用 W/M or A. V. 表示。由船公司从三种计收标准中选择收费最高的一种计收。

(6)按重量吨或尺码吨中收费较高的作为标准再另行加收一定百分比从价运费。运价表上用 W/M plus A. V. 表示。

(7)按货物的件数(per unit /per head)计收。如卡车按辆，活牲畜按头计收。

(8)按议价(open rate)计收。临时商定运价,如粮食、矿石、煤炭等大宗货物。

(9)按起码运费(mini rate)计收。不足1运费吨(1重量吨或1尺码吨)的货物均按一级货收取运费,称之为起码运费。

2.附加费的计算

船公司除收取基本运费外,还征收附加费,以弥补基本运费的不足。常见的附加费见表3-1:

表3-1 海运附加费种类

序号	附加费			附加费含义
	中文名称	英文缩写	英文全称	
1	燃油附加费	BAF	BUNKER ADJUST-MENT FACTOR	船公司在不调整原定运价的前提下为应对燃油价格上涨而征收的附加费
2	码头操作费	THC	TERMINAL HAN-DLING CHARGE	船公司在装运港或目的港向货主收取的装卸货费用
3	旺季附加费	PSS	PEAK SEASON SUR-CHARGE	每年运输旺季时,船公司根据运输供求关系状况而加收的附加费
4	超长附加费	OLS	OVERLENTH SUR-CHARGE	单件货物超过9米时加收的附加费,每转船一次加收一次
5	超重附加费	OWS	OVERWEIGHT SUR-CHARGE	单件货物超过5米/吨时加收的附加费,每转船一次加收一次。货物既超长又超重时,两者取高者计收
6	货币贬值附加费	CAF	CURRENCY ADJUST-MENT FACTOR	在计收运费的货币贬值的情况下,船公司为弥补其汇兑损失而加收的附加费
7	转船附加费		TRANSSHIPMENT ADDITIONAL	运输过程中货物需要转船运输时,承运人征收的附加费
8	直航附加费		DIRECT ADDITIONAL	托运人要求承运人将其货物从装货港,不经转船直接运抵航线上的非基本港时所征收的附加费
9	港口附加费		PORT ADDITIONAL	由于港口装卸效率低或港口使用费过高,或存在特殊的费用时,承运人加收的附加费
10	港口拥挤附加费		PORT CONGESTION SURCHARGE	由于港口拥挤,船舶抵港后需要长时间等泊而产生的而外费用,为补偿船期延误损失而征收的附加费
11	选港附加费		OPTIONAL SURCHARGE	发货人指定多个卸货港时承运人为补偿其额外工作加收的附加费
12	绕航附加费		DEVIATION SURCHARGE	因战争、自然灾害等原因导致绕航需加收的附加费

除以上各种附加费外,还有一些附加费需船货双方议定。如洗舱费、熏舱费、破冰费、加温费等,各种附加费是对基本运价的调节和补充,可灵活地对各种外界不测因素的变化作出反

应，是班轮运价的重要组成部分。

附加费的计算一般有两种规定：一是以基本运费率的百分比表示；二是用绝对数字表示，即每运费吨增收若干元。

根据一般费率表规定：不同的商品如混装在一个包装内（集装箱除外），则全部货物按其中收费高的商品计收运费。同一种货物因包装不同而计费标准不同，但托运时如未申明具体包装形式时，全部货物均要按运价高的包装计收运费。同一提单内有两种以上不同计价标准的货物，托运时如未分列货名和数量时，计价标准和运价全部要按高者计算。这是在包装和托运时应该注意的。

（二）集装箱货运费的计算

目前我国货物海运集装箱运费分为两大类：一类是沿用件杂货的费率加收附加费的运费计算方式，以每运费吨为单位；另一类是以每个集装箱为计算单位，即包箱费率。

1. 件杂货基本费率加附加费

这是在航线等级费率运价基础上加收附加费。航线等级费率运价指参照传统件杂货运价，以运费吨为计算单位，多数航线上采用等级费率。附加费指除传统杂货所收的常规附加费外，还要加收一些与集装箱货物运输有关的附加费。有些船公司为了保证营运收益，制定有保底费率，亦即起码运费。如每箱运费收入达不到保底费率，则按保底费率收取。如超过保底费率则按实际收取。

2. 包箱费率

这种费率以每个集装箱为计费单位，常用于集装箱交货的情况，常见的包箱费率有以下三种表现形式：

（1）FAK 包箱费率。指即对每一集装箱不细分箱内货类，不计货量（在重要限额之内）统一收取的运价。

（2）FCS 包箱费率。指按不同货物等级制定的包箱费率，集装箱普通货物的等级划分与杂货运输分法一样，仍是 1～20 级，但是集装箱货物的费率差级大大小于杂货费率级差，一般低级的集装箱收费高于传统运输，高价货集装箱低于传统运输；同一等级的货物，重货集装箱运价高于体积货运价。可见，船公司鼓励人们把高价货和体积货装箱运输。在这种费率下，拼箱货运费计算与传统运输一样，根据货物名称查得等级，计算标准，然后去套相应的费率，乘以运费吨，即得运费。

（3）FCB 包箱费率。指这是按不同货物等级或货类以及计算标准制订的费率。

（三）租船的运费计算

程租合同中有的规定运费率，按货物每单位重量或体积若干金额计算；有的规定整船包价。费率的高低主要决定于租船市场的供求关系，但也与运输距离、货物种类、装卸率、港口使用、装卸费用划分和佣金高低有关。合同中对运费按装船重量或卸船重量计算，运费是预付或到付，均须订明。特别要注意的是应付运费时间是指船东收到的日期，而不是租船人付出的日期。

三、订舱托运

(1)出口企业,即货主在货、证齐备后,填制订舱单,随附商业发票、装箱单等其他必要单据,委托货代代为订舱。有时还委托其代理报关及货物储运等事宜。订舱单是出口企业和货代之间委托代理关系的证明文件。

(2)货代接受订舱单后,缮制货物托运单,随同相关单据向船公司办理订舱。托运单是外运机构向船公司订舱配载的依据。托运单一式多份,分别用于货主留底、船代留底、运费通知、装货单、交纳出口货物港务费申请书、场站收据、货代留底、配舱回单、场站收据副本(大副联)等。其中比较重要的单据有:

①装货单,又称关单、下货纸,是船公司或其代理签发给货运托运人的一种通知船方装货的凭证,船公司收到托运单后根据船舶配载规则,结合货物和具体航线、港口的情况,安排船只和舱位,然后签发 S/O 表示船公司接受这批货物的承运。S/O 一经签发,承运托运双方即受其约束。同时托运人凭船公司签章的 S/O 要求船长将货物装船之前,还需先到海关办理货物装船出口的报关手续,经海关查验后,在 S/O 上加盖海关放行章,表示该票货物已允许装船出口,才能要求船长装货,这就是装货单习称关单的由来。

②收货单,它是船方收到货物的凭证,在货物装船后由大副签署后退还给托运人,故又称大副收据。托运人凭此向船公司换取正本已装船提单。如装船时,船方发现货物包装不良或有其他残损等缺陷,即在 M/R 上作各种批注,这些批注将全部转移到提单上,就成为不清洁提单,托运人不能凭有批注的收货单换取清洁提单,除非向船公司出具保函。

(3)船公司根据具体情况,如接受订舱则在托运单的几联单据上编上与提单号码一致的编号,填上船名、航次,并签署,即表示已确认托运人的订舱,同时把配舱回单、装货单等与托运人有关的单据还给托运人。

托运人持船公司签署 S/O,填制出口货物报关单、商业发票、装箱单等连同其他有关的出口单证向海关办理货物出口报关手续;海关根据有关规定对出口货物进行查验,如同意出口,则 S/O 上盖放行章,并将 S/O 退还给托运人托运人持海关盖章的由船公司签署的 S/O 要求船长装货;装货后,由船上的大副签署大副收据,交给托运人;托运人持 M/R,向船公司换取正本已装船提单;船公司凭 M/R,签发正本提单并交给托运人凭以结汇。

四、装船工作

当船舶到港装货计划确定后,按照港区进货通知并在规定的期限内,由托运人办妥集运手续,将出口货物及时运至港区集中,等待装船,做到批次清、件数清、标志清。要特别注意与港区、船公司以及有关的运输公司或铁路等单位保持密切联系,按时完成进货,防止工作脱节而影响装船进度。货物集中港区后,把编制好的出口货物报关单连同装货单、发票、装箱单、商检证、外销合同、外汇核销单等有关单证向海关申报出口,经海关关员查验合格放行后方可装船。

在装船前,理货员代表船方,收集经海关放行货物的装货单和收货单,经过整理后,按照积载图和舱单，分批接货装船。装船过程中，托运人委托的货运代理应有人在现场监装，随时掌握装船进度并处理临时发生的问题。装货完毕，理货组长要与船方大副共同签署收货单，交与托运人。理货员如发现某批有缺陷或包装不良，即在收货单上批注，并由大副签署，以确定船货双方的责任。但作为托运人，应尽量争取不在收货单上批注以取得清洁提单。装船完毕，托运人除向收货人发出装船通知外，即可凭收货单向船公司或其代理换取已装船提单，这时运输工作即告一段落。

(一)发装运通知

通知对象应按信用证规定，具体讲可以是开证申请人、申请人的指定人或保险公司等。通知内容主要包括所发运货物的合同号、商业发票的号码或信用证号、品名、数量、金额、运输工具名称、开航日期、启运地和目的地、提运单号码、运输标志等，并且与其他相关单据保持一致，如信用证提出具体项目要求，应严格按规定出单。此外通知中还可能出现包装说明、ETD(船舶预离港时间)、ETA(船舶预抵港时间)、ETC(预计开始装船时间)等内容。

制作和发出日期不能超过信用证约定的时间，常见的有以小时为准(within 24/48 hours)和以天(within 2 days after shipment date)为准两种情形，信用证没有规定时应在装船后立即发出，如信用证规定"immediately after shipment"，应掌握在提单后 3 天之内。

一般可以不签署，如信用证要求"certified copy of shipping advice"，通常加盖受益人条形章。

(二)海运提单签发和更改

海运提单是由船公司或其代理人签发的，证明已收到特定货物，允诺将货物运至特定目的地，并交付给收货人的书面凭证。提单是承运人或其代理人签发的货物收据；提单是货物所有权的凭证：可以向承运人提取货物；可以向银行议付货款或抵押贷款；可以通过转让提单的方法转让货物的所有权；提单是承运人与托运人之间订立运输合同的证明，也是承运人与托运人或收货人处理双方权利、义务的依据。

1. 海运提单种类

(1)根据货物是否已装船，可分为已装船提单和待运提单。

①已装船提单是指承运人在已将整票货物装上指定的船只后签发的提单。这种提单的特点是提单上面有载货船舶名称和装货日期，同时还应由船长或其代理人签字。表示货已装船或已装具名船只的方法有两种。一种是由提单上印就的"货已装船"或"货已装具名船只"这类词表示。在这种情况下，提单出单日就是装船日或发货日。另一种是由提单上加批的词语证明货已装具名船只。批注必须表明货已装船的日期，这一日期即是发货日期。如果提单表明"预期船只"，也就是货物有可能装上这只船，提单上的已装船批注除了要表明货已装船外，还要写明货物实际已装的船只的船名。

②待运提单是指承运人在收到托运的货物后准备装船期间签发给托运人的提单。待运提单虽表示货物尚未装船，但如在签发待运提单后，货物已经装载于船只上，则承运人可在待运提单上加注"已装船"(on board)字样，注明船名和装运日期并由承运人签署，这时待运提单便转化为已装船提单。

(2)根据提单有无不良批注,可分为清洁提单和不清洁提单。

①清洁提单是指货物装船时,表面状况良好,承运人在签发提单时未加任何货损、包装不良或其他有碍结汇批注的提单。如果在卸货时发现货物外表有缺陷,承运人将承担责任。信用证要求的提单均为清洁提单。银行办理结汇时,都规定交清洁提单。如果海运提单上没有打上"clean"字样或原先印就的"clean"字样被承运人删除,并不影响提单成为清洁提单。

②不清洁提单是指承运人收到货物之后,在提单上加注货物外表状况不良,或货物存在缺陷和包装破损等批注的提单。并非所有有关货物的批注都构成不清洁提单。例如,承运人对于提单上列有货物的数量、质量、价值或特性并不负责,即使托运人在提单上声明了内容、价值、重量、尺寸、标记、质量、数量等,承运人也视作不详。这些声明并不构成提单的"不清洁"。承运人对因包装性质而引起损失或损坏予以保留的条款,即免责权利,也并不作为声明货物有缺陷,不构成"不清洁提单"。

(3)根据提单收货人抬头的不同可分为记名提单、不记名提单和指示提单。

①记名提单又称收货人抬头提单,它是指在提单的收货人栏内,具体写明收货人的名称。这种提单的特点是收货人已经确定,不得进行转让。不能转让虽然减少了风险,但也使其失去了代表货物转让流通的便利。记名提单的收货人可以是买主、开证行或代收行,但银行一般不愿接受以买主为收货人的记名提单。这种提单通常只在托运贵重物品、援助物质或展览品时使用,一般贸易物资很少用这类提单。

②不记名提单又称空白提单,它是指在提单的收货人栏内,不填明具体的收货人或指示人的名称,而留空白提单。这种提单可以转让,而且不需要任何背书手续,仅凭提单交付即可,提单持有人凭提单提货,由于这种提单不凭人,只凭单,谁持有提单,谁就可以提货。因此,采用这种提单风险大,一般也很少使用。

③指示提单是指在收货人栏内,只填写"凭(××银行)指示"或者"凭某人(托运人或收货人)指示"字样的提单。这种提单通过指示人的背书,可以转让,所以又称为可转让提单,因此便于流通,也便于在流通过程中发生问题时根据背书顺序查找原因。

(4)按运输方式分类,可分为直达提单、转船提单和联运提单。

①直达提单是指轮船装货后,中途不经过转船而直接驶往目的港,承运人签发的提单。这种提单不能出现"在某地转船"的字样。因为中途不转船,可节省时间和运费,故这种提单对买方有利。在国际贸易中,如果信用证规定不准转船,托运人就必须取得直达提单方能结汇。

②转船提单是指货物在装运港装船后,不直接驶往目的港,而需在中途其他港口换装另一船只运往目的港。有的甚至换船不止一次,而由第一承运人在装运港签发的提单。这种提单一般注明"在某港转船"的字样。

③联运提单亦称全程提单,是指海陆、海空、海河等联运货物,由第一承运人或其代理人收取全程运费后并负责代办下一程运输手续,在装运港签发的全程提单。转运提单和联运提单的区别在于前者仅限于转船,后者可在中途转换其他运输工具。这种提单适用于多种方式组合的联合运输。

(5)根据提单内容的繁简,可分为全式提单和简式提单。

①全式提单。是指在大多数情况下使用的既有正面内容又有背面提单条款的提单。背面提单条款规定了承运人与托运人的权利与义务。

②简式提单又称略式提单，是指省略了提单背面条款的提单。简式提单的背面无条款，只在提单正面列出必须记载的事项。在一定程度上影响了它的流通性，所以有些信用证明确规定不接受简式提单。这种提单对货主没有不利影响，如信用证没有特别规定，银行可接受这种提单。

(6)按提单使用有效性可分为正本提单和副本提单。

①正本提单是指提单上有承运人，船长或其代理人签字盖章，并注明签发日期的提单。这种提单在法律上和商业上都是公认有效的单证。提单上必须标有“正本”字样，以示与副本提单有别。

②副本提单是指提单上没有承运人、船长或其代理人签字盖章，仅供工作上参考使用的提单。

(7)集装箱提单是指以集装箱装运货物所签发的提单。集装箱提单有两种形式：一种是在普通的海运提单上加注“用集装箱装运”字样；另一种是使用“多式联运提单”，这种提单的内容增加了集装箱号码和封箱号。使用多式联运提单，应在信用证上注明多式联运提单可以接受或类似的条款。

(8)舱面提单是指承运货物装在船舶甲板上所签发的提单，故又称为甲板货提单。由于货物装在甲板上风险较大，故托运人一般都向保险公司加保甲板险。承运人在签发提单时加批“货装甲板”字样。装在舱面上的货物多为特殊商品，因装在舱面上的货物容易受到海损，所以银行一般不接受这种提单。

2.海运提单的签发

(1)提单签发应避免的几种特殊情况。

①预借提单是指承运人应托运人的要求在货物尚未实际装船时即签发提单给托运人，往往是在信用证结汇期和装船期都到期的情况，这种行为构成严重欺诈，承运人责任风险很大，应严格禁止。

②倒签提单是指承运人应托运人的要求为了满足信用证装船日期的要求，将提单上的转船日期较实际装船日期提前，这种行为属于欺诈行为，承运人风险很大，应尽量避免。

③转换提单是指承运人应货方的要求为了满足贸易上的需要将原提单收回后改变原提单上的收、发货人和通知方等栏目重新出单，承运人仍然存在一定风险，应尽量避免。

(2)异地签单。有权签发提单的代理在接到货主订舱单后，如发现装货港不是本港但又需在本港签发提单后，可以在本港为货主签发提单。在签发提单前应做如下工作：与装货港联系以确认货物是否能在该港装船；向装货港代理订舱；与装货港代理落实运费及港杂费等的收取。在得到货物已装船的确认后，签发提单。签单时间应以实际装船时间为准，不得预借或倒签提单。通知装货港代理提单已在本港签发，以避免装货港重复签发提单。

装货港代理在接到货主订舱后，如货主要求在另一港签发提单，装货港代理应做如下工作：与另一港代理联系并委托其签单；将货主订舱单传真给另一港，以便其缮制提单；与另一港代理落实运费及港杂费等的收取；货物装船后，立即通知另一港代理可以签单。

(3)提单重签。当提单丢失而货主还没有结汇，这时货主往往会向承运人要求重新签发全套正本提单。重新签发提单，需要申请方满足以下条件：在当地主要报刊刊登遗失作废声明，并得到货主书面证实；如果原提单为记名提单，托运人、收货人都需要按承运人要求出具公司担保，如果原提单为指示提单，则申请方需要按承运人要求提供一流银行担保。

(4)提单更改。如托运人、订舱人提出更改已签发的正本提单时，应尽量赶在船舶开航之前办理，以减少因更改提单产生的费用和手续。

①托运人、订舱人在船舶开航后，需要更改已签发的正本提单上的内容时，必须提供正式的书面申请和船公司格式的保函或有效银行担保，并填写提单更改单，支付改单费，经船公司或其代理公司书面确认后，方可办理。

②提单在缮制过程中出现的个别字母的差错，可以加盖外代更正章予以更正，但该字母的差错必须是不影响该词或该语句的含义的。

③必须在全套提单上进行更改，否则必须重新签发提单；每一份提单的更改不得超过三处，否则必须重新签发提单。

④对手签提单的更改应从严掌握。

⑤如在正本提单签发后（即船舶开航后）发生的变更，修改后的提单必须及时通知船公司和中转港代理或卸货港代理。

⑥因提单的更改而需要重新签发提单的，必须要求托运人、订舱人交还原来已签发的全套正本提单。

任务四　出口报检报关

一、出口报检

（一）受理报检

1. 报检资格要求

报检单位报检时须先办理登记备案手续抹去的报检单位代码。其报检人员取得报检员证，凭证报检，无报检员证而需办理报检业务的，应委托代理报检单位及其代理报检员办理。代理报检的，需向检验检疫机构提供委托书。委托书由委托人按检验检疫机构规定的格式填写。非贸易性质的报检，报检人凭有效证件可直接办理报检手续。

2. 报检范围

(1)列入《出入境检验检疫机构实施检验检疫的进出境商品目录》内的货物。

(2)入境废物、进口旧机电产品。

(3)出口危险货物包装容器的性能检验和使用鉴定。

(4)进出境集装箱。

(5)进境、出境、过境的动植物、动植物产品及其他检疫物。

(6)装载动植物、动植物产品和其他检疫物的装载容器、包装物、铺垫材料；进境动植物性包装物、铺垫材料。

(7)来自动植物疫区的运输工具；装载进境、出境、过境的动植物、动植物产品及其他检疫物的运输工具。

(8)进境拆解的废旧船舶。

(9)出入境人员、交通工具、运输设备以及可能传播检疫传染病的行李、货物和邮包等物品。

(10)旅客携带物(包括微生物、生物制品等)和携带伴侣动物。

(11)国际邮寄物(包括动植物、动植物产品和其他检疫物等)。

(12)其他法律、行政法规规定需经检验检疫机构实施检验检疫的其他应检对象。

3.报检手续

(1)填写出口检验申请单。

①报验人在报验时应填写规定格式报检申请单,提供与出入境检验检疫有关的单证资料、按规定交纳检验检疫费用。

②报验人申请撤销报验时,应书面说明原因,经批准后方可办理撤销手续。报验后30天内未联系检验检疫事宜的,作自动撤销报验处理。

③应重新报验的情况有:超过检验检疫有效期限的;变更输入国家或地区,并又有不同检验检疫要求的;改换包装或重新拼装的;已撤销报验的;

④报验人申请更改证单时,应填写更改申请单,交附有关函电等证明单据,并退还原证单,经审核同意后方可办理更改手续。品名、数(重)量、检验检疫结果、包装、发货人、收货人等重要项目更改后与合同、信用证不符的,或者更改后与输出、输入国家或地区法律法规不符的,均不能更改。

(2)提供合同、信用证及有关单证资料。

①外贸合同或销售确认书或订单。

②信用证及有关函电。

③生产经营部门出具的厂检结存件。

④法定检验出口商品报验时,还应提供商检机构签发的“出口商品运输包装容器性能检验结果单”正本。

⑤发货人委托其他单位代理报验时,应加附委托书(原件)。

⑥凭样成交的应提供成交样品。

⑦经预验的商品,在向商检机构办理放行手续时,应加附该商检机构签发的“出口商品预验结果单”正本。

⑧经其他商检机构检验的商品,应加附发运地向商检机构签发的“出口商品查验报验凭单”正本。

⑨按照国家法律、行政法规规定实行卫生注册及出口质量许可证的商品,必须提供商检机构批准的注册编号或许可证编号。

⑩出口危险品货物时,必须提供危险品包装容器的性能检验和使用鉴定合格证(单)。出口锅炉、压力容器,需提供锅炉监察机构审核盖章的安全性能检验报告(正本)。

在非口岸商检部门商检、货物分数批装运而要求商检部门一次检验完毕的或者当地商检机构有特殊规定的,由该商检部门签发出境货物换证凭单,当货物在口岸报关时,须凭此换证凭单要求口岸商检部门出具出境货物通关单或其他商检证明。

(3)商检机构对已报验的出口商品实施检验,并出具检验结果。直接出口的出口商品,经检验合格后出具放行单或商检证书；运往口岸或已出口的出口商品，经检验合格后出具出口商品检验报验凭单；经检验不合格的，出具出口商品检验不合格通知单。

(二)检验检疫

1. 工作时限

各地检验检疫机构的检验检疫工作时限根据具体情况有所不同，入境货物一般 20 天。首次入境的货物或初次检验检疫有问题需进一步检验检疫的货物，其工作时限适当延长，但不能超过索赔有限期。出境货物一般为 7 天，首次出境的货物或初次检验检疫有问题需进一步检验检疫的货物，其工作时限适当延长，但不能超过出口装运期。

2. 准备工作

报检人应事先约定抽样、检验、检疫和鉴定的时间，并需预留足够多的取采样、检验、检疫和鉴定工作日，同时需提供进行取抽样、检验、检疫和鉴定的必要的工作条件。

3. 一般方法

检验检疫是对出入境应检对象，通过感官的、物理的、化学的、微生物的方法进行检验检疫，以判定所检对象的各项指标是否符合合同及买方所在国官方机构的有关规定。

(三)计征收费

检验检疫收费包括：出入境检验检疫费，考核、注册、认可认证、签证、审批、查验费，出入境动植物实验室检验项目费，鉴定业务费，检疫处理费等。收费对象为向出入境检验检疫机构申请检验、检疫、鉴定等业务的货主及其代理人。收费基本上采取预收费或月底结算两种方式。对预收费者，申请人取证时，根据检验检疫结果，采取多退少补的补救措施。

(四)签证放行

检验证书是检验机构对进出口商品进行检验、鉴定后出具的书面证明文件。它是证明卖方所交货物的品质、数量、包装等项内容是否符合合同规定的依据，是海关凭以验关放行和卖方凭以办理货款结算的一种单据，也是买方对货物的不符点向卖方索赔的主要依据。商检证书由国家进出口商品检验局统一设计、印制。证书尺寸为 297 毫米×210 毫米，证书由 5 个部分组成：

(1)签证局的局名，包括地址、电报挂号和电话。

(2)证书名称和种类，包括正本或副本、证书印制顺序号、证书号(即报验号)和签证日期，此日期必须早于货运单据签发日期。

(3)商品识别部分，包括发货人、收货人、商品名称、报验数量/重量、标记及号码、运输工具、发货港、目的港等。

(4)证明内容，即检验或鉴定的结果和评定，这是证书的主要部分。

(5)签署部分，包括检验日期和地点，签证机构签证专用印章、签署人的签字。出口商品检验证书，一般用英文签发，除非合同或信用证允许使用中文或其他文字签发。

此外，根据国家商检局的规定，在证书的右上角加盖 CCB 字样的钢印。只有经过签字和盖上商检机构签证章并加盖 CCB 钢印的证书方算有效。

我国商品检验机构签发的检验检疫证书见表 3-2。

表 3-2　我国商品检验机构签发的检验检疫证书

证书名称	用途	备注
品质检验证书(Inspection Certificate of Quality)	用于证明进出口商品的质量、规格、登记等实际情况	
重量或数量检验证书(Inspection Certificate of Weight or Quantity)	用于证明进出口商品的重量或数量。对包装商品一般证明毛重、皮重、净重	
包装检验证书(Inspection Certificate of packing)	用于证明进出口商品包装及标志情况	一般列入品质检验证书或重量(数量)检验证书中的证明
兽医检验证书(Veterinary Inspection Certificate)	用于证明出口动物产品经过检疫合格	凡有卫生检验内容的,称兽医卫生检验证书
卫生检验证书(Sanitary Inspection Certificate)	用于证明罐头食品、蛋类、乳制品、冻鱼、肠衣等可供人类食用或使用的出口动物产品、食品经过卫生检疫合格	
消毒检验证书(Disinfection Inspection of Certificate)	用于证明出口动物产品经过消毒处理,保证卫生安全	也可在品质检验证书中附带证明
熏蒸证书(Inspection Certificate of Fumigation)	用于证明出口粮食、油籽、豆类、皮张等商品,以及木质与植物性填充物等,已经经过熏蒸灭虫。主要证明使用的药物、熏蒸的时间等	如国外不需要单独出证,可将其内容列入品质检验证书
温度检验证书(Inspection Certificate of Temperature)	用于证明出口冷冻商品温度	如国外仅需证明货物温度,不一定要单独的温度证书,可将测温结果列入品质检验证书
残损检验证书(Inspection Certificate on Damaged Cargo)	用于证明进口商品的残损情况,主要内容为确定商品的受损情况和对使用、销售的影响,估定损失程度、判断致损原因	
船舱检验证书(Inspection Certificate on tank/hold)	用于证明承运出口商品的船舱清洁、牢固、冷藏效能及其他装运条件是否符合保护承载商品的质量和数量完整与安全的要求	
价值检验证书(Inspection Certificate of Value)	用于证明发票所列商品的价格真实正确	
产地检验证书(Inspection Certificate of Origin)	用于证明出口商品原产地	我国规定,普通的产地证书由商检机构或中国国际贸易促进委员会负责签发,一般对出口商品证明由中国生产或加工制造

一般来说，检验证书是证明卖方所交货物品质、数量和包装方面是否符合合同规定的依据，也是买方对品质、数量和包装提出异议的必不可少的法律依据。应该说明的是，在出口国检验、出证，允许买方在进口国目的地复验的条件下，双方检验机构所出具的证书，都不具备最终依据的效力。买方可以根据复验结果提出异议和索赔要求，但卖方也可根据出口地检验机构出具的证明书进行抗辩。在这种情况下，争议只能通过协商解决，或委托第三国进行仲裁性的检验。但即使在这种情况下，检验证书仍然是买方提赔不可缺少的证明文件。因此，在国际贸易中，检验证书究竟具有何种作用，可由买卖双方的意愿而确定。双方应在贸易合同中予以明确规定。

二、出口报关

(一)申报

根据《海关法》的规定，出口货物必须通过设有海关的地方出境。出口货物的申报时间为装货的 24 小时以前。

(1)出口货物的发货人在根据出口合同的规定按时、按质、按量备齐出口货物，办理租船订舱手续后，向海关办理报关手续或委托办理报关手续。

(2)需要委托专业或代理报关企业办理申报手续的企业，在货物出口之前，应在出口口岸就近专业报关企业或代理报关企业办理委托报关手续。接受委托的专业报关企业或代理报关企业要委托单位收取正式的报关委托书，报关委托书以海关要求的格式为准。

(3)准备好报关用的单证。出口商向海关报关时，需提交以下单证：

①出口货物报关单。一般出口货物应填写一式二份；需要由海关核销的货物，如加工贸易货物和保税货物等，应填写专用报关单一式三份；货物出口后需国内退税的，应另填一份退税专用报关单出口货物报关单。

②发票。货物发票一式二份，对货物出口委托国外销售，结算方式是待货物销售后按实销金额向出口单位结汇的，出口报关时可准予免交。

③陆运单、空运单及海运出口的装货单。海关在审单和验货后，在正本货运单上签章放行，退还报关单，凭此装运货物。

④装箱单。其份数等同货物发票，但是散装货物或单一品种且包装内容一致的件装货物可免交。

⑤合同。出口货物报关时需提供买卖双方签订的外贸合同。

⑥出口收汇核销单。一切出口货物报关时，应交验外汇管理部门加盖“监督收汇”章的出口收汇核销单，并将核销编号填在每张报关单的右上角处。

⑦海关认为必要时，还应交验贸易合同、货物产地证书等。

⑧其他有关单证。包括：经海关批准准予减税、免税的货物，应交海关签章的减免税证明；已向海关备案的加工贸易合同出口的货物，应交验海关核发的“登记手册”。

(二)查验

查验是海关在接受报关单位的申报后以已经审核的申报单证为依据，通过的出口货物进行实际的核查，以确定其报关单位申报的内容是否与实际出口货物相符的一种监管方式。

1. 查验地点

查验货物一般在海关监管区内的出口码头、车站、机场、邮局或海关的其他监管场所进行。对出口大宗散货、危险品、鲜活商品、落驳运输的货物，经出口发货人的申请，海关也可结合装卸环节，在作业现场予以查验放行。在特殊情况下，经发货人或其代理人的申请，海关审核同意，也可派员到规定的时间和场所以外的工厂、仓库或施工工地查验货物。

2. 查验时间

海关将查验的决定以书面通知的形式通知出口货物发货人或其代理人，约定查验的时间。查验时间一般约定在海关正常工作时间内。对于危险品或者鲜活、易腐烂、易失效、易变质的货物，以及因其他特殊情况需要紧急验放的货物，经出口货物发货人或其代理人申请，海关可以优先安排实施查验。

3. 查验方法

海关实施查验可以是彻底查验，也可以是抽查。查验操作可以分为人工查验和设备查验。人工查验包括外形查验、开箱查验。外形查验是指对外部特征直观、易于判断基本属性的货物的包装、运输标志和外观等状况进行验核；开箱查验是指将货物从集装箱、货柜车箱等箱体中取出并拆除外包装后对货物实际状况进行验核。设备查验是指利用技术检查设备为主对货物实际状况进行验核。

(1)彻底检查检查，既对货物逐件开箱(包)查验，对货物品种、规格、数量、重量、原产地货物状况等逐一与货物申报单详细核对。

(2)抽查，即按一定比例对货物有选择地开箱抽查，必须卸货。卸货程度和开箱(包)比例以能够确定货物的品名、规格、数量、重量等查验指令的要求为准。

(3)外形检验，对货物的包装、标记、商标等进行验核。外形查验只能适用于大型机器、大宗原材料等不易搬运、移动。此外，海关还充分利用科技手段配合查验。

4. 查验程序

(1)海关确定查验后，由现场接单关员打印《查验通知单》，必要时制作查验关封交报关员。

(2)安排查验计划。由现场海关查验受理岗位安排查验的具体时间，一般当天安排第二天的查验计划。

(3)海关查验时，出口货物的发货人或其授权报关员应当到场，并负责协助搬移货物，开拆和重封货物的包装。海关认为必要时，可以径行开验、复验或者提取货样。

(4)查验结束后，由陪同人员在《查验记录单》上签名、确认。

(三)纳税

税费计征是指海关根据国家有关政策、法规对出口货物征收关税。海关征税首先要对出口货物申报进行审核，核实申报的主要内容包括：品名、规格、数量、单价、总值、成交金额、产地、贸易性质等。对申报进行审核后，对相关货物计征税费。海关计征税费的一般程序是：确定税则分类；确定适用的税率；确定完税价格；计算税额；缴纳关税。

(四)放行

放行是口岸海关监管现场作业的最后一个环节。

(1)对于一般出口货物在发货人或其代理人如实海关申报,并如数缴纳应缴税款和有关规费后,海关在出口装货单上盖"海关放行章",出口货物的发货人凭以装船起运出境。

(2)出口货物的退关。申请退关货物发货人应当在退关之日起3天内向海关申报退关,经海关核准后方能将货物运出海关监管场所。

(3)签发出口退税报关单。海关放行后,在浅黄色的出口退税专用报关单上加盖"验讫章"。

(五)结关

结关是指对经口岸放行后仍需继续实施后续管理的货物,海关在规定的期限内进行核查,对需要补征、补税货物作出处理直至完全结束海关监管的行为。

(1)结关时间以货物实际离境为依据。

(2)运输工具代理人应在运输工具离境后的7天内将出口清洁舱单递交海关,并将其电子数据传送给海关,以办理结关手续。

(3)企业拿到出口收汇证明联和出口退税证明联后,需要在中国电子口岸出口退税子系统中向相关单位进行电子数据报送。

(4)结关后企业即可向海关申请签发出口收汇证明联和出口退税证明联。

任务五　出口投保

在国际货物买卖中,无论是进口或出口,都需要办理保险。究竟由哪一方投保,取决于买卖双方在买卖合同中所选用的贸易术语或合同中的具体规定。

一、保险投保人

投保人向保险公司投保是一种订立契约的法律行为,一般应以书面形式提出,投保人是要约人,保险人就是受要约人,投保一经保险人承诺,双方就确立了契约关系。

1. 确定投保人

出口货物如按FOB、FCA或CFR、CPT条件成交,保险是买方的责任,卖方无义务办理投保,但货物从卖方仓库到装运港之间,所发生的风险,须由卖方承担,因而卖方仍应自行办妥装船前的保险。如按CIF或CIP条件成交,保险由卖方办理,装船前的风险属于卖方,在货物从起运地仓库到装船期间,卖方对货物拥有保险利益,保险人对此期间中发生的风险损失应负赔偿责任,因而卖方应该在货物运离起运地仓库之前就办妥投保手续。我国进口货物大多采用预约保险的办法,各专业进出口公司或其收货代理人同保险公司事先签有预约保险合同。签订合同后,保险公司负有自动承保的责任。

2. 确定投保方式

出口货物的投保,一般采用逐笔投保的方式,即由投保人按每笔交易填写要保书或投保单,提出书面申请,经保险公司接受后,保险契约成立。

(1)投保人根据出口合同填制投保单,送保险公司投保。

(2)保险公司以投保单为凭出具保险单,以作为其接受保险的正式凭证。

(3)投保人需要更改内容,应向保险公司提出申请,若保险公司接受申请即出立批单,被保险人按规定缴纳保险费。

(4)若发生承保责任范围内的损失可凭证直接向中国人民保险公司或其代理人索赔。

进口货物的投保,一般有两种方式,其一是不经常有货物进口的进出口企业,可采用逐笔投保的方式。进口企业在接到国外的发货通知后,立即向保险公司办理投保手续。其二是采用订立预约保险合同的方式,即经常有进口业务的进出口企业,可事先同保险公司签订海运、进口货物运输预约保险合同,双方约定,凡是贸易合同中规定应由买方办理投保的海运进口和保险公司负有自动承保的责任。进出口企业对每批应由己方投保的进口货物,当收到国外通知已在国外港口装上运输工具时,将装运通知副本或进口货物结算凭证副本交给保险公司,即作为办理了保险手续。

二、保险公司和保险条款

在按 CIF 或 CIP 条件成交时,保险公司的资信情况与卖方关系不大,但与买方有重大的利害关系。因此,买方一般要求在合同中限定保险公司和所采用的保险条款,以利于日后保险索赔工作的顺利进行。

三、保险险别选择

保险人承保的保险责任是以险别为依据的。不同的险别,保险人承担的责任范围不同,保险费率也不同。因此,投保人在选择保险险别时,既要顾及所选择的险别能为被保险货物提供充分的保险保障,又要注意保险费用的节省,避免不必要的保险费支出。选择何种保险险别,一般应考虑货物的性质和特点、货物的包装、运输路线和船舶停靠的港口、运输季节以及国际政治、经济形势的变化等情况。选择投保险别应首先在基本险别中选择水渍险或平安险,然后再根据需要加保必要的附加险别;如果根据商品特点、包装和运输季节情况,货物遭受外来风险的范围较广,遭受损失的可能性较大,则可投保一切险而不需加保一般附加险;对于一些特殊的风险,例如,载货船舶航行的海域或卸货港口局势紧张或已经发生冲突,则可加保战争险或罢工险。目前,我国通常采用中国人民保险公司 1981 年 1 月 1 日起生效的货物运输保险条款为依据。但有时国外客户要求按照英国伦敦保险业协会货物保险条款为准,我方也可以通融接受。

四、保险金额

保险金额是指投保人或被保险人对保险标的的实际投保金额,也是保险人依据保险合同承担的最高赔偿限额和计算保险费的基础。按照国际贸易惯例和我国海商法的规定,国际贸易货物运输保险的保险金额应按 CIF 或 CIP 发票金额另加一成计算。按 CIF 或 CIP 货价计算是为了使被保险人在货物发生损失时，不仅货价的损失可获补偿，而且已支出的运费和保险费也能获得补偿。加一成投保主要是为了在货物发生损失时，使被保险人所支出的经营管理费用和预期利润也能获得补偿。如果由于特殊原因，买方要求按较高的加成金额投保，而保险公司也同意，则卖方亦可接受。

五、保险单据

保险单据是保险人与被保险人之间订立保险合同的法律文件，也是保险人出具的承保证明。当发生保险责任范围内的损失时，它又是保险索赔和理赔的主要依据。在国际货物运输保险中常用的主要有保险单和保险凭证两种，它们都是可以经过背书转让而无须通知或征得保险人同意的可流通凭证，即使在保险标的发生损失之后，保险单据仍可有效转让。

1. 保险单

也称大保单或保单，是一种最规范、在国际贸易中使用最广泛的一种保险单据。保险单是保险公司根据投保人逐笔投保，逐笔签发的航程保险单，货物安全抵达目的地，保险单的效力即告终止。保险单正面载明的内容包括：当事人的名称和地址、保险标的的名称、数量或重量、包装标记、保险险别、保险币种和金额、载货船名、启运地和目的地、开航日期、出立保险单的日期、保险人签章、赔款偿付地点等。保险单背面印有保险人与被保险人之间权利和义务的各项条款，是保险单的重要内容，它是确定保险人与被保险人权利义务关系的依据。

2. 保险凭证

也称小保单，是一种简化的保险单据。保险凭证的背面不载明保险人与被保险人之间的权利义务，而是在正面声明承保货物按照正保险单上所列全部条款及本凭证所列特定条款负责。保险凭证与保险单具有同等法律效力。

综上所述，在 CIF 或 CIP 条件下，保险单的形式和内容，必须符合买卖双方约定的要求，特别是在信用证支付条件下，必须符合信用证的有关规定。保险单据的出单日期不得迟于运输单据所列货物装运或承运人接受监管的日期。

3. 联合凭证

是一种比保险凭证更为简化的保险单据，将发票和保险单相结合的，在进出口的商业发票上注明承保险别、保险金额以及保险编号，并由保险公司加盖印戳，即作为保险凭证。

4. 批单

是保险公司在保险单开立后，投保人如需要补充或变更其内容时，可根据保险公司的规定，向保险公司提出申请，经同意后另出具一种凭证，注明更改或补充的内容，这种凭证即为批单。

六、保险费

投保人向保险人支付保险费是保险合同生效的前提条件。保险人只有在投保人承诺或实际支付保险费的条件下，才承担相应的保险责任。保险费是保险人经营业务的基本收入，也是保险人建立保险基金用作支付保险赔款的主要来源。每个投保人应缴纳的保险费是以投保货物的保险金额为基础，再按一定的保险费率计算出来的。

七、保险索赔

保险索赔是指被保险货物在保险责任有效期内发生属于保险责任范围内的损失时，被保险人按照保险单的有关规定向保险公司或其代理机构提出的赔偿要求。在索赔工作中被保险人应做好以下工作：

1. 损失通知和货损检验

当被保险人获悉或发现被保险货物已遭受损失，应保留现场并立即通知保险公司或保险单上所载明的当地检验、理赔代理人，并申请检验。保险公司或其指定的代理人应立即采取相应的措施，勘察损失程度，调查损失原因，确定损失性质和损失责任，并签发检验报告等。

2. 保留向承运人或第三者责任人的索赔权

被保险人或其代理人在提货时发现被保险货物有明显残损痕迹或整件短少，除向保险公司报损外，还应立即向理货人、承运人或有关部门索取货损货差证明。如货损货差涉及承运人、码头、装卸公司等方面责任的，还应及时以书面形式向有关责任方提出保留追偿权利，有时还要申请延长索赔时效。如果日后被保险人首先从保险公司处获得保险赔偿，则应向保险公司签署一份权益转让书，以便保险公司取代被保险人的地位，能以被保险人的名义向第三者责任方进行追偿。这种权利在保险业中称为保险人的代位追偿权。

3. 采取合理的施救和整理措施

被保险货物受损后，被保险人和保险人都有责任采取必要的合理的施救和整理措施，以防止损失扩大。被保险人收到保险公司发出的有关采取防止或者减少损失的合理措施时，应当按照保险公司的要求处理，因抢救、阻止或减少货损的措施而支付的合理费用，由保险公司在不超过该批获救货物保险金额的限额内负责赔偿。如被保险人对于能够施救而又不履行施救义务的，保险人有权利对因此而扩大的损失甚至全部损失不负赔偿责任。

4. 备妥索赔单证，在规定的时效内提出索赔

保险索赔时，通常应提供下列证据：保险单或保险凭证正本；运输单据；商业发票的重量单、装箱单等；检验报告或残损短量证明、货损货差证明；向承运人等第三者责任方请求赔偿的往来函电或其他证明文件；必要时还需提供航海日志或海事报告等；索赔清单等。

根据国际保险业的惯例和我国海商法的规定，保险索赔或诉讼的时效是自货物在最后卸货地卸离运输工具时起算，最长不超过两年，被保险人应在此时效内提出索赔或诉讼。

任务六　单据制作与审核

一、出口制单要点

(一)制单主线:合同、信用证、单据

这是一条贯穿整个国际贸易程序始终的主线。交易的双方在从事贸易活动时首先应订立合同以确定彼此的权利和义务。如果是信用证付款方式,由买方向本国开证行提出开证申请,并由后者向出口受益人开出信用证,然后买卖双方就以信用证和有关法律法规的规定为准来具体履行各自的义务,实践中履行义务多通过单据的形式实现。

(二)制单过程:制作、审核、提交

任何一个环节的单证工作过程的主要依据是合同、信用证、有关惯例规定和买卖货物的原始资料。不同单据的出单人:发票、箱单、汇票等由卖方缮制;运输部门通常会配合出具提单、运单、船证等;货物的保险手续则由保险公司办理,这就要求相关各方应密切协作,按要求顺序出单。对制作完成的单据应严格审核,审核的一般过程是:制单人及其所在公司内部先自行核实,确认所做单据没有问题的情况下,再向本国银行/相关部门提交,银行有关部门将结合信用证等对单据进行逐字、逐句的审核,如单、证内容表面一致,银行将通过一定方式把全部单据寄国外有业务往来的银行(付款行),付款行审核后如无异议即履行付款义务,买方从付款行赎单前也要对单据进行审核,所以审核单据从出口方、出口银行、进口银行和进口方之间一直在进行。如果单据的制作和审核没有发现任何问题,按规定的时间、方式和要求的种类、份数提交合格单据。

(三)基本单据:发票、箱单、提单

一笔业务有关当事方通常都会要求出口方提交发票、箱单、提单。如交易条件不同,要求的单据种类也可能有所增减。比如 CIF 条件下出口方有义务提供保险单,如所出口的商品是法定检验商品,应有相应检验证;作为支付工具的汇票也不是每笔交易都需要的,有些业务根本不需要使用汇票;如果是易货或边境贸易,可能不需要单据或只有发票即可。

(四)单据类型:官方、商业、金融

官方单据主要指由官方机构核发的单据,诸如进出口报关单、检验检疫证、进出口收付汇核销单、原产地证和海关、领事发票等;商业单据主要是由进出口商、运输部门、保险公司等制作并提供的包括发票、装箱单、提单、保单、受益人证明、装运通知等在内的各种常见单据;金融单据用于取得货款,包括汇票、本票和支票。此外,单据还有下列划分方法:从贸易环节角度单

据被分为：货物单据、托运单据、报关单据、保险单据、结汇单据、核销单据、退税单据、(如发生争议)争议索赔单据等；从进出口角度讲有进口单据和出口单据。

(五)主要当事方：卖方、买方、第三方

国际贸易中的每个环节都会涉及多个当事人，但都可以概括为三方：出口方(受益人)、进口方(申请人)和某个第三方，所有单据的制作、流转都是围绕这三个人进行。比如在办理保险手续时，根据交易条件的不同，可以由买方(FOB、CFR)或卖方(CIF)向第三方保险公司办理相应事宜。

(六)付款方式：汇付、托收、信用证

贸易实践中可以使用的付款方式有汇付、托收、信用证、延期和分期付款、国际保理和包买票据等，不管使用哪种方式付款都必须提交相应的单据。付款方式不同，所要求的单据的种类、份数、交单方式都会有所区别。例如，在汇付中的电汇、信汇方式下，使用的主要单据是通过 SWIFT 等电讯手段发出的《付款委托通知书》；信用证的特点之一是单据买卖，其对单据的要求更是遵循"严格一致"的原则。

(七)常涉术语：FOB、CFR、CIF

国际贸易中为了明确双方当事人在货物交接、风险和费用等责任的负担问题，通常都会在合同中采用某种贸易术语，FOB、CFR 和 CIF 三种只适用海运的术语最为常见。术语不同，出口方向银行或进口方提交的单据是有区别的。根据"INCOTERMS 2010"的解释，FOB 条件下，应提交的单据包括商业发票、许可证和证明履行合同义务的通常单据/电子信息；CFR 条件下，则明确提出应提交在目的港提货或可以转让的运输单据，实践中特别强调此术语下出具并发送装运通知这份单据的重要性；CIF 条件下提交保险单则成了出口方的法定义务。

(八)适用范围：对内、对外、内外均可

与国际贸易活动有关的各种单据的适用范围是不一样的。有些只在国内流转(报关单、核销单、货物出运委托书、开证申请书等)；对外使用的结汇单据的制作要求相对较高，且必须英文制作；还有一些单据既可用于国内，又可对外出具，像发票这种国际贸易核心单据，对外结汇必须提交，对内办理产地证、保险、报关、检验、核销、退税、记账等手续时也是必备单据。

(九)时间衔接：相同、早于、晚于

由于国际贸易中的单据众多，各种单据的出单顺序是必须要考虑的一个问题，单据之间的时间必须满足有关合同、信用证、惯例的要求，且先后顺序应合理、符合逻辑性。就两种单据的出单时间先后比较看有相同、早于和晚于三种情形。例如，保险单必须在提单之前或最晚与提单同一天出具；产地证的出单时间应早于发票的时间；报关放行通常应在货物装运前 24 小时完成；装运通知一般应在装运当天对外发出等。

(十)重要期限：L/C 到期日、装运期、交单期

在 L/C 付款条件下，应正确理解到期日、装运期、交单期三者之间的关系。当事人必须按合同/信用证/惯例完成三个规定时间内要求完成的工作。例如，在 L/C 只规定到期日而没有规定装运和交单期的情况下，受益人应按 UCP600 规定最晚在 L/C 到期之前完成货物的装运，并在运输单据出具后 21 天内向银行交单，但不应晚于 L/C 规定的有效期。份数表达：FULL SET OF，COPY/FOLD，IN DUPLICATE 等国际贸易中的任何一种单据都有具体提交几份的规定，较多使用的短语有 FULL SET OF 表示全套的意思；使用 COPY/FOLD，比如可以说"COMMERCIAL INVOICE IN 3 FOLDS"、"PACKING LIST IN 2 COPIES"等；还可以用介词短语表示：从一式两份到一式十份英语中均有固定短语，像 IN DUPLICATE、IN TRIPLICATE、IN QUADRUPLICATE、IN OCTUPLICATE 等，且至少应含有一份正本；如没有对某种单据的份数提出要求，一般可以只提交一份；如明确提出正、副本的份数，应按规定制作、提交。

(十一)单据形式：统一印制、自制、电子单据

任何一种单据都体现为一定的形式。从实际业务角度讲，官方单据多为统一印制，像一正三副的 GSP FORM A(格式和内容在世界范围内都是统一的)、一式三联的核销单(外汇管理局统一印制)、海关规定的进出口报关单证等；出口公司、运输部门、保险公司和银行等出具的单据格式、内容多自定，但相差不大；电子单据则主要指 EDI，目前我国电子单据发展最完善的是"金关"工程、网上许可证和配额申领等。

(十二)清晰脉络：业务环节、办证步骤、单证流转

各种单据产生的脉络，一般而言，首先应明确某单据产生的业务环节，其次应清楚该单据的办证步骤，第三是单据出具后的流转过程。例如，在办理托运事宜时，其业务发生在运输环节中，在办理相关单据时的步骤和流程可以简单地理解为这样一个顺序：S/C(合同)—L/C(信用证)—B/N(托单)—S/O(装货单)—M/R(大副收据—杂货运输)或 D/R(场站收据—集装箱运输)—B/L(提单)—D/O(提货单)。特别注意：客检证、使领馆认证、有特殊要求的单据实际工作中，出口商有时很难处理某些国家银行开出的信用证中的一些单据要求。比较典型的情况有：

1. 客户检验证的问题

这种要求多数是情有可原的：因买卖双方分处不同国家，买方为保证自身利益不受损害，在货物装运之时或之前，由自己派驻出口国的代表或机构对货物进行实地检验、核实并出相应证明，这样的合理要求应得到卖方的配合。所以对客检证应加以区别，能做到的一定予以满足，做不到的也应通过适当方式取得对方的谅解或要求对方修改。

2. 单据认证

近些年来较多地出现在中东或非洲某些客户开立的信用证中，对这样的要求，采取的正确做法是：宜早不宜迟(使、领馆认证应考虑出口地是否设有相应机构)、能做到的一定照办(如不满足对方要求，出口商就会失去一个贸易机会和贸易伙伴)、成本核算中应事先考虑这笔费用。

3. 特殊单据的要求

主要是不同于发票、箱单等正常单据以外的单据。例如美国海关要求的电子舱单自动申报(AMS)的规定、海关发票、非再加工证明等。使用语言：英文、中文、第三国语言提交的单据所使用的语言应符合信用证或有关规定。在没有明确规定的情况下，多数单据都以英语制作。但某些官方语言为法语的（南美）国家可能会在订立合同或开立信用证时要求某些单据的品名或单据上的某些要求以法语形式显示，这种要求通常应得到满足；来自日本的信用证也可能提出以日语标明某些内容，我们同样应做到；在 CCPIT 对外出具的证明书上通常都有中、法两种文字；港、澳地区的客户要求在某些单据上列明商品的中文名称也是正常的要求；中英文对照的保险单和许可证等是能够被接受的；国际铁路运单以俄、中两种文字显示。

二、出口制单基本要求

（一）单证一致

单证一致即要求信用证的条款必须在单据上体现，信用证的要求必须在单据上已经照办。

(1)开证行开证后信用证条款没有修改，则应按信用证条款制单。其内容包括：

①同一商品品名，不同信用证会有不同的翻译方法，制单时须按信用证的规定填写。

②对信用证规定的商品品名制单时应全文照写，不应随意增加或删减字符（尤其是在制发票时，名称应严格相符）。

③在包装规格上，不可随意折算改称。

④卖方出具的各种单据的名称、份数、出证机关、特殊语句等均应与信用证一致。

(2)开证行开证后，若对信用证主要条款做了多次修改，须将原证规定与后来的修改作为制单的依据，特别是对在原证描写基础上补充修改的情形，应仔细分辨有关条款的完整规定。

(3)制单时应注意来证中对单据与货物有无特殊的规定。

（二）单单一致

单单一致即各种单据之间必须相互一致，不能彼此矛盾。

(1)各种单据签发日期应保持合理，符合逻辑性及国际惯例。

①汇票是根据发票开立的，所以汇票日期应等于或晚于发票日期，且不能先于提单日期，以符合先发货后收款的一般交易原则。

②商业发票的日期一般可早于、等于或晚于提单日期，但必须在交单日期内。海关发票的签发日期不应迟于提单日期；形式发票日期应先于装运日期；领事发票的日期不得迟于汇票和提单日期，以满足其提出办理进口手续或出口报价的需要。

③提单日期不得迟于信用证装运期，也不得早于规定的最早装运期。

④保险单日期一般应早于或等于提单日期。

⑤装箱单、重量单日期应等于或略迟于发票日期，但不得早于发票日期。

⑥一般产地证日期不应迟于提单日期，普惠制产地证书号码和日期须按正式商业发票填写，签证当局签署日期和出口商签署日期不得早于发票日期。

⑦为确定货物经检验合格后才装船，商检证书日期不应晚于提单日期，但也不能过分早于提单。

⑧出口许可证日期应早于或等于提单日期。

⑨受益人证明或声明往往在装船后出具。因此，其日期应等于或晚于提单日期。

⑩船公司证明证实船籍、船龄、航程的日期应早于或等于提单日期；运费收据日期也应早于或等于提单日期。

(2)出口单据的缮制一般以发票为基础。海关发票、产地证、投保单及相关需要的托运单、报关单等单证一般是按发票内容缮制的。各单据的填制内容除提单用概括性的商品统称外，须在措辞和用语方面保持一致。

(三)单货一致

单货一致即指单据上记载的内容应与实际货物内容一致。虽然信用证业务是单据业务，银行仅凭单据付款，而不管货物的实际交付情况，但信用证是依据买卖合同开立的，单货不一致，则极易造成所交货物与合同不相符合，从而导致违约情况的发生。另一方面，单货不一致也会在报关、检验时遇到麻烦。

(四)及时缮制单据

1.各种单据的出单日期应及时、合理

每一种单据都有一个适当、合理的签发日期。各种单据的签发日期应符合逻辑性和国际惯例，通常提单日期是确定各单据日期的关键，汇票日期应晚于提单、发票等其他单据，但不能晚于 L/C 的效期。各单据日期关系如下：

(1)发票日期应在各单据日期之首。

(2)提单日不能超过 L/C 规定的装运期也不得早于 L/C 的最早装运期。

(3)保单的签发日应早于或等于提单日期(一般早于提单 2 天)，不能早于发票。

(4)箱单应等于或迟于发票日期，但必须在提单日之前。

(5)产地证不早于发票日期，不迟于提单日。

(6)商检证日期不晚于提单日期，但也不能过分提单日，尤其是鲜货，容易变质的商品。

(7)受益人证明：等于或晚于提单日。

(8)装船通知：等于或晚于提单日后 3 天内。

(9)船公司证明：等于或早于提单日。

2.全套单据的交单日期应及时

在信用证支付方式下，一般都规定有装运后限制交单议付日期。若未规定，按《UCP600》的规定，最多不得迟于装运后 21 天交单。

三、出口单据工作程序

(一)核算

在制单前，须将单证中很多需要计算的数据，如货物的尺码、毛重、净重、发票的单价、总价、中间商的佣金等，逐项认真加以核算。

(二)备单

根据信用证要求把本批出口货物所需要各种空白单据，按需要的份数逐一配妥备用，既可以防止某一单据的漏制，又能提高制单工作效率。

(三)制单

完成了核算、备单工作以后，即可以着手制单。制单一般可先从发票和装箱单开始，因为发票记载的内容比较全面，它是一切单证的中心。发票制妥后，就可以参照发票的内容缮制其他单证。

(四)审单

单据制妥后，要求制单人员自审一遍，如有差错立即更正，以保证迅速有效地向银行交单。单证的审核是对已经缮制、备妥的单据对照信用证(在信用证付款情况下)或合同(非信用证付款方式)的有关内容进行单单、单证的及时检查和核对，发现问题及时更正，达到安全收汇的目的。审单不是简单的文字核对，要从安全收汇和整个合同的全面履行出发，既要考虑单证本身的正确性，又要涉及单证更改过程中涉及到的一系列具体问题。

1. 审单的基本要求

(1)单据齐全。

(2)各种单据份数符合合同和信用证要求，内容和签章完整。

(3)各种单据的名称和内容与信用证相符。

(4)各种单据之间内容相互一致。

(5)各种单证的签发日期没有矛盾。

2. 单证审核的基本方法

纵向审核法是指以信用证或合同(在非信用证付款条件下)为基础对规定的各项单据进行一一审核，要求有关单据的内容严格符合信用证的规定，做到“单证相符”。横向审核法在纵向审核的基础上，以商业发票为中心审核其他规定的单据，使有关的内容相互一致，做到“单单相符”。

3. 单证审核的重点

(1)综合审核的要点：

①检查规定的单证是否齐全包括所需单证的份数。

②检查所提供的文件名称和类型是否符合要求。

③有些单证是否按规定进行了认证。

④单证之间的货物描述、数量、金额、重量、体积、运输标志等是否一致。

⑤单证出具或提交的日期是否符合要求。

(2)分类审核的要点：

①汇票：

a. 汇票的付款人名称、地址是否正确；

b. 汇票上金额的大、小写必须一致；

c. 付款期限要符合信用证或合同(非信用证付款条件下)规定;

d. 检查汇票金额是否超出信用证金额,如有信用证金额前有“大约”一词可按 10%的增减幅度掌握;

e. 出票人、受款人、付款人都必须符合信用证或合同(非信用证付款条件下)的规定;

f. 币制名称应与信用证和发票上的相一致;

g. 出票条款是否正确,如出票所根据的信用证或合同号码是否正确;

h. 是否按需要进行了背书;

i. 汇票是否由出票人进行了签字;

j. 汇票份数是否正确,如“只此一张”或“汇票一式二份有第一汇票和第二汇票”。

②商业发票:

a. 抬头人必须符合信用证规定;

b. 签发人必须是受益人;

c. 商品的描述必须完全符合信用证的要求;

d. 商品的数量必须符合信用证的规定;

e. 单价和价格条件必须符合信用证的规定;

f. 提交的正副本份数必须符合信用证的要求;

g. 信用证要求表明和证明的内容不得遗漏;

h. 发票金额不得超出信用证的金额,如数量、金额均有“大约”,可按 10%的增减幅度掌握。

③保险单据:

a. 保险单据必须由保险公司或其代理出具;

b. 投保加成必须符合信用证的规定;

c. 保险险别必须符合信用证的规定并且无遗漏;

d. 保险单据的类型应与信用证的要求相一致,除非信用证另有规定,保险经纪人出具的暂保单银行不予接受;

e. 保险单据的正副本份数应齐全,如保险单据注明出具一式多份正本,除非信用证另有规定,所有正本都必须提交;

f. 保险单据上的币制应与信用证上的币制相一致;

g. 包装件数、唛头等必须与发票和其他单据相一致;

h. 运输工具、起运地及目的地,都必须与信用证及其他单据相一致;

i. 如转运,保险期限必须包括全程运输;

j. 除非信用证另有规定,保险单的签发日期不得迟于运输单据的签发日期;

k. 除信用证另有规定,保险单据一般应做成可转让形式,以受益人为投保人,由投保人背书。

④运输单据:

a. 运输单据的类型须符合信用证的规定;

b. 起运地、转运地、目的地须符合信用证的规定;

c. 装运日期、出单日期须符合信用证的规定;

d. 收货人和被通知人须符合信用证的规定；

e. 商品名称可使用货物的统称。但不得与发票上货物说明的写法相抵触；

f. 运费预付或运费到付须正确表明；

g. 正副本份数应符合信用证的要求；

h. 运输单据上不应有不良批注；

i. 包装件数须与其他单据相一致；

j. 唛头须与其他单据相一致；

k. 全套正本都须盖妥承运人的印章及签发日期章；

l. 应加背书的运输单据，须加背书。

其他单据如装箱单、重量单、产地证书、商检证书等，均须先与信用证的条款进行核对，再与其他有关单据核对，求得单、证一致，单、单一致。

四、主要出口单据

(一)发票

1. 商业发票

商业发票没有固定的格式，每个出具商业发票的企业都可以有自己的格式，格式虽不尽相同，但其基本内容大致相同。在信用证支付方式下，发票的内容要求应与信用证规定条款相符，还应列明信用证的开证行名称和信用证号码。在有佣金折扣的交易中，还应在发票的总值中列明扣除佣金或折扣的若干百分比。发票须有出口商正式签字方为有效。

2. 形式发票

形式发票也称预开发票或估价发票(P/I)，它是一种非正式发票，是卖方对潜在的买方报价的一种形式。在货物未成交前，在未成交之前，买方要求出口商卖方将拟出售成交的商品名称、单价、规格等条件开立的一份参考性发票。卖方凭此预先让卖方知晓如果双方将来以某数量成交之后，卖方要开给买方的商业发票大致的形式及内容。是一种试算性质的货运清单。在某些国家也可以供买方作为申请进口许可证或申请外汇额度的证件，也作为买方向银行申请向卖方支付货款，开立信用证等的依据。因此，买方常常需要形式发票，以作为申请进口和批准外汇之用。

(1)形式发票的要素：货物品名、数量、成交价格方式、装运期、运输方式、付款方式、公司的详细的银行资料等。以上所列的几点只是一些基本要素，一般小额贸易国外客户是很少签正式出口合同的，形式发票往往就起着约定合同基本内容以实现交易的作用，所以有必要的话要将可能产生分歧的条款一一详列清楚，要买方签回确认条款，以后真正执行合同时便可有所依据。如果是形式发票被利用来做信用证，信用证上的条款便应与形式发票上的一致。

形式发票不是一种正式发票，不能用于托收和议付，它所列的单价等也仅仅是进口商根据当时情况所作的估计，对双方都无最终的约束力，所以说形式发票只是一种估价单，正式成交发货后还要另外重新缮制商业发票。

(2)形式发票与商业发票的区别。形式发票与商业发票不同的是在发票上有“形式”字样。

这种发票可以用作邀请买方发出确定的订单。发票上一般注明价格和销售条件，所以一旦买方接受此条件，就能按形式发票内容签订确定合约。由于形式发票上详细载明了进口货价及有关费用，所以有些国家规定可以凭形式发票申请进口许可证，或作为向海关申报货物价格之用。

(3)形式发票的使用。在实务上，倘若形式发票具备报价单的内容而构成法律上的要约，则可以用来替代报价单，甚至可以作销售确认书。形式发票还可以用于其他需要结算的场合：用于预付货款，即在装货前要求现金支付；在寄售方式中，出口的货物没有确定的销售合约，而是放在代理商手中，对代理商来说，形式发票可以作为向潜在的买方报价的指南；如果是投标，形式发票可以使买方在许多相互竞争的供货商中按合理的价格和销售条件签订销售合同。

3.领事发票

领事发票是进口国为了了解进口货物的详细情况，包括原产地、货物有无倾销等而规定的，由进口国驻出口国的领事签发的发票，以作为征收进口关税的前提。有些国家印有特别格式的形式发票，而有些国家只需在商业发票上进行签证即可。进口国领事馆出具这种发票时，一般要收取一定费用。领事发票可以通过贸促会办理。

4.海关发票

海关发票是根据某些国家海关的规定，由出口商填制的供进口商凭以报关用的特定格式的发票。同时也供进口国海关核定货物的原产地国家，以采取不同的国别政策。海关发票除了在内容上类同于商业发票的主要项目外，它主要是证明商品的成本价和生产国。由于它被视作自由贸易的障碍，因此目前很多国家正在减少使用。各国或地区独有自己不同格式和名称的海关发票，其填制要求也各有区别，若缮制有误会影响出口。

5.厂商发票

厂商发票是进口国为确定出口商无误倾销行为，以及为了进行海关估价、核税和征收反倾销税，而由出口货物的制造厂商所出具的，以出口国货币计算的，用来证明出口国国内市场出厂价的发票。

(二)装箱单和重量单

1.装箱单

因缮制的出口公司不同，装箱单包括的内容也大不相同，但主要包括：包装单名称、编号、日期、唛头、货名、规格、包装单位、件数、每件的货量、毛净重以及包装材料、包装方式、包装规格及签章等。

2.重量单

重量单无统一格式，所谓的重量单在制作内容上侧重于货物的每箱净重和毛重，计算出来的总毛重和净重要与提单上的一致。

(三)产地证

1.普通原产地证书

(1)出口商或厂商产地证。在合同或信用证没有要求时，出口商或厂商可以自行缮制并签发原产地证书。这种产地证的内用简单，便于更改和更换，也不需要支付任何签证费用。

(2)一般原产地证。一般原产地证即我们常说的C. O(certificate of origin),是原产地证的一种,其是用以证明有关出口货物生产地、制造地的一种证明文件,在特定情况下进口国据此对进口货物给予不同的关税待遇。在我国,产地证书可由中国进出口商品检验局或贸促会签发。

对签证机构已签发的原产地证书,当申请单位需要更改其内容时,申请单位应书面申明理由,提交已更改的产地证,并退回原证书正本。对签证机构已签发的原产地证明书遗失或损毁,申请单位应书面说明遗失或损毁的原因,提交重新填制的产地证书副本或复印件。

2. 特殊原产地证书

(1)普惠制原产地证。给惠国给予中国普惠制待遇,出口到给惠国符合原产地标准的产品可以申请办理FORM A证书。

(2)区域性优惠原产地证书。是区域经济合作的成果,是在平等、互利、互惠的基础上的关税优惠待遇。根据我国参加的互惠协定,区域性优惠原产地证书有曼谷协定原产地证书、中国一东盟优惠原产地证书、中国-巴基斯坦原产地优惠证书、中国一智利自由贸易区原产地证书等。这些原产地证书分别采用FORM E、FORM F、FORM B等格式。

(3)专用原产地证书。包括纺织品证书(输欧盟和输美国)、手工制品证书、烟草真实性证书等。

(四)装船通知

1. 单据名称

主要体现为:SHIPPING/SHIPMENT ADVICE, ADVICE OF SHIPMENT等,也有人将其称为SHIPPING STATEMENT/DECLARATION,如信用证有具体要求,从其规定。

2. 通知对象

应按信用证规定,具体讲可以是开证申请人(进口商)、申请人的指定人或保险公司等。

3. 通知内容

装船通知主要包括所发运货物的合同号、商业发票的号码或信用证号、品名、数量、金额、运输工具名称、开航日期、启运地和目的地、提运单号码、运输标志等,并且与其他相关单据保持一致,如信用证提出具体项目要求,应严格按规定出单。此外通知中还可能出现包装说明、ETD(船舶预离港时间)、ETA(船舶预抵港时间)、ETC(预计开始装船时间)等内容。

4. 制作和发出日期

日期不能超过信用证约定的时间,常见的有以小时为准(within 24/48 hours)和以天(within 2 days after shipment date)为准两种情形,信用证没有规定时应在装船后立即发出,如信用证规定"immediately after shipment"(装船后立即通知),应掌握在提单后3天之内。

5. 签署

一般可以不签署,如信用证要求"certified copy of shipping advice",通常加盖受益人条形章。

(五)汇票、本票和支票

1. 汇票

据我国票据法规定,汇票必须记载下列事项:表明汇票名称;出票日期和地点;无条件的书面支付命令；收款人；汇票币种和金额；付款期限；付款地点和付款人名称；出票人名称和签字。此外，还可以根据需要，加注汇票的编号、出票条款、附对价文句等，但这与当事人的责任无关。

2. 本票

本票必须记载的内容：表明"本票"的字样；无条件支付的承诺；确定的金额；收款人名称；出票日期；出票人签章。

3. 支票

(1)支票的必要项目：写明其为"支票"字样；无条件支付命令；付款银行名称；出票人签字；出票日期和地点(未载明出票地点者，出票人名字旁的地点视为出票地)；付款地点(未载明付款地点者，付款银行所在地视为付款地点)；写明"即期"字样，如未写明即期者，仍视为见票即付；一定金额；收款人或其指定人。

(2)支票的使用。

①支票一律记名，转账支票可以背书转让。

②支票提示付款期为 10 天(从签发支票的当日起，到期日遇例假顺延)。

③支票签发的日期、大小写金额和收款人名称不得更改，其他内容有误，可以划线更正，并加盖预留银行印鉴之一证明。

④支票发生遗失，可以向付款银行申请挂失；挂失前已经支付，银行不予受理。

⑤出票人签发空头支票、印章与银行预留印鉴不符的支票、使用支付密码但支付密码错误的支票，银行除将支票做退票处理外，还要按票面金额处以 5%但不低于 1 000 元的罚款。

(3)支票的特点。使用方便，手续简便、灵活；支票的提示付款期限自出票日起 10 天；支票可以背书转让，但用于自取现金的支票不得背书转让。

(4)支票的申办手续。

①开立支票存款账户，申请人必须使用其本名，并提交证明其身份的合法证件。

②开立支票存款账户，申请人应当预留其本人的签名式样和印鉴。

③开立支票存款账户和领用支票，应当有可靠的资信，并存入一定的资金。

(六)其他单据

1. 受益人证明

受益人证明的基本要求：

(1)单据名称。这种单据的名称因所证明事项不同而略异，可能是寄单证明、寄样证明(船样、样卡和码样等)、取样证明、证明货物产地、品质、唛头、包装和标签情况、电抄形式的装运通知、证明产品生产过程、证明商品业已检验、环保人权方面的证明等。

(2)证明上通常会显示发票号、合同号或信用证号以表明与其他单据的关系。

(3)证明的内容应严格与合同或信用证规定相符。

(4)因属于证明性质，按有关规定证明人(受益人)必须签字。

(5)单据一般都应在规定的时间内做出。

2. 船公司证明

(1)船舶本身的证明文件。

①集装箱船只证明。进口商或银行在合同/信用证中规定货物须装集装箱船并出具相应

证明的，可由受益人自行制作并加盖有关签发人的图章，也可在运输单据上加以注明。

②船龄证明。有些国家/地区来证规定装载货物的船舶的船龄不得超过 15 年，受益人必须要求船代或船公司出具载货船只的船龄证明书，这样的要求主要目的在于禁止使用老龄船，保护货物运输安全。

③船籍证明。用于证明船舶所属国籍。

④船级证明。有的信用证规定提供英国劳合社船级证明，如“Class certificate certifying that the shipment is made by a seaworthy vessel which are classified 100 A1 issued by Lloyds or equivalent classification society”，劳合社的船级符号为 LR，标志 100A1，100A 表示该船的船体和机器设备是根据劳氏规范和规定建造的，I 表示船舶的装备如船锚、锚链和绳索等处于良好和有效的状态，对这样的要求我们通常应予以满足。国际上著名的船级社有英国劳合社、德国船级社(GL)、挪威船级社(DNV)、法国船级社(BV)、日本海事协会(NK)、美国船级社(ABS)等。

(2)运输和航行证明。

①航程证明。主要说明航程中船舶停靠的港口，一些阿拉伯国家开来的信用证中，往往要求在提单上随附声明一份，明确船籍、船名、船东及途中所经港口顺序，出口方须按要求签发此类证明并按证明中所述行驶、操作船舶。

②转船证明书。出口方出具转船证明书，说明出口货物将在中途转船且已联系妥当，并由托运人负责将有关转船事项通知收货人。

③货装具名船舶证明。如信用证要求“A certificate from the shipping company or its agent stating that goods are shipped by APL.”。意思是要求出口方提供由船公司或其代理出具的货装美国总统轮船公司的证明。

④船长收据。有的信用证规定，样品或单据副本交载货船只的船长带交进口商，并提供船长收据，如委托船长带去而未取得船长收据将影响出口商收汇，常见于近洋运输。

此外船证还包括进港证明、运费已交收据、港口费用单、装卸准备就绪通知书和装卸时间事实记录等，由于政治原因，巴基斯坦和印度互不允许悬挂对方国旗的船舶靠岸，巴基斯坦港口还不接受来自南非、韩国、以色列和中国台湾的船舶，如要求出具相应证明的，出口方必须提供。

(3)航运组织和公约证明。

①班轮公会证明。信用证规定货物须装班轮公会船只时，向银行所交单据中应包括船公司或船代出具的证明。如信用证要求“A certificate issued by the carrier, shipping company or their agents certifying that shipment has been effected by conference line and/or regular line vessels only covered by institute classification clause to accompany the documents.”。其意思是由承运人、船公司或他们的代理签发证明，证实货物业已装运在符合伦敦协会船级条款的班轮公会船只或定期船上，该船证随单据提交。

②黑名单证明。典型的是阿拉伯国家所要求的抵制以色列证明(Certificate of Boycott Israel)。其通常规定为：The vessel carrying the goods is not Israeli and will not call on any Israeli ports while carrying the goods and that the vessel is not banned entry to the port of the Arab States for any reasons whatever under law and the laws and regulations of such

Sates allowed.(船上所装货物为非以色列原产，船不经停任何以色列港口，船只可依法自由进入阿拉伯国家法律和规则所容许进出的港口)。

五、单据不符的补救

(一)单证不符的具体表现

由于客观情况是不断变化的，诸如船只误期、航程变更、意外事故、差错疏忽等难以避免，因而单证不符总是难免发生，其具体表现形式如下：

①信用证过期；

②信用证装运日期过期；

③受益人交单过期；

④运输单据不洁净；

⑤运输单据类别不可接受；

⑥没有“货物已装船”证明或注明“货装舱面”；

⑦运费由受益人承担，但运输单据上没有“运费付讫”字样；

⑧启运港、目的港或转运港与信用证的规定不符；

⑨汇票上面付款人的名称、地址等不符；

⑩汇票上面的出票日期不明；

⑪货物短装或超装；

⑫发票上面的货物描述与信用证不符；

⑬发票的抬头人的名称、地址等与信用证不符；

⑭保险金额不足，保险比例与信用证不符；

⑮保险单据的签发日期迟于运输单据的签发日期(不合理)；

⑯投保的险种与信用证不符；

⑰各种单据的类别与信用证不符；

⑱各种单据中的币别不一致；

⑲汇票、发票或保险单据金额的大小写不一致；

⑳汇票、运输单据和保险单据的背书错误或应有但没有背书；

㉑单据没有必要签字或有效印章；

㉒单据的份数与信用证不一致；

㉓各种单据上面的“Shipping Mark”不一致；

㉔各种单据上面的货物的数量和重量描述不一致。

(二)议付行对单证不符的处理方法

1. 凭保议付

受益人出具保证书承认单据瑕疵，声明如开证行拒付，由受益人偿还议付行所垫付款项和费用，同时电请开证人授权开证行付款。

2.表提

议付行把不符点开列在寄单函上，征求开证行意见，由开证行接洽申请人是否同意付款。接到肯定答复后议付行即行议付。如申请人不予接受，开证行退单，议付行照样退单给受益人。

3.电提

议付行暂不向开证行寄单。而是用电传通知开证行单据不符点。如开证行同意付款，再行议付并寄单，若不同意，受益人可及早收回单据，设法改正。

4.有证托收

单据有严重不符点，或信用证有效期已过，已无法利用手上的信用证，只能委托银行在向开证行寄单函中注明“信用证项下单据作托收处理”，作为区别，称为“有证托收”。而一般的托收，则称为“无证托收”。由于申请人已因单证不符而不同意接受，故有证托收往往遭到拒付，实是一种不得已而为之的方式。

(三)出口方对单证不符的应对措施

1.认真审核不符点

认真审核出口信用证条款是必不可少的，审核不符点内容也很重要。一般来说，审核不符点包括三部分内容：

(1)以国际惯例和国际标准银行惯例为依据，看开证行所提的不符点是否成立。开证行是以“单证相符、单单一致”为条件，来决定是否接受信用证项下的单据。单据不符可以拒付；单据相符，其必须接受单据并履行信用证项下付款责任。另外，开证行不得以单据以外的理由拒绝付款。由此如单据在表面上符合信用证，同时单据与单据之间并无不一致，可以认定所提不符点不成立，而理直气壮地要求开证行履行付款的义务。

(2)看开证行提出不符点的前提是否已满足。根据国际惯例，开证行提出不符点必须符合以下条件：a.在合理的时间内提出不符点，即在开证行收到单据次日起算的7个工作日之内向单据的提示者提出不符点；b.无延迟地以电讯方式，如做不到，须以其他快捷方式将不符点通知提示者；c.不符点必须一次性提出，即如第一次所提不符点不成立，即使单据还存在实质性不符点，开证行也无权再次提出；d.通知不符点同时，必须说明单据代为保管听候处理，或径退交单者。以上条件必须同时满足，如有一项条件开证行未做到，开证行便无权声称单据有不符点而拒付。

(3)看所提不符点是否是模糊不符点。有时开证行提出不符点的条件均已满足，单据也确实存在不符点，但开证行由于自身素质或英语水平的限制，提出的不符点与实际存在的不符点差别很大，在这时实质上开证行所提的不符点是不存在的，而其后来对不符点所做的解释，可能是正确的不符点，但我们可以指其是第二次提出不符点，系无效的拒付行为而要求开证行付款。

2.研究是否可以换单

根据国际惯例，如果单据确实存在不符点，开证行并已就此提出拒付，只要受益人改正的单据在信用证规定的有效期和议付期内提交到指定银行，且新提交的单据没有新的不符点，则视为单据不存在不符点，开证行必须付款。为此，一旦获知开证行提出不符点，公司的反应一定要快，看是否可以以及是否来得及改单，如有可能，应迅速改单并及时将单据交到指定银行手中。为了达到有不符点改单的目的，事先事后应做到几点：a. 在审核信用证时，一定要注意信用证的有效地点须在国内；b. 发货时尽量提前，不要在即将到效期时才发货，以保证在开证行提出不符点后，受益人有时间改单；c. 一装船，立即交单，以保证拒付后，能在议付期内重新制单；d. 重新补制单据时，一定要认真仔细，确保没有新的不符点。

3. 密切关注货物下落

在信用证业务中，相关各方处理的是单据，而不是与货物有关的货物或服务。之所以如此，最主要的原因是信用证所涉及的单据尤其是作为货权单据的提单，使得信用证的当事人能够控制货权。

4. 积极与开证申请人洽谈

开证行拒付并不意味着开证申请人拒付，如果开证申请人最终放弃不符点，尽管开证行并不受开证申请人决定的约束，但一般会配合开证申请人付款。所以开证行拒付后，如果不符点确实成立，应分析与开证申请人之间的关系以及此笔交易的实际情况，以决定怎样与其交涉，说服开证申请人接受不符点并付款。

5. 降价或另寻买主

如果不符点确实是成立的，且货物质量有缺陷，因市场不佳或客户信誉不好，申请人有时会拒绝付款，或为转嫁市场价格波动的风险，而提出降价的要求。遇到这种情况，一般可采取三个步骤：一是从合作角度考虑，尽量争取开证申请人的让步，并在日后的贸易往来中给以其他优惠，以避免当笔业务的经济损失；二是在交涉不力的前提下，可答应客户降价的请求；三是可权衡利弊，根据市场情况，积极联系新的买主，如市场情况较好的话，也可以将此作为与客户交涉的策略。就一般情形而言，客户关心的是自身的利润，如果商品市场价格趋升，开证申请人一般不会冒利润和客户同时损失的风险而坚持拒付。

6. 退单退货

在开证行提出实质性不符点、拒付行为又很规范、与客户交涉不力、寻找新买主而不得的情况下，就只有退单退货了。不过在作出此决定之前，一定要仔细核算运回货物所需的费用和货值之间是否有账可算，有利益即迅速安排退运，因为时间拖得愈久，费用就越高；若运回货物得不偿失，则不如将货物放在目的港，任由对方海关去处理了。

另外，开证行提不符点拒付时，作为议付行必须履行自己的职责。受益人既然将出口单据交给议付行，是基于对议付行的信任，受益人一定要求议付行予以配合，只要不符点不成立，其必须尽最大努力与开证行交涉，以维护受益人和国家的利益。

任务处理

任务一：落实备货资金

2013 年 4 月 28 日，浙江嘉兴殷尚服装厂通知浙江金莎进出口有限公司预计在 7 月 10 日能完成 4 160 件全棉男式夹克的生产，具体备货情况如下：两款各 2 080 件，16 件/纸箱，毛重 15 千克/箱，净重 14 千克/箱，纸箱尺寸为 57 厘米×44 厘米×40 厘米。

2013 年 5 月 30 日收到通知行转来的信用证修改通知书，经审核，认为其符合改证要求，即与原证订在一起，随即开始根据信用证的有关规定备货出运。

李婧迅速筹款，向银行提交信用证正本作抵押，提交打包贷款申请书（见样本 3-1）及相关贷款材料，从银行贷款19万元人民币。中国银行宁波分行于2013年6月6日同意放款，开出支票。

样本3-1　　打包贷款申请书

编号：NBZZ13886		
中国银行宁波分行： 我公司向贵行申请办理L/C项下融资，并根据贵行《信用证融资业务办法》保证： 1.该信用证是根据真实的出口合同开立的。 2.我公司保证按信用证规定装期发货，保证在信用证效期内向你行交单议付。 3.保证该信用证项下融通资金只用于执行该证时所发生的资金需求。 如违背上述保证，你行有权从其他结汇货款中扣除此笔融资金额及利息。		
开证行名称：Bank of China, Hamburg Branch		
信用证号：AD201379001346		合同号：ZJJS13027
币别：美元		金额：US$53 664.00
装运期：2013年7月11日		有效期：2013年8月1日
品名：全棉男式夹克		数量：4 160件
进口国名：德国		出口授信：60万美元
出口许可证货配额证：无		额度余额（万美元）：50万美元
法人代表：	单证科长：	公司盖章：
财务科长：	业务科长：	2013年5月30日
上述信用证出口货物符合信贷规定，可给予信用证融资。如货款到期因故未回，同意放款偿还本金及利息。 信贷员：　　审证科长： 信贷科、处长：　　2013年6月6日		

任务二：下排产单备货

2013年5月30日，李婧根据出口合同以及浙江嘉兴殷尚服装厂达成的主要协议条款，拟订购销合同（见样本3-2），经双方盖章签字，合同开始生效。浙江嘉兴殷尚服装厂的整个生产过程中，李婧几次下厂检验货物品质，工厂临时出现的问题得到及时解决。临近生产完毕，李婧于2013年7月4日向出入境检验检疫局申请报检。为保证货物按质、按量和按时装运出口，同时向船代协商租船订舱事宜。

样本3-2　　购销合同

合同编号：13JS88

签订日期：2013年5月30日

签订地点：浙江，宁波

根据《中华人民共和国合同法》和有关法规的规定，本着平等互利的原则，经双方协商签订本合同以资共同信守。

品名及规格	数量	计量单位	单价 (人民币元)	总金额 (人民币元)
男式夹克 款式号 JS256 款式号 JS258 面料:全棉,里料:摇粒绒	 2 080 2 080	 件 件	 46.30 元/件 46.30 元/件	 96 304.00 元 96 304.00 元
合计	4 160			192 608.00 元
合计人民币(大写)	壹拾玖万贰仟陆佰零捌元整			

起运地	嘉兴	目的地	宁波	收货人	李婧

(一)交货期限:2013 年 7 月 10 日前。

(二)质量标准:具体款式和要求根据确认样,由供方负责商检及费用。

(三)包装要求及费用负担:16 件装一个出口标准纸箱,同箱衣服齐色齐码,出口纸箱费用由供方负担。

(四)交货方式及运杂费:汽车或火车快件运输费用供方负担。

(五)到站交货地点及收货人:按需方指定交货地点。

(六)溢短装:数量和金额允许 5%上下幅度。

(七)交货时验收方法:以外商验收合格为准。

(八)结算方式:货到后付款。

(九)违约罚则:按经济合同基本条款试行规定执行。

(十)一般条款:

(1)本合同为供需双方执行主要依据,双方应严格遵守执行。

(2)供方必须按合同规定的规格、质量、等级包装、交期等要求进行交货,并负责检验,不合格产品不能顶数交货,因供方的责任造成国外客户索赔的,其索赔款及因索赔产生的费用由供方承担。

(3)供需双方如有一方违约,按合同金额罚款 1%以兹补偿另一方经济损失。

(4)交货时必须在发票上注明本购销合同号码。

(5)需方已安排供方生产的商品,因外销原因变化需要作出某些调整或变更的,其修改部分则为合同的组成部分。中途修改合同条款须经双方协商签章,始能生效。

(十一)附加或特殊条款:一切质量问题由供方负责,供方向需方提供增值税发票及缴款书。

(十二)备注:在国外客户确认产前样之后开始生产。

本合同另附件 1 张。

本合同双方签字盖章生效。本合同一式二份双方各执正本一份,均有同等效力,各上级主管部门、鉴证机关各副本一份。

有效期自 2013 年 5 月 30 日起至 2014 年 5 月 29 日止。

供方	需方	鉴(公)证意见
单位名称:浙江嘉兴殷尚服装厂 单位地址:浙江省嘉兴市环城南路 18 号 代表人:向殷尚 电话:0573-89937800 开户银行:中国银行嘉兴分行 账号:330308108888 邮政编码:314000 盖章	单位名称:浙江金莎进出口有限公司 单位地址:浙江省宁波市人民南路 216 号 代表人:金莎 电话:0574-86890688 开户银行:中国银行宁波分行 账号:76708109999 邮政编码:315000 盖章	经办人: 鉴(公)证机关章 年 月 日 注:除国家另有规定外,鉴(公)证实行自愿原则

任务三:开立增值税发票

货物全部生产完毕,卖方办理了货物预检,浙江嘉兴殷尚服装厂于 2013 年 7 月 4 日开立出口增值税专用发票(见样本 3-3),李婧在厂方发货后 5 天内结清了货物的余款。

样本 3-3　　**增值税专用发票**

开票日期:2013 年 7 月 4 日　　发票联　　NO. 03234567220006217O

<table>
<tr><td>购货单位</td><td colspan="4">名称:浙江金莎进出口有限公司
纳税人识别号:320102123976417
地址:浙江省宁波市人民南路 216 号
电话:0574-86890688
开户银行:中国银行宁波分行
账号:76708109999</td><td>密码区</td><td colspan="2"></td></tr>
<tr><td>货物或应税劳务名称</td><td>规格型号</td><td>单位</td><td>数量</td><td>单价(元)</td><td>金额(元)</td><td>税率(%)</td><td>税 额</td></tr>
<tr><td>全棉男士夹克</td><td>JS256
JS258</td><td>件
件</td><td>2 080
2 080</td><td>39.57
39.57</td><td>82 305.60
82 305.60</td><td>17%</td><td>13 991.95
13 991.95</td></tr>
<tr><td>合计</td><td></td><td></td><td>4 160</td><td></td><td>164 611.20</td><td></td><td>27 983.90</td></tr>
<tr><td>价税合计(大写)</td><td colspan="7">贰万柒仟玖佰捌拾伍元零柒角肆分</td></tr>
<tr><td>销货单位</td><td colspan="4">名称:浙江嘉兴殷尚服装厂
纳税人识别号:320109854387546
地址:浙江省嘉兴市环城南路 18 号
电话:0573-89937800
开户银行:中国银行嘉兴分行
账号:330308108888</td><td>备注</td><td colspan="2"></td></tr>
</table>

收款人:　　复核:　　开票人:　　销货单位:(章)

任务四:办理出口托运

李婧把订舱委托书(见样本 3-4)、商业发票(见样本 3-5)、装箱单(见样本 3-6)提交给浙江丽丽国际货运代理有限公司,指示其代理向中远集装箱运输有限公司订 2013 年 7 月 11 日船期,船名为 JINHE,航次为 31E,1 个 20 英尺集装箱整箱。2013 年 7 月 8 日,李婧收到浙江丽丽国际海运代理有限公司 2013 年 7 月 9 日晚上 9 点的装箱通知后,马上通知浙江嘉兴殷尚服装厂做好装箱准备。2013 年 7 月 9 日晚上 9 点,李婧到浙江嘉兴殷尚服装厂监督将货物装箱后封存,确认后在集装箱装箱单之后签字,完成装箱工作。

样本 3-4

出口货物订舱委托书

FROM:浙江金莎进出口有限公司　　TO:浙江丽丽国际货运代理有限公司

<table>
<tr><td rowspan="3">Shipper(发货人)
ZHEJIANG JINSHA IMP. &EXP. CO., LTD.
216RENMIN SOUTH ROAD, NINGBO, CHINA.</td><td colspan="3">SERVICE ITEM</td></tr>
<tr><td>(　)CFS
(√)CY
(　)DOOR</td><td>TO</td><td>(　)CFS
(√)CY
(　)DOOR</td></tr>
<tr><td colspan="3">拖车
(　)委托拖车　(√)自拖</td></tr>
<tr><td>Consignee(收货人)
TO ORDER</td><td colspan="3">报关
(√)委托报关　(　)自报</td></tr>
<tr><td rowspan="2">Notify Party(通知人)
KADING GMBH & CO. KG
LERCHENFELD 8, 22086
HAMBURY, GERMANY
PHONE NO:0049-40-3410886</td><td colspan="3">报检
(√)委托报检　(　)自报</td></tr>
<tr><td colspan="3">柜型/数量
(1)×20,(　)×40,(　)×40HQ,
(　)×45,(　)LCL(散货)</td></tr>
</table>

标记唛码	货号规格	包装件数	毛重	数量	尺码	总价
AS PER INVOICE NO.:	MEN JACKET					
13JS－0048						
	JS256	130CTNS	1950.0 KGS	2080PCS	12.745CBM	USD26,832.00
	JS258	130CTNS	1950.0 KGS	2080 PCS	12.745CBM	USD26,832.00
TOTAL		260CTNS	3900.0 KGS	4160PCS	25.490CBM	USD53,664.00

装货港:NINGBO	目的港:HAMBURY
转运:ALLOWED	分批装运:NOT ALLOWED

<table>
<tr><td>注意事项:
1.订舱单是承运货物、安排运输和制作舱单的依据,各项内容必须认真填写。
2.货物的各项资料:唛头、件数、货名、重量、尺码必须填全。
3.运输与附加费栏请认真填写金额,如有协议/合约请加上协议/合约号,请勿空白。
4.运费预付、到付栏不填的一律按预付处理;运输条款不填的一律按 CY－CY 处理;是否中转和中转港口必须填写清楚。
5.危险品货物,除填本单危险品一栏内容外,出运时还须提供产品说明书、包装容器使用性能鉴定书。
6.因订舱单填写错误与资料不全引起的不能及时出运、运错目的地、舱单制作错误、不能到货等一切责任、风险、纠纷、费用等概由托运人承担。</td><td>FREIGHT & CHARGES
(运费与附加费)
合约/特价编号:
运费预付</td></tr>
<tr><td colspan="2">托运人签章:
联系人:李婧　　TEL:0574-86890688　　FAX:0574-86890689
日期:2013 年 7 月 2 日</td></tr>
</table>

样本 3-5　　　　　　　　　　商业发票

浙江金莎进出口有限公司

ZHEJIANG JINSHA IMP. AND EXP. CO., LTD.

电话：　　　　　　　　　　　　　　　发票号：

TEL:0086—0574—86890688　　　　　NO.: 13JS—0048

传真：

FAX:0086—0574—86890689

发　票

INVOICE

合约号码：

Sales Confirmation No.: ZJJS13027

TO MESSRS:　　　　　　　　　　　　　日期：

Kading Gmbh & Co. KG　　　　　　　　Date: 9—MAY—13

Rathausmarkt 79,20095 Hambury,Germany

TEL: 0049-40-3410886

FAX:0049-40-3410887

E-mail: DirkG@Kading . com. de

装运口岸　　　　　　　　　　　　　　目的口岸

FROM Ningbo,China　　　　　　　　　TO Hamburg,Germany

信用证号　　　　　　　　　　　　　　开证行

Letter Of Credit No. AD201379001346　　Issued by Bank of China,Hamburg Branch

MARKS & NUMBERS	GOODS DESCRIPTIONS		QUANTITY	UNIT PRICE	AMOUNT
KSDING	MEN JACKET		CIF HAMBURG,GERMANY		
ZJJS13027					
HAMBURG	JS256	2080PCS	2080 PCS	USD12.90	USD 26823.00
C/NO. 1—260	JS258	2080PCS	2080 PCS	USD 12.90	USD 26823.00
	TOTAL:		4160PCS		USD53,664.00

TOTAL AMOUNT IN WORDS: SAY U.S. DOLLARS FIFTY THREE THOUSAND AND SIX HUNDRED AND SIXTY FOUR ONLY.

ISSUED BY

ZHEJIANG JINSHA IMP. & EXP. CO., LTD.

Signature

金莎

样本 3-6　　　　　　　　　　　装箱单

浙江金莎进出口有限公司

ZHEJIANG JINSHA IMP. & EXP. CO., LTD.

发票号码

INVOICE NO. 13JS－0048

装箱单

PACKING LIST

合约号码

Contract No. ZJJS13027

日期:

Date 9－MAY－13

品名规格 DESCRIPTION	箱号 BOX NO	箱数 PACKAGE	数量 QUANTITY	毛重 G. W(KGS)	净重 N. W(KGS)	体积 VOLUME(M^3)
MEN JACKET						
JS256	1－130	130CTNS	2080PCS	1950.0 KGS	1820.0 KGS	12.745
JS258	131－260	130CTNS	2080PCS	1950.0 KGS	1820.0 KGS	12.745
TOTAL		260CTNS	4160PCS	3900.0KGS	3640.0KGS	25.490(M^3)

SAY TOTAL: TWO HUNDRED AND SIXTY CARTONS ONLY

ISSUED BY

ZHEJIANG JINSHA IMP. & EXP. CO., LTD.

Signature

金莎

任务五:办理出口报检

由于产地在嘉兴,浙江金莎进出口有限公司需委托浙江嘉兴殷尚服装厂向嘉兴市出入境检验检疫局办理代理报检,特制作并办理如下报检委托书(见样本 3-7):

样本 3-7　　　　　　　**代理报检委托书**　　　　　　　编号:

嘉兴市出入境检验检疫局:

本委托人郑重声明,保证遵守出入境检验检疫法律、法规的规定。如有违法行为,自愿接受检验检疫机构的处罚并负法律责任。

本委托人委托受委托人向检验检疫机构提交“报检申请单”和各种随附单据。具体委托情况如下:

本单位将于2013年7月间出口如下货物:

品名	全棉男式夹克	HS 编码	6203320090
数(重)量	260 箱	包装情况	纸箱
信用证/合同号	AD201379001346/ZJJS13027	许可文件号	
进口货物收货单位及地址	KADING GMBH & Co. KG LERCHENFELD 8，22086 HAMBURY,GERMANY PHONE NO:0049-40-3410886	进口货物提/运单号	13COS87654
其他特殊要求			

特委托浙江丽丽国际货运代理有限公司(单位/注册登记号)，代理本公司办理下列出入境检验检疫事宜：

☑ 1. 办理代理报检手续；

☑ 2. 代缴检验检疫费；

☑ 3. 负责与检验检疫机构联系和验货；

☑ 4. 领取检验检疫证书；

☑ 5. 其他与报检有关的相关事宜。

请贵局按有关法律法规规定予以办理。

联系人：李婧

联系电话：0574－86890688

本委托书有效期至2013 年10 月5 日　　　　委托人(加盖公章)

2013 年 7 月 5 日

受托人确认声明

本企业完全接受本委托书。保证履行以下职责：

1. 对委托人提供的货物情况和单证的真实性、完整性进行核实。

2. 根据检验检疫有关法律法规规定办理上述货物的检验检疫事宜。

3. 及时将办结检验检疫手续的有关委托内容的单证、文件移交委托人或其指定的人员。

4. 如实告知委托人检验检疫部门对货物的后续检验检疫及监管要求。

如在委托事项中发生违法或违规行为，愿承担相关法律和行政责任。

联系人：张丽

联系电话：0573-56987452　　　　受托人(加盖公章)

2013 年 7 月 5 日

2013 年 7 月 5 日，浙江丽丽国际货运代理有限公司填写出境货物报检单(见样本 3-8)，附包装性能结果单(见样本 3-9)向出入境检验检疫局申请检验出口货物。

样本 3-8　　　　出境货物报检单

中华人民共和国出入境检验检疫
出境货物报检单

报检单位(加盖公章):浙江丽丽国际货运代理有限公司　　　　* 编号:140100206000323

报检单位登记号:1401000090　　联系人:张丽　　电话:0573－56987452　　报检日期:20130705

发货人	(中文)浙江金莎进出口有限公司
	(外文)ZHEJIANG JINSHA IMP. & EXP. CO., LTD.
收货人	(中文)
	(外文)KADING GMBH & CO. KG

货物名称(中/外文)	HS编码	产地	数/重量	货物总值	包装种类及数量
MEN JACKET 全棉男式夹克	6203320090	嘉兴	4 160 件	53 664.00 美元	260 纸箱

运输工具名称号码	JINHE 1E	贸易方式	一般贸易	货物存放地点	嘉兴市环城南路 18 号

合同号	ZJJS13027		信用证号	AD201379001346	用途	其他
发货日期	20130711	输往国家(地区)	德国	许可证/审批号		无
启运地	宁波	到达口岸	汉堡	生产单位注册号		无

集装箱规格、数量及号码	20,×1 COSU455961

合同、信用证订立的检验检疫条款或特殊要求	标记及号码	随附单据(画"√"或补填)	
由中国商检局出具的品质证明书将作为装运品质证明。	AS PER INVOICE NO 13JS－0048	√ 合同	√ 厂检单
		√ 信用证	√ 包装性能结果单
		√ 发票	√ 许可/审批文件
		√ 换证凭单	☐
		√ 装箱单	☐

需要证单名称(画"√"或补填)			* 检验检疫费	
√ 品质证书	1 正	3 副	总金额(人民币)	
☐ 重量证书	正	副		
☐ 数量证书	正	副	计费人	
☐ 兽医卫生证书	正	副		
☐ 健康证书	正	副		
☐ 卫生证书	正	副	收费人	
☐ 动物卫生证书	正	副		

报检人郑重声明:	领取证单	
1.本人被授权报检。	日期	
2.上列填写内容正确属实,货物无伪造或冒用他人的厂名、标志、认证标志,并承担货物质量责任。	签名	
签名 张丽		

注:有"*"号栏由出入境检验检疫机关填写　　◆国家出入境检验检疫局制

样本 3-9　　出境货物运输包装性能检验结果单

中华人民共和国出入境检验检疫
出境货物运输包装性能检验结果单

商检盖章

编号:0398768

申请人	浙江鸿越包装制品有限公司							
包装容器名称及规格	五层瓦楞纸箱			包装容器标记及批号	0038787654321328			
包装容器数量	260 个		生产日期	自 2013 年 5 月 30 日至 2013 年 6 月 30 日				
拟装货物名称	全棉男式夹克		状态	良好	比重			
检验依据	纸箱厂标准		拟装货物类别(画“×”)		危险货物(　　)一般货物(×)			
			联合国编号					
			运输方式		海洋运输			
检验结果	符合标准 签字:杨敏　　日期:2013 年 6 月 30 日							
包装使用人	浙江嘉兴殷尚服装厂							
本单有效期	截止于 2013 年 6 月 30 日							
分批使用核销栏	日期	使用数量	结余数量	核销人	日期	使用数量	结余数量	核销人
	7 月 2 日	260	0					

说明:1. 当合同或信用证要求包装检验证书时,可凭本结果单向出境所在地检验检疫机关申请检验证书。2. 包装容器使用人向检验检疫机关申请包装使用鉴定时,须将本结果单交检验检疫机关核实。

将出境货物报检单、报检委托书、商业发票、装箱单等单据寄给浙江嘉兴殷尚服装厂委托其代为报检。浙江嘉兴殷尚服装厂凭这些单据和厂检单、包装性能结果单向嘉兴市出入境检验检疫局报检。2013 年 7 月 6 日,商品检验通过后,嘉兴市出入境检验检疫局发给浙江金莎进出口有限公司一张换证凭条(见样本 3-10)。

样本 3-10　　换证凭条

报检单位	浙江金莎进出口有限公司
品名	全棉男式夹克

转单号	380400204006677T	报检号	380400204061358		
合同号	ZJJS13027	H.S编码	6203320090		
数(重)量	4 160 件	包装件数	260 纸箱	金额	53 664.00 美元
评定意见： 贵单位报检的该批货物，经我局检验检疫，已合格。请执此单到宁波局本部办理出境验证业务。本单有效截止于 2013 年 9 月 5 日。 嘉兴局本部 2013 年 7 月 6 日					

任务六：办理出口报关

2013 年 7 月 7 日，李婧根据出口合同、信用证、商业发票、装箱单和相关信息马上办理、制作和备齐出口货物报关单(见样本 3-11)、报关委托书(见样本 3-12)等报关单证，同时与报检委托书、出境货物换证凭单一起寄给浙江丽丽国际货运代理有限公司，委托其办理报检和报关手续。在实务中，考虑实际装运时货物数量可变动，一般只在报关委托书上盖章，而不填写详细内容，详细内容由报关员报关时填写。报关委托书正反两面都印有内容。

(1)浙江金莎进出口有限公司的组织机构代码是 3216962473。

(2)保险费为 USD118.06(USD53644.00×110%×2‰)。

样本 3-11　　中华人民共和国海关出口货物报关单

预录人编号：661336912　　　　海关编号：222920090799576229

出口口岸 宁波海关	备案号	出口日期 2013-07-11	申报日期 2013-07-10	
经营单位 3216962473 浙江金莎进出口有限公司	运输方式 江海运输	运输工具名称 JINHE/31E	提运单号 13COS87654	
发货单位 3216962473 浙江金莎进出口有限公司	贸易方式 一般贸易(0110)	征免性质 一般征税(101)	结汇方式 信用证	
许可证号	运抵国(地区) 德国	指运港 汉堡	境内货源地 嘉兴	
批准文号 703260485	成交方式 CIF	运费 USD4800	保费 USD118.02	杂费
合同协议号 ZJJS13027	件数 260	包装种类 纸箱	毛重(千克) 3 900	净重(千克) 3 640
集装箱号 COSU455961	随附单据		生产厂家 浙江嘉兴殷尚服装厂	
标记唛码及备注 KADING ZJJS13027 HAMBURG C/NO. 1—260				

<table>
<tr><td colspan="3">项目　商品编号　商品名称、规格型号　数量及单位　最终目的国(地区)　单价　总价　币制　征免</td></tr>
<tr><td colspan="3">德国　照章征税
全棉男式夹克　USD
01　6203320090　MEN JACKET
JS256　2080PCS　USD12.90　USD26 832.00
JS258　2080PCS　USD12.90　USD26 832.00
USD53 664.00</td></tr>
<tr><td colspan="3">税费征收情况</td></tr>
<tr><td>录入员
录入单位</td><td rowspan="2">兹声明以上申报无讹并承担法律责任

申报单位(签章)
浙江丽丽国际货运代理有限公司
报关专用章
填制日期
2013 年 7 月 7 日</td><td>海关审单批注及放行日期(签章)
审单　审价

征税　统计

查验　放行</td></tr>
<tr><td>报关员
王莉
单位地址
浙江省宁波市海曙区马园路 16 号
邮编　电话
315000　0574-56987452</td><td></td></tr>
</table>

样本 3-12　代理报关委托书

代理报关委托书

编号:2200004510

浙江丽丽国际货运代理有限公司:

我单位现 A(A、逐票 B、长期)委托贵公司代理 A、C 等通关事宜,(A、报关查验 B、垫缴税款 C、办理海关证明联 D、审批手册 E、核销手册 F、申办减免税手续 G、其他)详见《委托报关协议》。

我单位保证遵守《海关法》和国家有关法规,保证所提供的情况真实、完整、单货相符。否则,愿承担相关法律责任。

本委托书有效期自签字之日起至 2014 年 1 月 31 日止。

委托方(签章):

法定代表人或其授权签署《代理报关委托书》的人(签字):李婧

2013 年 7 月 7 日

委托报关协议

为明确委托报关具体事项和各自责任，双方经平等协议商定协议如下：

委托方	浙江金莎进出口有限公司
主要货物名称	全棉男式夹克
HS 编码	6203320090
进出口日期	2013 年 7 月 11 日
提单号	13COS87654
贸易方式	一般贸易
原产地/货源地	嘉兴
传真号码	0574－86890688
其他要求：	
背面所列通用条款是本协议不可分割的一部分，对本协议的签署构成了对背面条款的同意。	
委托方业务签章： 经办人签章：李婧　2013 年 7 月 7 日 联系电话：0574-586890688	

被委托人	浙江丽丽国际货运代理有限公司	
＊报关单编号		
收到单证日期	2013 年 7 月 21 日	
收到单证情况	合同 √	发票 √
	装箱清单 √	提（运）单 √
	加工贸易手册 □	许可证件 □
	其他	
报关收费	人民币：　　　元	
承诺说明：		
背面所列通用条款是本协议不可分割的一部分，对本协议的签署构成了对背面条款的同意。		
被委方业务签章： 经办报关员签章：王莉　2013 年 7 月 7 日 联系电话：0574－56987452		

（白联：海关留存、黄联：被委托方留存、红联：委托方留存）中国报关协会监制

委托报关协议通用条款

委托方责任

1. 委托方应及时提供报关报检所需的全部单证，并对单证的真实性、准确性和完整性负责。

2. 委托方负责在报关企业办结海关手续后，及时、履约支付代理报关费用，支付垫支费用，以及因委托方责任产生的滞报金、滞纳金和海关等执法单位依法处以的各种罚款。

3. 负责按照海关要求将货物运抵指定场所。

4. 负责与被委托方报关员一同协助海关进行查验，回答海关的询问，配合相关调查，并承担产生的相关费用。

5. 在被委托方无法做到报关前提取货样的情况下，承担单货相符的责任。

被委托方责任

1. 负责解答委托方有关向海关申报的疑问。

2. 负责对委托方提供的货物情况和单证的真实性、完整性进行"合理审查"，审查内容包括：①证明进出口货物实际情况的资料，包括进出口货物的品名、规格、用途、产地、贸易方式等；②有关进出口货物的合同、发票、运输单据、装箱单等商业单据；③进出口所需的许可证件及随附单证；④海关要求的加工贸易（纸质或电子数据的）及其他进出口单证。

3. 因为确定货物的品名、归类等原因，经海关批准，可以看货或提取货样。

4. 在接到委托方交付齐备的随附单证后，负责依据委托方提供的单证，按照《中华人民共和国海关进

出口报关单填制规范》认真填制报关单，承担"单单相符"的责任，在海关规定和本委托报关协议中约定的时间内报关，办理海关手续。

5. 负责及时通知委托方共同协助海关进行查验，并配合海关开展相关调查。

6. 负责支付因报关企业的责任给委托方造成的直接经济损失，所产生的滞报金、滞纳金和海关等执法单位依法处以的各种罚款。

7. 负责在本委托书约定的时间内将办结海关手续的有关委托内容的单证、文件交还委托方或其指定的人员(详见《委托报关协议》"其他要求"栏)。

8. 赔偿原则。被委托方不承担因不可抗力给委托方造成损失的责任。因其他过失造成的损失，由双方自行约定或按国家有关法律法规的规定办理。由此造成的风险，委托方可以投保方式自行规避。

9. 不承担的责任。签约双方各自不承担因另外一方原因造成的直接经济损失，以及滞报金、滞纳金和相关罚款。

10. 收费原则。一般货物报关收费原则上按当地《报关行业收费指导价格》规定执行。特殊商品可由双方另行商定。

11. 法律强制。本《委托报关协议》的任一条款与《海关法》及有关法律、法规不一致时，应以法律、法规为准。但不影响《委托报关协议》其他条款的有效。

12. 协商解决事项。变更、中止本协议或双方发生争议时，按照《中华人民共和国合同法》有关规定及程序处理。因签约双方以外的原因产生的问题或报关业务需要修改协议条款，应协商订立补充协议。双方可以在法律、行政法规准许的范围内另行签署补充条款，但补充条款不得与本协议的内容相抵触。

赔偿原则

被委托方不承担因不可抗力给委托方造成损失的责任。因其他过失造成的损失，由双方自行约定或按国家有关法律法规的规定办理。由此造成的风险，委托方可以投保方式自行规避。

签约双方各自不承担因另外一方原因造成的直接经济损失，以及滞报金、滞纳金和相关罚款。

收费原则

一般货物报关收费原则上按当地《报关行业收费指导价格》规定执行。特殊商品可由双方另行商定。

法律强制。本《委托报关协议》的任一条款与《海关法》及有关法律、法规不一致时，应以法律、法规为准。但不影响《委托报关协议》其他条款的有效。

协商解决事项。变更、中止本协议或双方发生争议时，按照《中华人民共和国合同法》有关规定及程序处理。因签约双方以外的原因产生的问题或报关业务需要修改协议条款，应协商订立补充协议。双方可以在法律、行政法规准许的范围内另行签署补充条款，但补充条款不得与本协议的内容相抵触。

2013 年 7 月 7 日，李婧整理报关单据，将出口货物报关单、报关委托书、商业发票、装箱单、换证凭单寄给浙江丽丽国际货运代理有限公司，委托其向商检局宁波分局换出境货物通关单和代理报关。2013 年 7 月 8 日，浙江丽丽国际货运代理有限公司从商检局宁波分局换取出境货物通关单(见样本 3-13)如下：

样本 3-13　　出境货物通关单

中华人民共和国出入境检验检疫
出境货物通关单

<table>
<tr><td colspan="2">发货人
浙江金莎进出口有限公司</td><td colspan="2" rowspan="3">标记和号码
KADING
ZJJS13027
HAMBURG
C/NO. 1－260</td></tr>
<tr><td colspan="2">收货人
KADING GMBH & CO. KG</td></tr>
<tr><td>合同/信用证号
ZJJS13027</td><td>输往国家和地区
德国</td></tr>
<tr><td>运输工具及名称
船舶</td><td>发货日期
2013.7.11</td><td colspan="2">集装箱规格及数量
1×20'FCL</td></tr>
<tr><td>货物名称及规格
全棉男式夹克</td><td>HS 编码
6203320090</td><td>申报总值
53 664.00 美元</td><td>数/重量、包装及种类
4 160 件/260 个纸箱</td></tr>
<tr><td colspan="4">证明
上述货物业经检验检疫，请海关予以放行。
本通关单有效期二零一三年十月六日。
签字：　　(盖章)2013 年 7 月 7 日</td></tr>
</table>

任务七：办理出口投保

2013 年 7 月 7 日，李婧根据出口合同、信用证、商业发票、装箱单和相关信息制作投保单（见样本 3-14）。

样本 3-14　　货物运输保险投保单

中国人民保险公司宁波分公司

PICC THE PEOPLE'S INSURANCE COMPANY OF CHINA, NINGBO BRANCH

地址(ADD)：中国宁波百丈路 23 号　　邮编(POST CODE)：315000

电话(TEL)：0574-32343050　　传真(FAX)：0574-63217466

货物运输保险投保单

APPLICATION FORM FOR CARGO TRANSPORTATION INSURANCE

被保险人(Insured)：ZHEJIANG JIN SHA IMP. & EXP. CO., LTD.

发票号(INVOICE NO.)：13JS－0048

合同号(CONTRACT NO.)：ZJJS13027

信用证号(L/C NO.)：AD201379001346

发票金额(INVOICE AMOUNT) USD53 664.00 投保加成(PLUS)10 %

兹有下列货物全棉男式夹克投保。(INSURANCE IS REQUIRED ON THE FOLLOWING COMMODITIES:)

标记 MARKS & NOS	数量及包装 QUANTITY	保险货物项目 DESCRIPTOIN OF GOODS	保险金额 AMOUNT INSURED
AS PER INVOICE NO.:13JS－0048	260 CTNS	MEN JACKET	USD59 031.00

起运日期：　　　　装载运输工具：

DATE OF COMMENCEMENT:11－JULY－2013　PER CONVEYANCE:JINHE 31E

自　　　　经　　　　至

FROM　NINGBO　　VIA ________　　TO HAMBURG

提单号：　　　　赔款偿付地点：

B/L NO.: 13COS87654CLAIM PAYABLE AT:HAMBURG

投保险别:(PLEASE INDICATE THE CONDITIONS &/OR SPECIAL COVERAGES):

COVERING AII RISKS AND WAR RISKS AS PER AND SUBJECT TO THE RELEVANT OCEAN MARINE CARGO CLAUSES OF THE PEOPLE'S INSURANCE COMPANY OF CHINA DATED 1/1/1981.

请如实告知下列情况:(如"是"在[　　]中打"Y","不是"在[　　]中打"N")IF ANY,PLEASE MARK"Y"OR"N":

1.货物种类：

袋装/散装[Y]　　冷藏[N]　　液体[N]　　活动物[N]

BAG/JUMBO BULK　　REEFER　　LIQUID　　LIVE ANIMAL

机器/汽车[N]　　危险品等级[N]

MACHINE/AUTO　　DANGEROUS CLASS

2.集装箱种类：

普通[Y]　　开顶[N]　　框架[N]　　平板[N]　　冷藏[N]

ORDINARY　　OPEN　　FRAME　　FLAT　　REFRIGERATOR

3.转运工具

海轮[Y]　　飞机[N]　　驳船[N]　　火车[N]　　汽车[N]

SHIP　　PLANE　　BARGE　　TRAIN　　TRUCK

4.船舶资料

船籍[Y]　　船龄[Y]

RIGISTRY　　AGE

投保人(签名盖章)：

<table>
<tr><td>备注：被保险人确认本保险合同条款和内容已经完全了解。THE ASSURED CONFIRMS HEREWITH THE TERMS AND CONDIYIONS OF THESE INSUURANCE CONTRACT FULLY UNDERSTOOD.</td><td>APICANT'S SIGNATURE
李婧
电话(TEL)：0574-86890688
地址(ADD)：浙江宁波人民南路216号
投保日期(DATE)：7－JULY－2013</td></tr>
<tr><td colspan="2">本公司自用(FOR OFFICE USE ONLY)
费率：RATE：AS ARRANGED　保费：PREMIUM：AS ARRANGED　备注：
经办人：BY：＿＿＿＿　核报人：＿＿＿＿　负责人：＿＿＿＿
NO.：</td></tr>
</table>

外贸业务员李婧指示外贸单证员填写好投保单之后，向中国人民保险公司提出投保申请。2013年7月7日，保险公司接受投保，并出具保险单(见样本3-15)。

样本3-15　　保险单

中国人民保险公司

THE PEOPLE'S INSURANCE COMPANY OF CHINA

总公司设于北京　　一九四九年创立

Head office：BEIJING　　Established in 1949

<table>
<tr><td>

保险单　　保险单号次

INSURANCE POLIC　　POLICY NO. PICCNB131337

中国人民保险公司(以下简称本公司)根据公司(以下简称被保险人)的要求，由被保险人向本公司缴付约定的保险费，按照本公司保险单承保险别和背面所载条款与下列特款承保下述货物运输保险，特立本保险单。

THIS POLICY OF INSURANCE WITNESSES THAT THE PEOPLE'S INSURANCE COMPANY OF CHINA(HERE CALLED""THE COMPANY") AT THE REQUEST OF SHANGHAI JIN SHA IMP. AND EXP. CO., LTD. (HERE CALLED"THE INSURE") AND IN CONSIDERATION OF THE AGREED PREMIUM PAID TO THE OMPANY BY THE INSURED UNDERTAKES TO INSURE THE UNDERMENTIONED GOODS IN TRANSPORTATION SUBJECT TO THE CONDITIONS OF THIS POLICY AS PER THE CLAUSES PRINTED OVERLEAF AND OTHER SPECIAL CLAUSES ATTACHED HEREON

</td></tr>
</table>

标记 MARKS& NOS	包装及数量 QUANTITY	保险货物项目 DESCRIPTION OF GOODS	保险金额 AMOUNT INSURED
AS PER INVOICE NO.:13JS—0048	260 CTNS	MEN JACKET	USD59 031.00

总保险金额：

TOTAL AMOUNTNSURED:SAY U.S. DOLLORS SIXTY THREE THOUSAND THREE HUNDRED AND SIXTY ONLY

保 费　　费率　　装载运输工具

PREMIUM :AS ARRANGED　RATE AS ARRANGED　PER CONVEYANCE S.S JIN HE 31E

开航日期　　自　　至

SLG. ON OR ABT. AS PER BILL OF LADING　FROM NINGBO　TO HAMBURG

承保险别：

CONDITIONS:COVERING ALL RISKS AND WAR RISKS AS PER AND SUBJECT TO THE RELEVANT OCEAN MARINE CARGO CLRGO CLAUSE OF THE P.I.C.C DATED 1981/1/1。

所保货物,如遇出险,本公司凭本保险单及其他有关证件给付赔款。所保货物,如发生本保险单项下负责赔偿的损失或事故应立即通知本公司下述代理人查勘。

CLAIMS,IF ANY,PAYABLE ON SURRENDER OF THIS POLICY TOGETHER WITH OTHER RELEVANT DOCUMENTS IN THE EVENT OF ACCIDENT WHEREBY LOSS OR DAMAGE MAY RESULT IN ACLAIM UNDER THIS POLICY IMMEDIATE NOTICE APPLYING FOR SURVEY MUST BE GIVEN TO THE COMPANY'S AGENT AS MENTIONED HEREUNDER:

ANDI WORREN INSPECTION AGENCY

#129 DENNING STREET TORONTO, CANADA

赔款偿付地点　　签单日期

CLAIM PAYABLE AT/IN:HAMBURG IN USD　　Date:7—JULY—13

THE PEOPLE'S INSURANCE COMPANY OF CHINA,　　For and on behalf of

NINGBO BRANCH　　ZHEJIANG JINSHA IMP. & EXP. CO., LTD.

周平　　李婧

General Manager　　*authorized signature*

地址:中国宁波百丈路 23 号 TEL:0574-32343050 TELEX:0574-63217466　　7—JULY—13

Address: 23 baizhang Lu Ningbo, China.

任务八:缮制或办理其他结汇单据

2013 年 7 月 6 日,李婧在网上审核通过后,自行缮制普惠制产地证申请书(见样本 3-16),向浙江省出入境检验检疫局申领 FORM A 普惠制产地证(见样本 3-17)。浙江省出入境检验检疫局工作人员审核通过后,在格式 A 普惠制产地证上盖章生效。

样本 3-16　　**普惠制产地证明书申请书**

申请单位(盖章):

注册号:03989889　　证书号:

申请人郑重声明:

本人是被正式授权代表出口单位办理和签署本申请书的。

本申请书及普惠制产地证格式 A 所列内容正确无误，如发现弄虚作假，冒充格式 A 所列货物，擅改证书，自愿接受签证机关的处罚及负法律责任。现将有关情况申报如下：

生产单位	浙江嘉兴股尚服装厂	生产单位联系人电话	向股尚 0573－89937800
商品名称 （中英文）	男式夹克 MEN JACKET	HS 税目号	6204320090
商品（FOB）总值（以美元计）	48 745.94 美元	发票号	13JS－0048

最终销售国	德国	证书种类画"/"	加急证书（　）	普通证书（/）
货物拟出运日期	2013 年 7 月 11 日			

贸易方式和企业性质（请在适用处画"/"）

正常贸易. C	来料加工. L	补偿贸易. B	中外合资. H	中外合作. Z	外商独资. D	零售. Y	展卖. M
/							

包装数量或毛重或其他数量	260 箱　4 160 件

原产地标准：

本项商品系在中国生产，完全符合该给惠国给惠方案规定，其原产地情况符合以下第(1) 条。

(1)"P"（完全国产，未使用任何进口原材料）；

(2)"W"其 HS 税固号为（含进口成分）；

(3) "F"（对加拿大出口产品，其进口成分不超过产品出厂价值的 40%）。

本批产品系：1. 直接运输从宁波到汉堡；

2. 转口运输从________中转国（地区）________到________；

现提交中国出团商业发票副本一份，普惠制产地证明书格式 A（FORM A）一正二副，以及其他附件 2 份，请予审核签证。

申请人说明

领证人（签名）：李婧　　　　　　　　　　　　　　　　电话：0574－86890688

日期：2013 年 7 月 6 日

注：凡含有进口成分的商品，必须按要求提交《含进口成分受惠商品成本明细单》。

样本 3-17

惠普制产地证

ORIGINAL

1. Goods consigned from (Exporter's business name, address, country) ZHEJIANG JINSHA IMP. &EXP. CO., LTD. 216 RENMIN SOUTH ROAD, NINGBO, CHINA	Reference No. GENERALIZED SYSTEM OF PREFERENCES CERTIFICATE OF ORIGIN (Combined declaration and certificate)
2. Goods consigned to (Consignee's name, address, country) KADING GMBB & CO. KG RATHANUSMARKT 79, 20095 HAMBURY, GERMANY MANY	**FORM A THE PEOPLE'S** Issued in **REPUBLIC OF CHINA** (country) See Notes overleaf

3. Means of transport and route (as far as known) FROM NINGBO,CHINA TO HAMBURG,GERMANY			4. For official use		
5. Item number	6. Marks and umbers of packages	7. Number and kind of packages; description of goods	8. Origin criterion	9. Gross weight or other quantity	10. Number and date of invoices
1	KADING ZJJS13027 HAMBURG C/NO. 1—260	TWO HUNDRED AND SIXTY CARTONS OF MEN JACKET * * * * * L/C NO. :AD201379001346 DATE:MAY 25,2013 ISSUED BANK:BANK OF CHINA,HAMBURG BRANCH	P	4160PCS	13JS—0048 9—MAY—2013
11. Certification It is hereby certified, on the basis of control carried out, that the declaration by the exporter is correct. Place and date, signature and stamp of certifying authority			12. Declaration by the exporter The undersigned hereby declares that the above details and statements are correct, that all the goods were produced in **CHINA** (country) and that they comply with the origin requirements specified for those goods in the Generalized System of Preferences for goods exported to Germany ZHEJIANG JINSHA IMP. & EXP. CO., LTD. 李婧 NINGBO,JULY 6,2013		
Place and date, signature and stamp of authorized signatory			Place and date, signature and stamp of authorized signatory		

2013 年 7 月 12 日，李婧根据信用证、商业发票和海运提单制作并用传真给 Kading Gmbh & Co. KG 发送装运通知(见样本 3-18)。

样本 3-18　　　　　　　　　　**装运通知**

日期：	12—July—2013 18:08:06
发件人：	lijing@zjjs. com. cn
收件人：	DirkG@kading. com. de

主题：	Shipping Advice

TO:KADING GMBH & CO. KG

ATTN：MR. DIRK GERALDINE

DEAR SIRS,

RE：INVOICE NO. 13JS－0048

L/C NO. AD201379001346

WE HEREBY INFORM YOU THAT THE GOODS UNDER THE ABOVE MENTIONED CREDIT HAVE BEEN SHIPPED. THE DETAILS OF THE SHIPMENT ARE STATED BELOW.

COMMOFITY:MEN JACKET

QUANTITY：260CARTONS

AMOUNT：USD53 664. 00

OCEAN VESSEL：PER S. S. JIN HE VOY. 31E

BILL OF LADING NO. 13COS87654

DATE OF DEPARTURE:11－JULY－2013

PORT OF LOADING：NINGBO

DESTINATION：HAMBURG

SHIPPING MARK:KADING
ZJJS13027
HAMBURG
C/NO. 1－260

WE HEREBY CERTIFY THAT THE ABOVE CONTENT IS TRUE AND CORRECT.

PLEASE GET READY FOR DELIVERY AND KINDLY LET US KNOW AFTER RECEIPT OF THE GOODS.

YOURS FAITHFULLY,

LIJING

2013 年 7 月 14 日，李婧收到浙江丽丽国际货运代理有限公司寄来的海运提单（见样本 3-19）。

样本 3-19　　　　海运提单

1. Shipper Insert Name, Address and Phone ZHEJIANG JINSHA IMP. &EXP. CO., LTD. 216 RENMIN SOUTH ROAD, NINGBO, CHINA	B/L No. 13COS87654
2. Consignee Insert Name, Address and Phone ORDER	中远集装箱运输有限公司
3. Notify Party Insert Name, Address and Phone (It is agreed that no responsibility shall attach to the Carrier or his agents for failure to notify) KADING GMBH & CO. KG RATHAUSMARKT 79, 20095 HAMBURY, GERMANY PHONE NO. 0049－40－3410886	COSCO CONTAINER LINES TLX：33057 COSCO CN FAX：＋86(021) 6545 8984 ORIGINA Port－to－Port or Combined Transport BILL OF LADING

<table>
<tr><td>4. Combined Transport *
Precarriage by</td><td>5. Combined Transport *
Place of Receipt
JIN HE</td><td rowspan="4">RECEIVED in external apparent good order and condition except as other Wise noted. The total number of packages or unites stuffed in the container, the description of the goods and the weights shown in this Bill of Lading are furnished by the Merchants, and which the carrier has no reasonable means of checking and is not a part of this Bill of Lading contract. The carrier has Issued the number of Bills of Lading stated below, all of this tenor and date, One of the original Bills of Lading must be surrendered and endorsed or signed against the delivery of the shipment and whereupon any other original Bills of Lading shall be void. The Merchants agree to be bound by the terms and conditions of this Bill of Lading as if each had personally signed this Bill of Lading.
SEE clause 4 on the back of this Bill of Lading (Terms continued on the back hereof, please read carefully).
* Applicable Only When Document Used as a Combined Transport Bill of Lading.</td></tr>
<tr><td>6. Ocean Vessel Voy.
No. 31E</td><td>7. Port of Loading
NINGBO</td></tr>
<tr><td>8. Port of Discharge
HAMBURG</td><td>9. Combined Transport *
Place of Delivery</td></tr>
<tr><td></td><td></td></tr>
</table>

10. Marks & Nos. Container / Seal No.	11. No. of Containers or Packages	12. Description of Goods	13. Gross Weight	14. Measurement
KADING ZJJS13027 HAMBURG C/NO. 1—260	CONTAINER No. COSU455961 260CTNS	MEN JACKET L/C NO.: AD201379001346 ISSUED BANK: BANK OF CHINA, HAMBURG BRANCH	3900.00 KGS	28.040M^3

Description of Contents for Shipper's Use Only (Not part of This B/L Contract)

Total Number of containers and/or packages (in words) SAY TWO HUNDRED AND SIXTY CARTONS ONLY

Subject to Clause 7 Limitation

15. Freight & Charges	Revenue Tons	Rate	Per	Prepaid	Collect
				FREIGHT PREPAID	
Declared Value Charge					

Ex. Rate:	Prepaid at	Payable at	16. Place and date of issue
			NINGBO 11－JULY－13
	Total Prepaid	17. No. of Original B(s)/L THREE(3)	19. Signed for the Carrier 中国外轮代理公司宁波分公司 CHINA OCEAN SHIPPINGAGENCY, NINGBO BRANCH 张芸 FOR THE CARRIER NAMED ABOVE
18. LOADEN ON BOARD THE VESSEL			
20. DATE 14－JULY－13			

任务九:审核出口结汇单据并办理出口收汇

李婧根据信用证和《UCP600》规定审核出口结汇单据。具体审单步骤如下:

(1)根据信用证审核商业发票。

(2)根据信用证、商业发票审核装箱单。

(3)根据信用证、商业发票、装箱单审核FORM A普惠制产地证。

(4)根据信用证、商业发票、装箱单审核海运提单。

(5)根据信用证、商业发票、海运提单审核保险单。

(6)根据信用证、商业发票、海运提单审核装运通知。

(7)根据信用证、商业发票审核汇票。

2013年7月14日,李婧审核单据无误后填制交单联系单(见样本3-20),向宁波银行交单办理出口收汇。2013年7月25日,浙江金莎进出口有限公司收到宁波银行的通知,开证行中国银行汉堡分行在当日对远期汇票承兑。

样本3-20　　宁波银行客户交单联系单

致:宁波银行

兹随附下列信用证项下出口单据一套,请按照国际商会第600号出版物《跟单信用证统一惯例》办理寄单索汇。		
开证行:BANK OF CHINA, HAMBURG BRANCH		信用证号:AD201379001346
通知行:BANK OF CHINA, NINGBO BRANCH		通知行编号:NB201379003666
最迟装运期:130725	有效期:130809	合同号:ZJJS13027　　交单期:15天
汇票付款期限:AT 90 DAYS AFTER SIGHT		汇票金额:USD53 664.00
发票号码:13JS－0048		

单据	银行名称	汇票发票	海关发票	海运提单正本	海运提单副本	航空运单	货物收据	保险单	装箱单/重量单	数量/质量/重量证	产地证	P FORMA	检验/分析证	受益人证明	船公司证明	电钞	装运通知	
	份数	2	3		3			2	3			1						

委办事项:(打"√")

☑ 附信用证及修改书共2页。

☐ 单据中有下列不符点:

☐ 请向开证行寄单,我公司承担一切责任。☐ 请电提不符点,待开证行同意后再寄单

☐ 寄单方式:☐ 特快专递 ☐ 航空挂号　☐ 索汇方式:☐ 电索 ☐ 信索(☐ 特快专递 ☐ 航空挂号)

公司联系人:　　　　联系电话:　　　　公司签章:

<table>
<tr><td rowspan="5">银行审单记录:</td><td colspan="2">银行接单日期:</td><td>寄单日期</td></tr>
<tr><td colspan="2">汇票/发票金额:</td><td>BP No:</td></tr>
<tr><td rowspan="6">银行费用</td><td>通知/保兑:</td><td rowspan="3">银行经办:</td></tr>
<tr><td>议/承/付:</td></tr>
<tr><td>修改费:</td></tr>
<tr><td rowspan="4">银行接单日期:</td><td>邮费:</td><td rowspan="4">银行复核:</td></tr>
<tr><td>电传</td></tr>
<tr><td>小计:</td></tr>
<tr><td colspan="2">费用由　　　　承提</td></tr>
</table>

技能训练

综合业务题一

请根据以下业务背景资料填写出境货物报检单。

业务背景资料:

Credit Number: SK/25067/13　　Date of Issue: DEC 27,2013

报检单位登记号:4401W13490　　金额: USD 99960.00

生产厂家:浙江嘉兴中华纺织有限公司　　商品编码: 6204.1300

提单日期: JAN 18,2014　　产地证号码: SJZ9/80060/0010

存放地:大华仓库

货物描述:4000 Dozen Embroidered Table Cloth NO. B1111－2010 CIFC2 DUBAI USD 26 per Dozen packing:10 DOZ/CTN ALL OTHER Details are as per S/C NO. 2013/0008

Shipper marks: MAKSDJHG/20085/DUBAI/NO. 1－400

发票号码:ZH－FZ－2013　　发票日期:JAN 2,2014

许可证号码:26HD208　　船名:MAKE2013V. 001

报检日期:JAN 15,2014　　　　　　　　　　装运港:上海

集装箱号码: HJCU874765－4

受益人:JIAXING ZHONGHUA TEXTILE COMPANY LIMITED, THE SILK INDUSTRY PARK OF WANGJIANGJING COUNTY, JIAXING CITY OF ZHEJIANG PROVINCE, CHINA

申请人:MAPLE TRADING CO. ,LTD,DUBAI(UAE),P. O. BOX NO. 2007,DUBAI (UAE)

FAX:26448

综合业务题二

请根据以下业务背景资料缮制保险单据。

业务背景资料一:信用证

L/C NO. A66789

APPLICANT: XYZ COMPANY, NEW YORK

BENEFICIARY: ABC COMPANY, NANJING

SHIPMENT FROM NANJING TO NEW YORK

MERCHANDISE: GIRL'S SKIRTS, CIF NEW YORK

TTL AMOUNT: USD50 000.00

DOCUMENTS REQUIRED: FULL SET (2/2) OF INSURANCE POLICY IN DUPLICATE IN NEGOTIABLE FORM BLANK ENDORSED FOR 110 PERCENT OF INVOICE VALUE COVERING OCEAN TRANSPORTATION CLAUSES ALL RISKS, STRIKES, RIOTS AND CIVIL COMMOTIONS CLAUSES OF PICC, INCL. WAREHOUSE TO WAREHOUSE, I. O. P. CLAIMS PAYABLE AT NEW YORK IN THE CURRENCY OF L/C.

信用证未对保险单据作任何其他规定。

业务背景资料二:附加信息

发票号码:JS66/2013

发票显示:DESCRIPTIONS:GIRL'S SKIRTS,100 CARTONS,CIF NEW YORK,TTL AMT:USD50 000.00

提单显示:PORT OF LOADING:NANJING VESSEL:FREEDOM V.123

PORT OF DISCHARGE:NEW YORK ON BOARD DATE:JAN. 3,2013

SHIPPING MARKS:SKIRTS——NEW YORK

保险单据的投保日期与提单的装船日期相同。

综合业务题三

请根据以下业务背景资料填制进口货物报关单。

业务背景资料:上海进出口有限公司经上海市机电办批准(批文号码为 06－JZ5661168),与日本一公司签订合同(合同号码为 TX201323)购买下列商品:

HEX DEYS WRENCH	30 千克	1 000 套	10 美元/套
DOUBLE RING OFFSET WRENCH	30 千克	1 500 套	10 美元/套

CONBINATION WRENCH	40 千克	2 000 套	20 美元/套
ADJUSTABLE WRENCH	45 千克	1 500 套	20 美元/套

成交价为 FOB 95 000 美元，标记唛码为 N/M，于 2013 年 9 月 24 日装“COSCO V. 861”船由东京运抵上海港，提单号为 XY13110，由木箱包装，共 60 箱，包装重量 175 千克，净重 145 千克，经办理运输手续后该公司于 2013 年 9 月 26 日向吴淞海关办理进出口报关手续。随附单据 B:T1108114

总运费:890 美元

保险费:990 美元

经营单位代码:0387124666

报关员为李莉。

学习情境四

出口善后工作

学习目标

知识目标：掌握外贸企业出口退税的条件、必须提供的单据和具体操作；熟悉常见业务善后函的书写。

能力目标：能根据整票业务完成情况给国外客户书写业务善后函；能妥善处理出口退税工作。

工作任务

2013年10月24日，浙江金莎进出口有限公司收到中国银行宁波分行结汇收账通知（银行水单）如下：

外汇结汇收账通知（人民币）		中国银行宁波分行
日期　2013年10月24日		第五联
户名　浙江金莎进出口有限公司		
账号　76708109999		
外汇金额 USD 53 572.00	牌价 USD1＝RMB6.360 0	人民币金额 RMB 340 717.92
摘要　净额 USD 53 572.00 业务编号：111BP0700178　发票号码：13JS－0048 发票金额：USD 53 664.00 国外扣费：USD 25.00 国内扣费：USD 67.00　备注： 扣费合计：USD 92.00 申报号码：33010000770108102OP029		
会计　王丽	复核　李红	记账　张静

李婧的工作任务是：

1. 2013 年 10 月 25 日，给 Kading Gmbh & Co. KG 的经理 Dirk Geraldine 书写业务善后函。

2. 2013 年 10 月 27 日，办理出口退税工作。

学习环节

任务一　书写业务善后函

出口商履行完合同中的相关责任义务，收到银行的结汇收账通知之后，出口业务操作就进入了善后阶段。在出口业务善后阶段的操作，拟写出口善后函是一个重要环节，它是对整笔业务的回顾，有利于确立买卖双方间长期的业务伙伴关系。出口善后函的格式与一般的商务函电一致，但在书写内容上因结汇顺利与否而稍有区别。

1. 单证一致、顺利结汇时的善后函

这种情况下，因整笔交易进行顺利，出口商可以对本笔业务进行大致的回顾，表示感谢对方所做的努力，向对方表达与其建立长期友好的业务关系的良好愿望，或是借此机会推荐新产品等。例如：

We are looking forword to your repeat orders.

We trust that though our joint efforts we will have a more profitable future.

We hope our handing of your first order will lead to further transactions between us.

We belive the conclusion of this transaction will help to further our mutual understanding and pave the way for more business in the future.

2. 单证不符、不能顺利结汇时的善后函

这种情况下的善后函的具体内容会因不符点单据的不同而各不相同，但总的来说，出口方在善后函中首先应当对进口商因单证不符造成的不便和损失表示歉意，表明尽力采取补救措施的诚意以及损失承担责任的态度，同时说明货物与合同一致的事实，提出希望对方付款的要求。当然，有时作出一些具体的让步，如适当减价，也是必要和明智的。例如：

We feel deeply sorry for the mistake in our negotiation documents.

Since our goods have been shipped on time, would you be kind to make the payment through your bank?

We can guarantee that the quantity of the goods is exactly in line with the stipulations of the relative contract.

We really hope this incident will not affect negatively our friendly cooperation.

任务二　出口退税

出口退税是指国家对部分出口已纳税产品，由国内的税务机关将其在生产环节实际缴纳的增值税和消费税全部或部分退还给出口企业的一种制度，它是各国的通行做法，其目的是帮助企业降低成本，增强出口产品在国际市场上的竞争力，孤立出口创汇。

一、出口退税范围

我国出口的产品，凡属于已征或应征产品税、增值税和特别消费税的产品，除国家明确规定不予退还已征税款或免征应征税款。出口产品一般应具备以下的 4 个条件：

(1)必须是属于产品税、增值税和特别消费税范围的产品。

(2)必须报关离境。所谓出口，即是输出关口，这是区分产品是否属于应退税出口产品的主要标准之一，以加盖海关验讫章的出口报关单和出口销售发票为准。

(3)在财务上做出口销售。

一般地说，出口产品只有在同时具备上述条件的情况下才予以退税。但是国家对退税的产品也做了特殊规定，特准某些产品视同出口产品予以退税，特准退税的产品主要有：

①外轮供应公司销售给外轮、远洋货轮和海员的产品。

②对外修理、修配业务中所使用的零配件和原材料。

③对外承包工程公司购买国内企业生产的，专门用于对外承包项目的机械设备和原材料，在运出境外后，凭承包单位出具的购货发票、报关单办理退税。

④国际招标、国内中标的机电产品。

国家明确不予退税的出口产品有：

①出口的原油。

②援外出口产品。

③国家禁止出口的产品。

④出口企业收购出口外商投资的产品。

⑤来料加工、来料装配的出口产品。

⑥军需工厂销售给军队系统的出口产品。

⑦军工系统出口的企业范围。

⑧对钻石加工企业用国产或进口原钻石加工的钻石直接出口或销售给外贸企业出口。

⑨齐鲁、扬子、大庆三大乙烯工程生产的产品。

⑩未含税的产品。

⑪个人在国内购买、自带出境的商品暂不退税。

(4)必须是已收汇并经核查的货物。出口企业申请办理退税的出口货物，必须是已收外汇并经外汇管理部门核查的货物。

一般情况下，出口企业向税务机关申请办理退税的货物，必须同时具备以上条件。但是，生产企业(包括有进出口经营权的生产企业、委托外贸企业代理出口的生产企业、外商投资企业)申请办理出口货物退税时必须增加一个条件，即申请退税的货物必须是生产企业的自产货物(外商投资企业经省级外经贸主管部门批准收购出口的货物除外)。

二、出口退税登记

企业办理出口退税，必须向税务机关申领"出口退税登记证"，领到"出口退税登记证"在税务机关登记后方可办理出口退税业务。

1.申请办理出口退税登记的条件

(1)必须经营出口产品业务，这是企业申办出口退税登记最基本的条件。

(2)必须持有工商行政管理部门核发的营业执照。

(3)必须是实行独立经济核算的企业单位，具有法人地位，有完整的会计工作体系，独立编制财务计划和资金平衡表，并在银行开设独立账户，可对外办理购销业务和货款结算。

2.出口退税登记的一般程序

(1)有关证件的送验及登记表的领取。企业在取得有关部门批准其经营出口产品业务的文件和工商行政管理部门核发的工商登记证明后，应于30日内办理出口企业退税登记。

(2)退税登记的申报和受理。企业领到"出口退税登记表"后，即按登记表及有关要求填写，加盖企业公章和有关人员印章后，连同出口产品经营权批准文件、工商登记证明等证明资料一起报税务机关，税务机关经审核无误后，即受理登记。

(3)填发出口退税登记证。税务机关接到企业的正式申请，经审核无误并按规定的程序批准后，核发给企业"出口退税登记证"。

(4)出口退税登记的变更或注销。当企业经营状况发生变化或某些退税政策发生变动时，应根据实际需要变更或注销退税登记。

三、出口退税流程

(1)办理出口货物退税认定。出口企业在办理对外贸易经营者备案登记后30日内或者未取得进出口经营权的生产企业代理出口在发生首笔出口业务之日起30日内，必须到所在地主管退税的税务机关办理出口货物退税认定手续，纳入出口退税管理。未办理出口货物退税认定手续的出口企业一律不予办理出口货物退税或免税。

(2)取得“出口退税登记证”。

(3)多媒体IC卡申报。企业在货物报关出口后，首先在电子口岸上提交报关单信息，收集有关退税单证以及出口退税单证备案，然后到中国出口退税咨询网下载外贸企业出口退税申报系统，并将退税相关数据录入申报系统进行申报。

(4)申报预检。企业退税人员将退税相关数据录入申报系统后，系统将自动对录入数据进行预先审核。

(5)正式申报。企业退税人员持有关单证到所在地国税局正式申报出口退税。

(6)审核、审批。国税局退税人员接受申报，对纸质材料审核无误后，将有关申报资料送交相关领导审核、审批。

(7)退税款到银行账户。审批通过后，国税局就把钱划转到企业的退税专户，企业退税人员即可查询银行退税款的到账情况。

四、办理出口退税需要的凭证

(1)购买出口货物的增值税专用发票(税款抵扣联)普通发票。

(2)出口货物销售明细账。主管出口退税的税务机关必须对销售明细账与销售发票等认真核对后予以确认。出口货物的增值税专用发票，消费税专用税票和销售明细账，必须于企业申请退税时提供。

(3)盖有海关验讫章的《出口货物报关单(出口退税联)》。《出口货物报关单(出口退税联)》原则上应由企业于申请退税时附送。但对少数出口业务量大，出口口岸分散或距离较远而难以及时收回报关单的企业，经主管出口退税税务机关审核财务制度健全且从未发生过骗税行为的，可以批准延缓在3个月期限内提供。逾期不能提供的，应扣回已退(免)税款。

(4)出口收汇单证。企业应将出口货物的银行收汇单证按月装订成册并汇总，以备税务机关核对。税务机关每半年应对出口企业已办理退税的出口货物收汇单证清查一次。在年度终了后将企业上一年度退税的出口货物收汇情况进行清算。除按规定可不提供出口收汇单的货物外，凡应当提供出口收汇单而没有提供的，应一律扣回已退免的税款。

如属委托代理出口，委托方在申办退税时还需提供“代理出口货物证明”和“代理出口协议副本”。“代理出口货物证明”是由省、自治区、直辖市、计划单列市国家税务局印制，由受托方开具并经主管其退税的税务机关签章后，由受托方交给委托方。

有增值税一般纳税人资格的外贸企业自营或委托出口货物，自申报出口退税时填制外贸企业出口货物退税汇总申报表(见样本4-1)和《生产企业出口货物免、抵、退税申报汇总表》(见样本4-2)。

样本 4-1

企业出口货物退税汇总申报表

（适用于增值税一般纳税人）

申报年月:2013 年 1 月　　　　　　　　　　　　申报批次:1

纳税人识别号:0320486512

海关代码:0387124666

纳税人名称(公章):　　　　申报日期:2013 年 1 月 10 日　　　　金额单位:元至角分、美元

出口企业申报	主管退税机关审核	
出口退税出口明细申报表 1 份,记录 25 条	审单情况	机审情况
出口发票　1 张,出口额 78 000.00 美元		本次机审通过退增值税额　元 其中:上期结转疑点退增值税　元 本期申报数据退增值税　元
出口报关单　1 张		
代理出口货物证明　张		
收汇核销单　1 张,收汇额 78 000.00 美元		本次机审通过退消费税额　元 其中:上期结转疑点退消费税　元 本期申报数据退消费税　元 本次机审通过退消费税额　元 结余疑点数据退增值税　元 结余疑点数据退消费税　元
远期收汇证明　张,其他凭证　张		
出口退税进货明细申报表　1 份,记录 24 条		
增值税专用发票　1 张,其中非税控专用发票　张		
普通发票　1 张,专用税票　张		
其他凭证　张,总进货金额　元		
总进货税额　401 000.00 元		
其中:增值税　68 170 元,消费税　元		
进料应抵扣税额　元		
申请开具单证		
代理出口货物证明　份,记录　条		
代理进口货物证明　份,记录　条		授权人申明
进料加工免税证明　份,记录　条		(如果你已委托代理申报人,请填写以下资料) 为代理出口货物退税申报事宜,现授权为本纳税人的代理申报人,任何与本申报表有关的往来文件都可寄与此人。 授权人签字(盖章)
来料加工免税证明　份,记录　条		
出口货物转内销证明　份,记录　条		
补办报关单证明　份,记录　条		
补办收汇核销单证明　份,记录　条		
补办代理出口证明　份,记录　条		

内销抵扣专用发票　1张，其他非退税专用发票　张	审单人：	审核人： 年　月　日
申报人声明		
此表各栏目填报内容是真实、合法的，与实际出口货物情况相符。此次申报的出口业务不属于“四自三不见”等违背正常出口经营程序的出口业务。否则，本企业愿承担由此产生的相关责任。 企业填表人：吴博 财务负责人：张婧　（公章） 企业负责人：方丽　2013年1月10日	审批人： （公章） 年　月　日	

受理人：　　　　受理日期：　年　月　日　　受理税务机关(签章)

表内各项填写说明：

1.“申报年月”指外贸企业出口退税申报所属时间;“申报批次”指外贸企业出口退税申报所属时间内第几次申报。

2.“纳税人识别号”即税务登记证号码。

3.“海关代码”指外贸企业在海关的注册编号。

4.“纳税人名称”应填写纳税人单位名称全称,不得填写简称。

5.“申报日期”指外贸企业向主管退税机关申报退税的日期。

6.表各栏次内容根据现行退税审批政策相关规则填写。

样本 4-2　　生产企业出口货物免抵退税申报汇总表

(适用于增值税一般纳税人)

纳税人识别号：　　　　纳税人名称(公章)：

海关代码：　　　　税款所属期：　年　月至　年　月

申报日期：　年　月　　　　金额单位:元(列至角分)

项目	栏次	当期	本年累计	与增值税纳税申报表差额
		(a)	(b)	(c)
免抵退出口货物销售额(美元)	1			—
免抵退出口货物销售额	2=3+4			
其中:单证不齐销售额	3			—
单证齐全销售额	4			—
前期出口货物当期收齐单证销售额	5		—	—
单证齐全出口货物销售额	6=4+5	0.00		—

项目	栏次	当期	本年累计	与增值税纳税申报表差额
		(a)	(b)	(c)
不予免抵退出口货物销售额	7		—	
出口销售额乘征税率之差	8			—
上期结转免抵退税不得免征和抵扣税额抵减额	9		—	—
免抵退税不得免征和抵扣税额抵减额	10		—	
免抵退税不得免征和抵扣税额	11(如 8>9+10 则为 8－9－10,否则为 0)			
结转下期免抵退税不得免征和抵扣税额抵减额	12 (如 9+10>8 则为 9+10－8,否则为 0)		—	—
出口销售额×退税率	13			—
上期结转免抵退税额抵减额	14		—	—
免抵退税额抵减额	15		—	—
免抵退税额	16 (如 13>14+15 则为 13－14－15,否则为 0)		—	
结转下期免抵退税额抵减额	17(如 14+15>13 则为 14+15－13,否则为 0)		—	—
增值税纳税申报表期末留抵税额	18			—
计算退税的期末留抵税额	19＝18－11c		—	—
当期应退税额	20 (如 16>19 则为 19,否则为 16)			—
当期免抵税额	21＝16－20			—

出口企业申明：	退税部门
此表各栏目填报内容是真实、合法的,与实际出口货物情况相符。此次申报的出口业务不属于“四自三不见”等违背正常出口经营程序的出口业务。否则,本企业愿承担由此产生的相关责任。 经办人： 财务负责人：　　(公章) 企业负责人：　　年　　月	经办人： 复核人： 负责人：　　(公章) 年　月　日

受理人：　　　受理日期：　　年　　月　　　　受理税务机关(签章)

注：1.本表一式四联,退税部门审核签章后返给企业二联,其中一联作为下期《增值税纳税申报表》附表,退税部门留存一联,报上级退税机关一联;

2.第(c)列“与增值税纳税申报表差额”为退税部门审核确认的第(b)列“累计”申报数减《增值税纳税申报表》对应项目的累计数的差额,企业应做相应账务调整并在下期增值税纳税申报时对《增值税纳税申报表》进行调整。

表内各项填写说明：

1.“纳税人识别号”即税务登记证号码。

2."海关代码"指生产企业在海关的注册编号。

3."纳税人名称"应填写纳税人单位名称全称,不得填写简称。

4."申报日期"指生产企业向主管退税机关申报退税的日期。

5."税款所属期"指生产企业应缴税款的月度时间。

任务处理

任务一:书写业务善后函

2013 年 10 月 25 日,李婧拿出本笔交易的有关资料,对整笔业务进行回顾,并给 Kading Gmbh & Co. KG 的经理 Dirk Geraldine 书写并发送如下业务善后函,一方面表示感谢,另一方面附上公司最新的价格清单希望有新的合作。

发件人:lijing@zjjs. com. cn
收件人:DirkG@kading. com. de
日期:2013－10－25 18:12:06
主题:Thanks for your good cooperation and latest illustrated price list for you.
附件:The lasest illustrated price list. doc

Dear Miss Dirk,

We are very pleased to have received USD53 664. 00 against L/C No. AD201379001346 under contract No. ZJJS13027. you can be sure that the goods shiped will meet your needs just well. We belive the conclusion of this transaction will help to further our mutual understanding and pave the way for more business in the future.

In order to promote commercal intercouse with overseas business circle, we are please to take steps in world trade. Not only various terms of payment, but more forms of business cooperation can be adopted in the time to come. Needless to say, with the development of our trade relations, there will be more and more topics of interest to be discussed us. We are expecting your advice.

As you might not be aware of the new development in our product range, we are airmailing to you a copy of you lastest illustated price list. If any item interest you, please let us know. We will give you a special discount of 2% for orders exceeeding USD100 000 to promote sales at your end.

We hope our handing of your first order will lead to further transactions between us and look forward to you favorable reply.

Yours truly,

Li Jing
Zhejiang Jinsha Imp. & Exp. Co. , Ltd
Add:216 Renmin South Road , Ningbo, China.
Tel:0086－0574－86890688
Fax: 0086－0574－86890689
E-mail: lijing@zjjs. com. cn

任务二:办理出口退税工作

2013 年 10 月 27 日,李婧凭填制好的出口货物退免税申报表及有关单据,即购进出口货物的专用发票(税款抵扣联)或普通发票,即购进出口货物对应的、经银行签章的税收(出口货物专用)缴款书,出口货物销售明细账,盖有海关验讫章的出口货物报关单(出口退税联),出口销售发票等。向国家税务部门办理了出口退税工作。

技能训练

综合业务题一

业务背景资料:北京亚明照明电器有限公司是具有进出口经营权和海关报关权的生产制造企业,2013 年初根据客户对器具进行检测的要求,决定从美国进口某关键检测设备——三基色光源检测设备(注:设备属于一种单相交流电动机设备),同时办理了海关等相关部门的"免税"文件。经过洽谈,美方要求预付 10%的定金,余款以信用证支付,同时还约定设备安装调试和中方操作人员培训及 3 个月运营维护均由卖方负责。并承诺保质期一年,为此双方签订了买卖合同。

1. 三基色光源检测设备进口后,是否属于"保税货物"? 为什么?

2. 按照以下内容,在天津新港海关办理该检测设备进境申报前,应先办妥什么手续?

商品编码	商品名称	进口关税税率		增值税率	消费税率	计量单位(台)	监管条件
		最惠国	普通				
8501400000		12%		35%	17%		

3. 该检测设备在天津新港委托天津四海报关行向海关报关时,需要出具哪些单据?

4. 请列出该检测设备的海关监管时间。

综合业务题二

业务背景资料:2013 年 9 月 1 日,浙江安妮进出口有限公司外贸业务员叶聪华收到英国老客户 Ram Trading Co., Ltd. 经理 Phillip Duncan 的电子邮件,该邮件要求对货号 V10033 的黄铜球阀报价并寄样。当日,叶聪华请长期供应商浙江玉环福可阀门厂就该批黄铜球阀进行寄样和报价。2013 年 9 月 3 日,叶聪华收到浙江玉环福可阀门厂黄铜球阀的样品、报价及相关信息:

1. 产品描述:黄铜球阀,货号 V10033,全通径,镀镍,BSP 螺纹。

2. 产品报价及装箱信息如下:

规格(英寸)	含税价(元/套)	订购数量(套)	每套重量(千克)	数量/箱(套)	毛重/箱(千克)	净重/箱(千克)	箱/托盘	毛重/托盘(千克)	净重/托盘(千克)
1/2	7.35	17 280	0.15	160	25.00	24.00	27	685.00	675.00
1	15.75	9 600	0.35	60	22.00	21.00	40	890.00	880.00
1—1/2	33.6	3 840	0.75	24	19.00	18.00	40	770.00	760.00
合计		30 720							

其中托盘为木制托盘,托盘尺寸为 1.10 米×0.80 米×1.10 米。

3. 增值税率:17%。

4.月生产能力:50 000 套/月。

5.付款方式:交货后 1 周内付款。

6.交货地点:工厂交货。

当日,叶聪华给 Phillip Duncan 寄样并书写发盘函,支付方式为:30%货款在合同签订后 15 天内电汇支付,70%货款凭提单传真件电汇支付;交货期为收到预付款后 45 天内。具体报价如下:

Commodity	Size (inch)	Quantity (sets)	Unit Price (USD/set) CFR Southampton, U. K.
Forged Brass Ball Values, Article No. V10033, Full Port, Nickel Plated, BSP Thread	1/2	17 280	1.16
	1	9 600	2.48
	1/2～1	3 840	5.31

2013 年 9 月 9 日,叶聪华收到 Phillip Duncan 回复的电子邮件,具体内容如下:

发件人:	duncan@ram. com
收件人:	conghuaye@annie. com. cn
日　期:	2013-09-09　00:51:29
主　题:	Counter-offer on Forged Brass Ball Values
附　件:	Forged Brass Ball Values. jpg

Dear Mr. Ye,

Thanks for your sample of Forged Brass Ball Values and offer on September 3, 2013. We find out that your offer is much higher than that of another Chinese exporter while the products are of the same types. Although we are satisfied with your sample, we cannot accept the price. We will place the firm order if the price can be reduced as follows:

Commodity	Size(inch)	Quantity(sets)	Unit Price (USD/set) CFR Southampton, U. K.
Forged Brass Ball Values, Article No. V10033, Full Port, Nickel Plated, BSP Thread	1/2	17 280	1.06
	1	9 600	2.26
	1/2～1	3 840	4.82

Meanwhile, the payment should be changed to by D/A at 60 days after B/L date.

The other terms of your offer remain unchanged.

We are looking forward to receiving your early reply.

Best regards, Yours truly,

Phillip Duncan Manager Ram Trading Co., Ltd.

Add: 9 Civic Centre Road, Southampton, Hampshire SO14 7SJ, U. K.

Tel: 0044－23－80233399

Fax: 0044－23－80233396

E-mail: duncan@ram. com

(一)出口还价操作

1. 请根据 Phillip Duncan 的以上回函分析其还价意图。

2. 2013 年 9 月 9 日的美元汇率按 1 美元＝6.32/6.35 元人民币计；经查询，该黄铜球阀的 HS 编码为 8481801090，海关监管证件代码为 B，出口退税率为 14%；所有国内费用为采购成本的 5%；由中国上海港至英国南安普敦港的拼箱海上运费为 30 美元/米^3。请根据国外客户还价和 10%预期出口成本利润率(按采购成本计算)分别核算这 3 个规格黄铜球阀的预期采购成本。(计算过程中的数值保留到小数点后 3 位，最后结果保留到小数点后 2 位。)

3. 2013 年 9 月 9 日，外贸业务员叶聪华通过磋商，浙江玉环福可阀门厂同意把这 3 个规格黄铜球阀价格分别降到 7.10 元人民币/套、15.10 元人民币/套和 32.00 元人民币/套。经过核算，这 3 个规格黄铜球阀价格分别按 1.10 美元/套、2.40 美元/套和 5.10 美元/套还价。

请结合 2013 年 9 月 9 日国外客户的回函和以下条件给 Phillip Duncan 书写还盘函。

付款：20%货款在合同签订后 15 天内电汇支付，80%货款凭提单传真件电汇支付。

交货：收到 20%货款后的 45 天内交货。

有效期：2013 年 9 月 16 日前复到有效。

(二)申请出口信用保险的信用限额

2013 年 9 月 10 日，Phillip Duncan 回复，如果我方同意全部货款用海运提单日期后 60 天承兑交单支付，将接受我方还价并下订单。如果成交，本年度内将再下 2 倍于此量的订单；否则，将另觅卖主。鉴于该客户以前较好的交易记录，为了不失去这个老客户，叶聪华计划接受其支付方式，并向中国出口信用保险公司浙江省分公司申请 Ram Trading Co., Ltd. 的信用限额。请你以叶聪华的身份，填写下面的信用限额申请表。填写时，假设按 Phillip Duncan 回复内容签订销售合同。

适用于非信用证结算方式	中国出口信用保险公司 China Export & Credit Insurance Corperation
信用限额申请表	企业编号 111390
保险单号：CH000814	买方信息 买方代码：(略)　　　　注册号：(略) 买方国家： 名称： 地址：　　　　电话：　　　　传真： 被保险人申请本信用限额的买方与签订贸易合同的买方是否一致：●是　　　○否
被保险人名称：	
申请限额 支付方式： 期限(天)： 金额(USD)：	

<table>
<tr><td>适用于非信用证结算方式</td><td colspan="4">中国出口信用保险公司
China Export & Credit Insurance Corporation</td></tr>
<tr><td rowspan="3">销售合同情况
1. 预计本年合同总金额(USD):
2. 合同付款条件
支付方式:　　　　期限(天):
3. 当前合同总金额(USD):
4. 合同执行时间(略)
第1批从　至　第2批从　至
5. 预计出运批次共2次
6. 单批金额(USD)(略)
最高　　最低
7. 出口商品名称
8. 运输方式
□海运□空运□陆运□海陆联运
9. 其他说明(略)</td><td colspan="3">与该买方以往交易情况
1. 以往最早成交年份:2005年
2. 开始放账年份:××年
3. 上年交易情况:
L/C: USD121500.00
D/P: USD0.00
D/A & OA: USD0.00
4. 买方付款表现
●及时　○尚可　○较慢
5. 当前有无拖欠? ○有　●无</td><td>担保人信息(略)
买方代码:
所在国家:
名称:
地址:
注册号:
城市:
电话:
传真:</td></tr>
<tr><td>序号</td><td>拖欠金额(USD)</td><td>拖欠天数(天)</td><td>买方指定托收银行信息(略)</td></tr>
<tr><td></td><td>无</td><td>无</td><td>SWIFT:
名称:
地址:</td></tr>
<tr><td>以下由保险人填写
保险人收到时间　年　月　日
保险人登记号</td><td colspan="4">被保险人声明:
以上内容正确无误,如有虚假,保险人有权拒赔有关损失。
(盖章)　　2013年9月10日</td></tr>
</table>

综合业务题三

业务背景资料:福建欣隆进出口有限公司是一家流通型外贸企业。2013年4月8日,该公司外贸业务员赵萍收到来自加拿大客户LK Footwear Inc.的电子邮件,内容如下:

> Dear Miss Zhao,
>
> We are interested in your Pac Boots Style No. NM1048, which is displayed at the last Canton Fair. Please quote us the price on FOB Xiamen, CFR Vancouver, Canada seperately and payment by T/T against the fax of B/L.
>
> Looking forward to your early reply.
>
> Best regards,
>
> Anne

赵萍立即通知雪地靴的供应商福州红景制鞋厂报价,次日收到其报价如下:雪地靴,最低起订量1200双,RMB93.6元/双(含税价),增值税税率为17%,每双装1个纸盒,每6盒装一个标准出口纸箱,纸箱尺寸为70厘米×45厘米×40厘米,每箱毛重为12千克,净重为10千克,1200双装1×20'FCL,月生产能力为5 000双,交货时全额付款,工厂交货。

(一)出口报价核算与发盘

1. 经查询,该雪地靴的HS编码为6403120090,监管证件代码为B,出口退税税率为

11%；若 4 月 9 日的美元牌价按 USD1＝RMB6.288/6.318 计，为了防范美元贬值的汇率风险，公司规定，每 1 美元每月扣减 6 分人民币，这笔业务预期的收款时间约 3 个月；国内运费为 RMB2400/20′FCL，其他所有国内费用为采购成本的 3%；厦门至温哥华的海运费为 USD1560/20′FCL；预期成本利润率为 10%。请核算每双雪地靴的出口报价。（计算过程中的数值要保留到小数点后 3 位，最后保留到小数点后 2 位。）

2.根据以上核算的出口报价和相关条件用英文书写发盘函，要求在 2013 年 4 月 15 日前复到有效。装运期为签订合同后 60 天内。

（二）签订出口合同

单价：USD15.50/双 CFR Vancouver，Canada

数量：4 800 双

支付：买方在收到卖方银行开立 30%合同金额的预付款保函后，电汇支付 30%货款，凭提单传真件电汇支付 70%货款。

汇入行：中国银行福建省分行 SWIFT CODE：BKCHCNBJ720

收款人：福建欣隆进出口有限公司账号：80020002700605302

装运：收到 30%预付款后的 90 天内装运，允许转运，允许分批装运。

（三）出口履约

1.2013 年 4 月 23 日，福建欣隆进出口有限公司外贸业务员赵萍填制好保函申请书，备齐相关资料，并交纳全额保证金，向中国银行福建省分行申请开立保函。2013 年 4 月 25 日，中国银行福建省分行通过审核，同意福建欣隆进出口有限公司开立保函的申请，内容如下：

LETTER OF GUARANTEE

To：LK Footwear Inc.
Date of Issue：Apr. 25，2013
No. 876 Walk Rd.，Vancouver，Canada
Dear Sirs，
Re：Our Irrevocable Guarantee No. 9999

We have been informed that Fujian Xinlong I/E Co.，Ltd.（hereinafter called "the Principal"）has entered into the contract No. XL0798 dated Apr. 22，2013 with you，for the supply of Pac Boots.

Furthermore，we understand that，according to the conditions of the contract，you are required to make an advance payment to the Principal of amount USD22 320.00，being 30% of the total price against an advance payment guarantee.

This being stated，we，Bank of China，Fujian Branch（address：No.136 Wusi Road，Fuzhou，350003，China），hereby irrevocably undertake to pay you，upon your first demand, any sum not exceeding USD22 320.00 (in words: United States Dollars twenty two thousand three hundred and twenty only.), upon our receipt of your duly signed demand for payment in writing stating that the Principal is in breach of his obligation(s) under the contract.

For the purpose of identification, your written request for payment has to be presented through Bank of China (Canada), Vancouver Branch, (SWIFT CODE: BKCHCATTVAN) confirming that the signatures thereon are legally binding upon you.

This Guarantee shall only become effective and operative once the above mentioned advance payment is received by the Principal into their account No. 80020002700605302 held with us.

This guarantee is valid until the 3rd month after the effective date of this guarantee. The guarantee shall automatically become null and void if your written request for payment together with a bank confirmation of your signatures is not in our possession at our above address on or before that date.

This Guarantee is subject to the Uniform Rules for Demand Guarantees, ICC Publication No. 458.

This Guarantee shall be governed by the law of China and all parties are hereto subject to the jurisdiction of the courts of China.

For and on Behalf of

BANK OF CHINA, FUJIAN BRANCH

____

Authorized Signature(s)

中国银行福建省分行通知福建欣隆进出口有限公司,于 2013 年 4 月 30 日收到 LK Footwear Inc. 的电汇款 USD22 320.00。请问:

(1)该银行保函是属于哪一类保函?分别在何时生效和失效?

(2)如果福建欣隆进出口有限公司未能按合同规定的期限发运,且不能及时退还预付款,则会产生什么后果?

2. 2013 年 4 月 30 日,福建欣隆进出口有限公司与福州红景制鞋厂签订了 4 800 双雪地靴的购销合同。假设福建欣隆进出口有限公司 2013 年 6 月 18 日接到福州红景制鞋厂的通知,预计 3 天后能完成 2 400 双雪地靴的生产和装箱工作,请问:

(1)外贸业务员赵萍应去福州红景制鞋厂进行哪个阶段的质量跟踪?该批商品出口前是否需要向当地出入境检验检疫局报检,为什么?

(2)经查询,每周只有星期日才有班轮从厦门开往温哥华,货代公司的 20'GP/40'GP 整箱报价分别为 USD1500/1800,应如何订舱?为什么?

(3)在该笔业务中,福建新隆进出口有限公司除了要委托货代公司代理订舱之外,一般还需该公司代理哪些业务?

中篇　典型产品进口业务

学习情境五

进口准备工作

学习目标

知识目标：了解国内市场上拟进口产品的需求情况和用户信息；了解主要生产国和生产厂商的供应情况；了解拟进口商品的国际市场价格水平和具体质量标准；了解客户的资信状况和业务经营能力；熟悉与拟进口产品相关的贸易政策和管理规定。

能力目标：能利用有效的途径和方法做好拟进口商品的国内市场和国际市场调查，如：产品信息调查、市场需求调查、供应商信息调查、贸易政策调查等。

工作任务

2013 年 4 月 6 日，浙江金莎进出口有限公司外贸业务员李婧接到了浙江殷悦服装有限公司购买荷兰产涤纶长丝的意向订单，具体情况如下：4 800 千克 SN-6-A 涤纶长丝，31.00 人民币元/千克；33 600 千克 SN-8-B 涤纶长丝，31.00 人民币元/千克。

李婧的工作任务是：

1. 了解涤纶长丝产品的相关信息；
2. 了解涤纶长丝的市场供求状况和价格走势；
3. 了解涤纶长丝主要生产国和供应商情况，合理选择供应商；
4. 调查与涤纶长丝相关的贸易政策。

学习环节

市场调查就是指运用科学的方法，有目的、有系统地搜集、记录、整理有关产品的市场信息和资料，分析市场情况，了解市场的现状及其发展趋势，为市场预测和营销决策提供客观的、正确的资料。进口商品市场的调查和选择主要是指通过多种渠道，广泛了解国外欲购商品市场的供销状况、价格动态和各国有关的进出口政策、法规措施和贸易习惯做法。根据进口商品的不同规格、不同技术条件、不同供应地区，进行分析比较，在贯彻国别地区的政策前提下，结合我方的购买意图，尽量安排在产品对路、货源充足、价格较低的地区市场进行采购。进出口贸易中的市场调查包括产品调查、市场需求调查和贸易政策调查。

任务一　调查交易商品

一、产品品种调查

产品品种调查就是指对市场所需产品品种的情况调查。重点了解产品的主要种类，每一类产品的原材料构成及生产工艺和流程及产品的主要生产国等情况。根据我方的经济实力和现有的技术水平，了解国外产品的技术先进程度、工艺程度和使用效能，以便货比三家，进口我们最需要的、商品质量相对较好、技术水平相对较高的商品。

二、产品质量市场调查

产品质量市场调查包括产品内在质量市场调查，如消费者对产品品质，产品性能的要求以及产品对消费者满足程度的市场调查。产品外观质量调查，如产品纯度、颜色、体积大小等的要求。产品包装质量调查，主要是调查消费者对包装、商标的评价，产品的售后服务质量调查。

三、产品价格调查

产品价格是影响需求和消费者购买行为的重要因素，适当的价格能提高商品的竞争能力和市场占有率。要通过市场调查获得产品的价格信息，及时调整经营计划，确定自己的价格策略。在进行产品价格市场调查时，要了解哪些因素影响价格变化。影响产品价格变化的因素主要有产品供求状况、竞争状况、国际经济形势、国际贸易政策等。

四、产品发展市场调查

产品发展调查主要包括两方面内容：一是产品生命周期调查，即了解哪些产品处于试销期？哪些产品处于发展期？哪些产品处于饱和期？哪些产品处于滞销期？处于试销期的产品，消费者不太了解，产品利润少或亏本。处于发展期的产品，销售量迅速增长，利润大幅度上升。处于饱和期的产品，竞争加剧，产品价格开始下降。处于滞销期的产品，供过于求，价格下跌。二是新产品发展市场调查，即为了改进所经营的产品品种所作的调查，调查内容主要包括：消费者需要什么新产品、新品种？需要的迫切程度和普遍程度如何？市场上有没有类似的新产品？其销售状况和发展趋势如何？新产品、新品种的经济效益如何？这些方面的调查对确定贸易公司自身的经营计划有十分重要的作用。

任务二　调查市场需求

进口商品市场的调查和选择主要是指通过多种渠道，广泛了解国外欲购商品市场的供销状况、价格动态和各国有关的进出口政策、法规措施和贸易习惯做法。根据进口商品的不同规格、不同技术条件、不同供应地区，进行分析比较，在贯彻国别地区的政策前提下，结合我方的购买意图，尽量安排在产品对路、货源充足、价格较低的地区市场进行采购。市场的调查研究包括国内市场调查和国际市场调查。

一、国内市场调查的主要内容

通过国内市场需求调查能够全面、深入地了解国内市场该产品的供需情况，了解进口产品的使用者及其替代品的市场状况，以便贸易公司合理制订经营计划。

(1)关于产品需求的宏观经济环境调查，如：目标销售地区的人口数及增长率情况、经济增长的速度等。

(2)市场容量现状调查包括国内市场需求现状的调查，如：国内该产品的主要使用单位及其使用者所在的领域，以此判断其需求市场的规模。

(3)国内市场进口产品的价格状况调查及影响该商品价格变动的主要因素。

(4)国内市场进口产品的竞争状况调查，如：国内市场替代品的种类、价格、质量及需求状况。

二、国际市场调查的主要内容

1. 对进口商品的主要生产国和供应商的调查

为了使进口商品实现最好的经济效果，要认真调查进口商品有哪些主要的生产国和供应商。首先，凡是能从发展中国家买到同等条件的商品，应优先从这些国家购买，因为发展中国家原材料和劳动力价格相对来说较低，因此商品的生产成本和价格也相对较低。其次，应该优先选择我国具有贸易顺差的国家进行进口，有利于平衡国际收支。再次，从政治因素考虑，慎重选择商品进口市场，避免因外交政策的变动而产生的贸易风险。最后，充分了解供应商的信息，如：供应商的技术水平、业务情况、财务情况、经营作风、公司背景及与我国业务来往情况等。

2. 对拟进口商品国际市场价格调查

国际市场价格经常因为经济周期、通货膨胀、垄断与竞争、投机活动等多种因素影响变幻不定，并且各个国家和地区的同类商品由于自然、技术条件、成本例贸易政策不同等原因价格也不一致。这就要求我们对上述以及其他影响进口商品价格的诸因素进行详细分析，选择在价格最有利的国家和市场采购商品。

3. 国际市场供求关系的调查

由于商品产地、生产周期、产品销售周期、消费习惯和水平因素的影响，国际市场上我方欲购商品的供给与需求状况也在不断变化。为保障我方进口货源充足和其他有利条件，有必要对世界各地的进口市场的供求状况作详细研究，以便做出最有利的抉择。

总之，进口商品的市场调查是多方面、全方位的综合研究，选择恰当的进口商品市场是商品进口经营方案的重要内容。

三、市场调查的途径

进行市场调查，获取市场信息的途径有多种，如可以向海关、行业协会、专业网站及专业的市场调查机构了解或咨询。

1. 海关数据

海关数据是世界各国海关的货物进出口交易数据，主要来自于关单、提单等真实记录。海关数据信息是国家掌控国际贸易变化、制定贸易政策最直接的依据，同时也是企业市场调查，国际市场开发的重要资源。

2. 行业协会

行业协会（商会）可以为会员单位、政府等机构提供各种市场信息，提供法律方面的咨询与服务，协调与仲裁贸易纠纷，举办产品信息发布和展销，进行业务培训，是贸易公司获取信息的有效途径。

3. 专业网站

对于进出口贸易的相关数据信息，我们可以通过查询一些专业的网站来获取，如：拥有多家市场调查机构的市场研究协会（www. emarketing. net. cn）、以提供各地区各行业国民经济和社会发展统计信息为主的中国统计信息网（www. stata. gov. cn）、能够提供各行业市场研究报告的中国报告大厅（www. chinabgao. com）、专门从事市场调查和市场研究的中国市场研究网（www. cmrn. com. cn）及由中国纺织工业联合会主办的中国纺织经济信息网等。

4. 专业的市场调查机构

考虑到市场调查的专业性和准确性，还可以向国内专业的市场调查机构咨询产品的市场信息。国内最具代表性的市场调查机构主要有：中国市场调查研究中心（简称 CMRC）、北京盛华博智信息技术研究院（简称盛华博智）、中国社会经济决策咨询中心（简称中经咨询）、央视市场研究（CTR）、深圳市上书房信息咨询有限公司（简称上书房信息咨询）等。

任务三　调查贸易政策

一、贸易政策的概念

对外贸易政策是指一国政府根据本国的政治经济利益和发展目标而制定的在一定时期内

的进出口贸易活动的准则。各国政府制定的对外贸易政策，往往要根据不同历史时期的世界政治、经济形势的变化，各国的经济发展水平，不同的经济思想和外贸理论而随时调整和改变。

二、贸易政策的种类

(一)按照贸易政策的内部结构分类

1. 对外贸易总政策

对外贸易总政策，其中包括进口总政策和出口总政策。这是根据本国国民经济的总体情况，本国在世界舞台上所处的经济和政治地位，本国的经济发展战略和本国产品在世界市场上的竞争能力以及本国的资源、产业结构等情况，制定的在一个较长时期内实行的对外贸易基本政策。

2. 对外贸易国别(或地区)政策

这是根据对外贸易总政策及世界经济政治形势，本国与不同国别(或地区)的经济政治关系，分别制定的适应特定国家(或地区)的对外贸易政策。

3. 对外贸易具体政策

对外贸易具体政策，又称进出口商品政策，这是在对外贸易总政策的基础上，根据不同产业的发展需要，不同商品在国内外的需求和供应情况以及在世界市场上的竞争能力，分别制定的适用于不同产业或不同类别商品的对外贸易政策。

(二)按照国家对贸易的干预程度分类

1. 自由贸易政策

自由贸易政策是指国家对商品进出口不加干预，对进口商品不加限制，不设障碍；对出口商品也不给以特权和优惠，放任自由，使商品在国内外市场上自由竞争。

2. 保护贸易政策

保护贸易政策是指国家对商品进出口积极加以干预，利用各种措施限制商品进口，保护国内市场和国内生产，使之免受国外商品竞争；对本国出口商品给予优待和补贴，鼓励扩大出口。

3. 管理贸易政策

管理贸易政策又称协调贸易政策，是指国家对内制定一系列的贸易政策、法规，加强对外贸易的管理，实现一国对外贸易的有秩序、健康地发展；对外通过谈判签订双边、区域及多边贸易条约或协定，协调与其他贸易伙伴在经济贸易方面的权利与义务。管理贸易是介于自由贸易和保护贸易之间的一种对外贸易政策，是一种协调和管理兼顾的国际贸易体制，是各国对外贸易政策发展的方向。

三、贸易保护政策的具体措施

目前，实施完全的自由贸易政策的国家是不存在的，大部分国家都存在不同程度的贸易保护行为，因此，在选择进口商品市场时，进口商品国家的相关贸易政策和法规也不容忽视。各国的对外贸易政策是通过实施具体的措施实现的，主要包括关税措施、非关税措施、出口管理措施等。

(一)关税措施

关税政策是指国家在一定历史时期运用关税手段以达到特定经济、政治目的的行为准则。不同国家在不同时期的关税政策也不一样，这主要取决于该国政治、经济及产业政策等方面因素。按照征收的对象和商品的流向分为进口关税、出口关税和过境税。

(二)非关税措施

非关税措施是指除关税以外影响一国对外贸易的主要政策措施。主要包括：

1.进口配额制

进口配额制就是一国政府在一定时期以内，对于某些商品的进口数量或金额加以直接限制，在规定时间内，超过配额的商品不许进口，或者需被征收较高的关税或罚款才能进口。

2.“自动”出口配额制

“自动”出口配额制，是出口国家或地区在进口国的要求或压力下，“自动”规定某一时期内，某些商品对该国的出口限制，在限定的配额内自行控制出口，超过配额即禁止出口。

3.进口许可证制

进口许可证制是指商品的进口，事先要由进口商向国家有关机构提出申请，经过审查批准并发给进口许可证后，方能进口，没有许可证，一律不准进口。

4.进口押金制

进口押金制度又称进口存款制。它要求进口商在进口商品时，必须预先按进口金额的一定比率和规定的时间，在指定的银行无息存放一笔现金。这样就增加了进口商品的资金负担，从而起到限制进口的作用。

5.外汇管制

外汇管制是指国家根据法令，对外汇买卖所实行的限制性措施。对外贸易与外汇有密切的关系，出口可收进外汇，进口要付出外汇，因而外汇管制必然直接影响到进出口贸易。进口外汇管制是限制进口的一种手段。

6.最低限价制

最低限价是指进口国对某一商品规定最低价格，进口价格如低于这一价格就征收附加税。例如，规定钢材每公吨最低限价为320美元，若进口时每公吨为300美元，则进口国要征收20美元的附加税，以抵消出口国可能的补贴或倾销。

7.海关估价制

海关为征收关税，确定进口商品价格的制度称为海关估价制。有些国家的海关根据某些特殊规定，提高进口商品的海关估价，从而增加进口商品的关税负担，达到限制进口的目的。

8.苛刻的技术、卫生、检验标准

一些国家为了限制进口，规定复杂、苛刻的工业产品技术标准、卫生检疫规定以及商品包装和标签规定，这些标准和规定往往以维护消费者安全和人民健康的理由来制定。但有些规定十分复杂，经常变化，使外国产品难以适应，从而起到限制进口的目的。我国出口的农产品存在农药残留量超标的问题，出口纺织品也存在有害物质超标现象，而且一些国家还在提高这些含量标准。这些将是我国在今后很长一段时期内面临的主要的非关税壁垒。

任务处理

任务一：熟悉涤纶长丝产品的相关信息

涤纶长丝，是用涤纶做成长丝。涤纶是合成纤维中的一个重要品种，是聚酯纤维的商品名称。它是以精对苯二甲酸(PTA)或对苯二甲酸二甲酯(DMT)和乙二醇(MEG)为原料，经酯化或酯交换和缩聚反应而制得的成纤高聚物——聚对苯二甲酸乙二醇酯(PET)，经纺丝和后处理制成的纤维。所谓涤纶长丝，是长度为千米以上的丝，长丝卷绕成团。按生产方式分为初生丝、拉伸丝和变形丝，主要用于制造衣着和工业中制品。涤纶作为衣用纤维，其织物在洗后达到不皱、免烫的效果。常将涤纶与各种纤维混纺或交织，如棉涤、毛涤等，广泛用于各种衣料和装饰材料。涤纶在工业上可用于传送带、帐篷、帆布、缆绳、渔网等，特别是做轮胎用的涤纶帘子线，在性能上已接近锦纶。涤纶还可用于电绝缘材料、耐酸过滤布、医药工业用布等。合成纤维因具有强度高，耐磨、耐酸、耐碱、耐高温、质轻、保暖、电绝缘性好及不怕霉蛀等特点，在国民经济的各个领域得到了广泛的应用。

任务二：了解涤纶长丝的市场供求状况和价格走势

通过海关数据、专业网站、行业协会了解涤纶长丝的国际市场供求状况和价格走势。2013年以来，国内涤纶长丝市场行情表现仍然平稳，多数企业报价平报出台，但是成交重心有下行压力。涤纶长丝市场成交量处于中等水平，涤纶长丝企业产销率水平仍然持平，企业库存压力正常，库存量同样保持。行情如此表现的主要原因是上游原料市场行情仍在进行调整，价格表现平稳。同时，下游织造企业和市场贸易商对涤纶长丝的采购意向不强。国内涤纶长丝企业的开工负荷仍保持在八成左右水平。

任务三：了解涤纶长丝主要生产国和供应商情况，合理选择供应商

通过专业网站了解涤纶长丝主要生产地区是欧盟、日本、印度及韩国。同时也了解各主要进口国的地理、人口、经济等方面的内容，如韩国主要出口产品有半导体、汽车及汽车零部件、无线通信机器、船舶、石油制品、电子产品、纺织品、钢铁产品、化工等。在进口商品时，寻找和了解贸易伙伴的途径或渠道有很多。例如：通过我驻外商务机构、领事馆以及中国银行或其他外商银行的介绍；通过国际友好组织、各国的商业或工业民间组织以及国内外的国际咨询公司进行了解咨询；从国内外报刊、杂志上的广告或行名录、厂商年鉴中了解和物色潜在客户；另外还可通过举办各种展销会、广交会、小交会、博览会以结识客户。在选择供应商时应充分考虑其技术水平、业务情况、财务情况和信用状况。

任务四：调查与涤纶长丝相关的贸易政策

通过国家商务部网站和海关报关使用手册查询与涤纶长丝产品有关的贸易政策与关税政策，如：涤纶长丝在海关报关适用手册中的名称为“非零售聚酯弹力丝”，其 HS 商品代码是5402331010，进口优惠关税税率是5%，进口普通关税税率是90%，出口关税税率为零，征收17%的增值税，监管条件是7A，即进口该货物时，必须要有自动进口许可证(7)和入境货物通关单(A)。

技能训练

综合业务题一

业务背景资料:2013 年 8 月 26 日,现代机械(中国)贸易有限公司上海分公司业务员杨立琪接到上海自动化仪表股份有限公司购买德国压力传感器的意向订单,具体情况如下:5 000 个德国精密压力传感器,750 人民币元/个;80 000 个德国色标传感器,1 200 元人民币/个。

要求:1. 调查与传感器相关的贸易政策;

2. 查找有关传感器的相关产品知识。

综合业务题二

业务背景资料:南京辉宏贸易有限公司受苏州黎明股份有限公司委托,需要从日本进口一批空调附件,具体商品名称及规格如下:

AIR CONDITIONER (INDOOR UNIT) PARTS:

FDTJ56HKXE2, 30 PCS AT JPY23460.00/PC, FOB NAGOYA

FUDMJ56HKXE2, 42 PCS AT JPY24400.00/PC, FOB NAGOYA

要求:1. 调查国际市场和国内市场空调附件的价格情况;

2. 了解相关空调附件的主要供应商情况,合理选择 2~3 家供应商。

综合业务题三

业务背景资料:杭州瑞德检测公司委托上海宏丰贸易公司从德国进口 SLK27-04 检测仪,国内购买商报价为 3 000 元人民币/台。

要求:1. 查找德国检测仪的相关产品知识和市场价格;

2. 调查与空调附件相关的贸易政策。

学习情境六

进口磋商与签约工作

学习目标

知识目标：掌握进口商品报价核算的基本方法，熟悉进口合同和国内销售合同的基本条款，如商品品质、数量、包装、价格、运输、保险等条款的内容。

能力目标：能根据已知资料正确进行进口报价核算，能根据进口磋商结果拟订进口合同，能根据与国内需求企业的磋商结果拟订国内销售合同。

工作任务

2013 年 4 月 7 日，李婧通过世界黄页（www. wordyellowpages. com）查找涤纶长丝供应商，最终选择了荷兰 Meya Group International B. V 和 Mala Group International B. V 两家涤纶长丝供应商。

2013 年 4 月 28 日，浙江金莎进出口有限公司外贸业务员李婧通过与荷兰这两家企业反复磋商，因为 Meya Group International B. V 报价 USD2. 80/kg 高于 Mala Group International B. V 报价 USD2. 70/kg，且通过银行及其途径调查到 Mala Group International B. V 的信用状况好于 Meya Group International B. V 所以决定与 Mala Group International B. V 签订进口合同。

李婧的工作任务是：

1. 拟写询盘函；
2. 核算进口价格；
3. 撰写还盘函；
4. 签订进口合同；
5. 签订国内销售合同。

学习环节

任务一 签订进口代理协议

一、进口代理的概念

我国进口贸易主要有两种经营方式：一种是具有外贸经营权的进出口企业自营进口，一种是国内客户委托进出口企业进行进口代理。进口代理是指有货物进口需求的客户，由于对进口业务的不熟悉或者其他原因，委托船运公司、货代公司、报关行、贸易公司等代办进口的贸易服务型业务。

进口代理商与进口委托人就一项进口业务或一段时间双方的进口业务协商谈判，达成一致的合同，称为进口代理协议书。

二、进口代理协议的主要内容

(一)代理事项的约定

此项内容包括进口项目的名称和同意委托或接受委托的文字表达，即双方就某项目的进口事宜达成委托关系的约定。

(二)双方责任义务的规定

代理进口协议实际上是一种服务合同，责任义务的划分按甲乙双方分别列明的形式作出，主要包括：明确各自应承担的具体工作内容和对方应提供的配合和协助；约定委托人应付代理人的代理费用，即佣金的比例及支付时间；进口各个环节所发生的费用负担问题。

具体内容主要围绕共同完成的进口项目，从政府批文、对外询价、进口交易磋商、合同签订、对外支付、安排运输保险、检验检疫、进口清关、商品交付、财务结算，直到对外索赔等的分工协作，确定各自责任义务。

(三)签约人及法律身份，签约时间、地点

代理进口协议就是一份合同，受我国《合同法》的制约，必须在协议上明确签约人双方的全名及法律身份，明确签约的时间、地点，由自然人签署并加盖双方有效印鉴才能生效。下面是进口代理合同样本(见样本 6-1)。

样本 6-1 　　**进口代理合同**

委托方(甲方):苏州黎明股份有限公司　　签订地点:江苏南京

受托方(乙方):南京辉宏贸易有限公司　　合同编号:DN3685

签订日期:2013 年 6 月 10 日

根据《中华人民共和国合同法》和对外经贸部《关于对外贸易代理制的暂行规定》,双方经友好协商,就甲方委托进口空调附件达成如下协议:

一、甲方授权乙方作为其进口项目的代理人,乙方接受甲方委托,代理甲方对外签订和执行该项目进口合同。

二、委托内容

1.委托进口商品的名称及规格、单价、数量:详见外合同 No. JSK03W02。

2.委托进口商品的价格条款、支付方式、货币种类:详见外合同 No. JSK03W02。

3.委托进口商品的交货日期、交货地点、包装、运输要求:详见外合同 No. JSK03W02。

三、甲方义务

1.甲方应按本代理合同的规定及时、足额支付进口合同价款及乙方代理所需的各项费用,以确保乙方全面履行进口合同的付款义务。甲方同意在未付清货款及代理费用前,乙方享有该进口货物的全部货权。

2.所有与代理进口有关的关税(包括增值税)和费用(包括订舱、报关、商检、检疫、运输、仓储、保险及银行费用等)均由甲方按规定承担,如乙方垫付,甲方最迟应于提货前付清。

3.货到目的港后的一切港口费用由甲方承担。

4.本合同签订后,甲方于 2013 年 6 月 15 日将货款总额的 100%计人民币 124 680 元给付乙方。

5.甲方须在货到港前 2 个工作日内,将进口税款(关税、增值税)和乙方进口代理手续费等款项给付乙方。如因款项未到,而造成滞报金、滞纳金及仓储费等一切费用,由甲方承担;如货到 15 天后,甲方仍未支付上述款项,乙方有权对所到货物行使留置权。

四、乙方义务

1.乙方负责按规定办理进口许可证及其他有关批准文件。

2.乙方负责进口合同的商务谈判并以乙方的名义与外商订立合同,协助甲方进行进口技术谈判,及时将进口合同的执行情况通知甲方。

3.乙方负责办理购付汇和核销手续,汇率为付款当日银行卖出价。

4.根据进口合同要求,在信用证付款情况下,乙方负责以自己的名义申请银行信用证或修改信用证。但甲方未按本合同的规定履行付款义务的,乙方有权拒绝申请开证。

5.根据进口及信用证的规定,审核外商提供的单据(如发票、汇票、提单、检验证书等),如发现单证不符等现象,应及时与甲方磋商决定是否对外拒付信用证项下的货款(但不免除甲方以其他方式付款的责任)。

6.乙方负责按规定自理报关或委托经海关批准注册的报关行报关；如海关验货，乙方应在海关验货前2日内及时通知甲方。

7.乙方负责按实际支出与甲方结算(多退少补)，并向甲方开具结算单据。

五、货权转移及违约处理

甲方在向乙方付清全部货款、费用后，于提货时货权转移于甲方。

如甲、乙双方任何一方单方违约，违约方应向守约方偿付本合同进口总额30%的违约金。如违约方给守约方造成的损失超过违约金数额的，违约方应就其不足部分对守约方进行赔偿。

六、订舱、报关与仓储

由乙方办理或乙方委托有合格资质的专业公司办理订舱、报关，进口货物存放于乙方指定地点，提货时甲方须付清全部费用，货权始得转移。

七、对外商的索赔

在合同规定的索赔期内，如发现数量和质量问题，由甲方请有关部门出具商检证明并及时与乙方联系，由乙方对外提出索赔。甲乙双方须积极配合。国外供货商或保险公司赔付后，乙方立即将赔付金额拨付甲方。

八、争议的解决

甲乙双方同意，在执行本代理协议过程中所发生的一切争议首先通过友好协商解决，协商不成的，任何一方均可诉诸人民法院解决，本代理协议的管辖法院是乙方所在地人民法院。

九、本合同一式两份，经双方法定代表人或授权代表签字，单位盖章后生效。合同正本由甲、乙双方各执一份。

委托方(甲方)	受托方(乙方)
名称(章)：苏州黎明股份有限公司	名称(章)：南京辉宏贸易有限公司
地址：苏州市南山路50号	地址：南京市管家桥85号华荣大厦2901室
法定代表人：黄爱明	法定代表人：尹莉

三、签订进口代理协议的注意事项

(1)若进口合同中的卖方及合同条款是由委托方自己确定的，则应在代理协议书里明确写明外商的资信及合同履行过程中的风险均由委托方自负。

(2)进口合同必须经委托方书面确认，或者由委托方也在进口合同上签字盖章，当进口合同的卖方及主要条款由代理方确定时，更要注意这点。

(3)货物的价格问题。尽管代理进口的货物价格最终是由委托方承担的，但过分高于或低于正常水平的价格，都预示着合同本身可能存在隐患。凡代理方对市场价格不熟悉的商品，应货比三家。曾有过这样的事，外商与国内委托方自行商定价格，委托方付出一定数量保证金后，代理方对外开证、付款。货到之后，国内委托方借故推托，拒不付款提货，而外商已将钱收走并且货物质量存在严重问题，最终损失的还是代理方。因此，代理方要严防内外勾结，防止上当受骗。

(4)代理协议还应明确规定，进口合同履行过程中委托方无权提出违背国际贸易法律和条例的任何要求；一旦开证银行认定开证人必须无条件付款，不论货物是否符合进口合同的要求，委托方即对代理方负有支付全部货款及代理费的责任。

(5)代理协议还必须规定，如果外商发生违约行为(如不交货、逾期装运、质量、数量、规格等与合同规定不符)须对外索赔时，代理方只承担对其进行索赔，并将索赔结果转交委托方的义务，但代理方不负任何赔偿责任。索赔过程产生的费用和代理手续费，委托方仍应承担。

(6)代理协议中代理方承担的义务与责任，必须注意不能超出进口合同中卖方的义务与责任的范围。进口合同履行中需要与外商协调作出相应约定的，一定要征得委托方的书面同意。否则在进口环节出现问题时，代理方将陷入被动地位。

(7)关于外商提出索赔、仲裁或诉讼的有关问题。由于进口合同是由代理方与外商签订的，因此，一旦发生纠纷，外商仅对代理方提出索赔、仲裁或诉讼，而委托方却可能置之不理。对于这个问题；代理双方可在代理协议中作出相应规定。如规定在这种情况下，代理方有权利和义务对外理赔或应诉，委托方有义务协助代理人，并应及时提供有关证据材料。理赔应诉的结果及其过程中产生的费用等均由委托方承担。

任务二　进口报价核算

一、进口报价核算的主要内容

进口商购买商品后再销售给进口国内的使用者及国内客户，进口商价格核算的主要内容包括三个方面：

(1)进口商先核算按照出口商报价和自己预期所得利润计算出国内销售价格。

(2)进口国国内客户可能降低购买价格，进口商根据出口商报价和国内客户的购买价格进行利润核算。

(3)进口商既要满足国内客户价格要求又要保持自己预期利润率，则核算能够接受的出口商的报价价格。

二、进口价格核算

(一)核算国内销售价格

1. 通用公式

国内售价或成交价 ＝ 进口成本 ＋ 进口费用 ＋ 进口利润

进口关税完税价＝CIF

＝CFR÷［1－(1＋投保加成率)×保险费率］

＝(FOB＋运费)÷［1－(1＋投保加成率)×保险费率］

进口关税额＝CIF×进口关税率

进口消费税完税价＝(CIF＋进口关税额)÷(1－消费税率)

＝(CIF＋CIF×进口关税率)÷(1－消费税率)

＝CIF×(1＋进口关税率)÷(1－消费税率)

进口消费税＝ CIF×(1＋进口关税率)÷(1－消费税率)×进口消费税率

进口增值税完税价格＝ CIF＋进口关税额＋进口消费税额

进口增值税(代缴)＝(CIF＋进口关税额＋进口消费税额)×进口增值税率

＝CIF×(1＋进口关税率)÷(1－消费税率)×进口增值税率

＝CIF×(1＋进口关税率)×［1＋1÷ (1－消费税率)×进口消费税率］×进口增值税率

$$=\frac{\text{CIF}+\text{CIF}\times\text{进口关税率}+\text{CIF}\times(1+\text{进口关税率})}{(1-\text{消费税率})\times\text{进口消费税率}}\times\text{进口增值税率}$$

需要注意的是货物进口时先由海关征收进口增值税代缴部分，然后再由国税局征收进口商销售给国内客户时的增值税，为避免双重征税，所以国税局征收增值税时要扣除进口时由海关代征的税款，即：

实际缴纳的增值税＝国内销售价格÷(1＋17%)×17%

2.当利润按销售利润(按国内销售价格计算)时

国内销售价格＝货价×(1＋增值税率)

＝(进口成本＋进口费用＋进口利润) ×(1＋增值税率)

国内销售价格＝(进口成本＋进口费用) ×(1＋增值税率)÷［1－销售利润率×(1＋增值税率)］

3.当利润按成本利润(按进口成本计算)时

国内销售价格＝货价×(1＋增值税率)

＝(进口成本＋进口费用＋进口利润) ×(1＋增值税率)

上述公式中进口费用不含代缴增值税额。

(二)进口商利润成本核算

利润＝收入－支出＝销售收入－各项费用－进口成本

进口成本(FOB/CFR/CIF)＝销售收入－各项费用－利润

1.FOB进口成本价格核算

销售收入/(1＋增值税率)＝FOB＋进口运费＋进口保险费＋关税＋消费税＋银行费用＋垫款利息＋定额费＋其他费用＋进口利润额

(1)当利润按进口成本计算时及成本利润率。

FOB价格＝［销售收入÷(1＋增值税率)－进口运费×(1＋进口关税率)÷(1－1.1×保险费率)×(1－消费税率)－其他进口费用］÷［(1＋进口关税率)÷(1－1.1×保险费率)×(1－消费税率)＋以进口成本为基数的费用率＋成本利润率］

(2)当利润按国内销售价格计算时及销售利润率。

FOB 价格＝[销售收入÷(1＋增值税率)－进口运费×(1＋进口关税率)÷(1－1.1×保险费率)×(1－消费税率)－其他进口费用－销售利润]÷[(1＋进口关税率)÷(1－1.1×保险费率)×(1－消费税率)＋以进口成本为基数的费用率]

2. CFR 进口成本价格核算

销售收入÷(1＋增值税率)＝CFR＋进口保险费＋关税＋消费税＋银行费用＋垫款利息＋定额费＋其他费用＋进口利润额

(1)当利润按进口成本计算时及成本利润率。

CFR 价格＝[销售收入÷(1＋增值税率)－其他进口费用]÷[(1＋进口关税率)÷(1－1.1×保险费率)×(1－消费税率)＋以进口成本为基数的费用率＋成本利润率]

(2)当利润按国内销售价格计算时及销售利润率。

CFR 价格＝[销售收入÷(1＋增值税率)－其他进口费用－进口销售利润额]÷(1＋进口关税率)÷[(1－1.1×保险费率)×(1－消费税率)＋以进口成本为基数的费用率]

3. CIF 进口成本价格核算

销售收入÷(1＋增值税率)＝CIF＋关税＋消费税＋银行费用＋垫款利息＋定额费＋其他费用＋进口利润额

(1)当利润按进口成本计算时及成本利润率。

CIF 价格＝[销售收入÷(1＋增值税率)－其他进口费用]÷[(1＋进口关税率)÷(1－消费税率)＋以进口成本为基数的费用率＋成本利润率]

(2)当利润按国内销售价格计算时及销售利润率。

CIF 价格＝[销售收入÷(1＋增值税率)－其他费用－进口销售利润额]÷[(1＋进口关税率)÷(1－消费税率)＋以进口成本为基数的费用率]

三、进口价格核算案例讲解

1. FOB 术语进口价格核算(不征收消费税的商品)

晨星公司拟从德国依莱姆公司进口 WH22 检测仪 100 台，每台的进口价格是 130 美元 FOB 汉堡。仪器为纸箱包装，每箱装 1 台，每箱毛重 20 千克，纸箱尺码为 50 厘米×50 厘米×54 厘米，海洋运费按尺码计算，每个运费吨的基本运费为 96 美元；保险按 CIF 金额的 110％投保，保险费率为 0.85％；银行贷款年利率为 9％，预计垫款时间为 2 个月；银行费用为进口成交金额的 0.45％；进口关税税率为 25％，增值税率为 17％；进口的其他费用，还包括领证费 800 元人民币(整批货，下同)，报关费 60 元人民币，货物检验费 200 元人民币，业务费用 1 000 元人民币，国内运杂费 840 元人民币。如果晨星公司期望的利润率为 20％(按进口价格计)，人民币与美元的汇率为 6.50∶1：

(1)试核算晨星公司在国内销售该仪器的人民币单价。

①成本：

130×6.50＝845(人民币元/台)

②费用：

海洋运费＝0.5×0.5×0.54×96×6.50＝84.24(人民币元/台)

海运保险费＝(845＋84.24)÷(1－110％×0.85％)×110％×0.85％＝8.770 4(人民币元/台)

根据 FOB 报价得出的 CIF 价格为：

CIF＝(FOB＋进口运费)÷[1－(1＋保险加成率)×保险费率]

＝(845＋84.24)÷(1－110％×0.85％)＝938.010 4(人民币元/台)

贷款利息＝130×6.50×9％×2÷12＝12.675(人民币元/台)

银行费用＝130×6.50×0.45％＝3.802 5(人民币元/台)

进口关税＝938.0104×25％＝234.502 6(人民币元/台)

其他费用＝(800＋60＋200＋1 000＋840)÷100＝29(人民币元/台)

③利润：

130×20％×6.50＝169 人民币元/台

国内销售价格＝货价×(1＋增值税率)

＝(进口成本＋进口费用＋预期利润)×(1＋增值税率)

＝(845＋84.24＋8.770 4＋12.675＋3.802 5＋234.502 6＋29＋169)×(1＋17％)

＝1 622.7 789(人民币元/台)

(2)当国内客户收到晨星公司的销售报价后，提出其仅能以每台 1 950 元人民币的价格成交。如果晨星公司接受国内客户的还价以每台 1 950 元人民币的价格成交，计算此项交易晨星公司的利润总额为多少元人民币。

①收入：

销售收入＝1 560×100＝156 000(人民币元)

货价＝156 000÷1.17＝133 333.3333(人民币元)

②成本：

进口成本＝130×100×6.50＝84 500(人民币元)

③费用：

海洋运费＝84.24×100＝8424(人民币元)

CIF 价格＝(84 500＋8 424)÷(1－110％×0.85％)＝93 801.039 7(人民币元)

海运保险费＝(84 500＋8 424)÷(1－110％×0.85％)×110％×0.85％＝877.039(人民币元)

贷款利息＝130×6.50×9％×2÷12×100＝1 267.5(人民币元)

银行费用＝130×6.50×0.45％×100＝380.25(人民币元)

进口关税＝93 801.0397×25％＝23 450.26(人民币元)

其他费用＝800＋60＋200＋1 000＋840＝2 900(人民币元)

④利润：

国内销售价格÷(1＋增值税率)－采购成本－进口费用

＝133 333.333 3－84 500－8 424－877.039－1 267.5－380.25－23 450.26－2 900

＝14 434.284 3(人民币元)

(3)如果晨星公司在满足国内用户降价要求的同时，又要保持公司 20％的进口利润率，那么其进口采购成本(FOB 价格)应为每台多少美元。

①成本：

FOB×6.50

②费用：

海洋运费＝0.5×0.5×0.54×96×6.50＝84.24(人民币元/台)

海运保险费＝(FOB＋84.24)÷(1－110％×0.85％)×110％×0.85％

根据 FOB 报价得出的 CIF 价格为：

CIF＝(FOB＋进口运费)÷[1－(1＋保险加成率)×保险费率]

＝(FOB×6.50＋84.24)÷(1－110％×0.85％)

贷款利息＝FOB×6.50×9％×2÷12

银行费用＝FOB×6.50×0.45％

进口关税＝CIF×25％ ＝(FOB×6.50＋84.24)÷(1－110％×0.85％)×25％

其他费用＝(800＋60＋200＋1 000＋840)÷100＝29(人民币元/台)

③利润：

FOB×20％×6.50

国内销售价格:1 950 人民币元/台

FOB 价格＝[销售收入÷(1＋增值税率)－进口运费×(1＋进口关税率)÷(1－1.1×保险费率)×(1－消费税率)－其他进口费用]÷[(1＋进口关税率)÷(1－1.1×保险费率)×(1－消费税率)＋以进口成本为基数的费用率＋成本利润率]

FOB＝[133333.3333－84.24×1.25÷(1－1.1×0.85％)－29]÷[1.25÷(1－1.1×0.85％)＋9％×2÷12＋0.45％＋20％]

FOB＝[133 333.333 3－84.24×1.25÷(1－0.009 35)－29]÷[1.25÷(1－0.009 35)＋9％×2÷12＋0.45％＋20％]

FOB＝[133 333.333 3－84.24×1.25÷0.990 65－29]÷[1.25÷0.990 65＋9％×2÷12＋0.45％＋20％]

FOB＝[133 333.333 3－105.669 8－29]÷[1.261 8＋9％×2÷12＋0.45％＋20％]

FOB＝1 198.663 5÷[1.261 8＋0.015＋0.45％＋20％]

FOB＝1 198.663 5÷1.478 3

FOB 价格＝810.839 1÷6.50＝124.744 5 美元/台

2. FOB 术语进口价格核算(征收消费税的商品)

品名:成套化妆品

货号:PC1010

拟购数量:320 套

包装方式:8 套/纸箱

每个纸箱尺码:64 厘米×44 厘米×54 厘米

每个纸箱毛/净重:18/15 千克

核算数据：

国外客户报价:USD48.00/套 FOB

各项进口费用：

此项交易的进口包干费(不含税收)为:2 560.00 元人民币

航空运费为每箱:USD52.00

银行费用为每笔交易:USD180.00

公司业务费用总额约为:6 510.00 元人民币

保险费率为:0.9%

投保加成率为:10.00%

进口关税税率为:10.00%

增值税率为:17.00%

消费税税率为:30.00%

汇率为:1 美元兑换人民币 6.50

预期利润率:进口成本的 10%

核算要求:

(1)填写下列核算表,用数字列出计算过程并将计算结果填入规定的栏目内。

(2)计算时请务必保留 4 位小数,小于 1 的数值保留 5 位小数。

解答(表 6-1):

表 6-1 报价核算

核算内容	计算过程	计算结果	单位
进口成本 FOB	48×6.50	312	人民币元/套
进口运费	52×6.50/8	42.25	人民币元/套
进口保险费	(48×6.50+42.25)÷(1−1.1×0.9%)×1.1×0.9%	3.542 1	人民币元/套
进口包干费	2 560÷320	8.000 0	人民币元/套
业务费用	6 510÷320	20.343 8	人民币元/套
银行费用	180×6.50/320	4.505 6	人民币元/套
关税完税价格 CIF	(48×6.50+42.25)÷(1−1.1×0.9%)	354.25	人民币元/套
关税额	354.25×10%	35.425	人民币元/套
消费税完税价格	(354.25+35.425)÷(1−30%)	556.678 6	人民币元/套
消费税额	556.678 6×30%	167.003 6	人民币元/套
代缴增值税完税价格	354.25+35.425+167.003 6	556.678 6	人民币元/套
代缴增值税额	556.678 6×17%	94.635 4	人民币元/套
成本利润额	48×6.50×10%	31.2	人民币元/套
国内销售价格	(354.25+35.425+167.003 6+8+20.343 8+3.656 3+31.2)×1.17	725.269 8	人民币元/套
销售税款	725.269 8÷1.17×0.17	105.381 1	人民币元/套
实缴增值税额	105.381 1−94.635 4	10.745 7	人民币元/套
成本利润率	31.2÷725.269 8	4.30%	(百分比)

还价核算 1：进口商向国内客户报价后随即收到还价，称其能够接受的价格为每套 705.00 元人民币，订购数量为 320 套。试根据客户还价进行以下利润核算（按总量计算，见表 6-2）：

表 6-2 还价核算

核算内容	计算过程	计算结果	单位
销售收入	705×320	225 600.00	人民币元
销售税款	225 600.00÷1.17×0.17	32 779.487 2	人民币元
进口成本	48×6.50×320	99 840	人民币元
包干费用	2 560.000 0	2 560.000 0	人民币元
进口运费	52×6.50×320/8	13 520	人民币元
进口保险费	(99 840+13 520)÷(1−1.1×0.9%)×1.1×0.9%	1 133.485 5	人民币元
银行费用	180×6.50	1 170	人民币元
业务费用	6 510.000 0	6 510.000 0	人民币元
关税完税价格	(99 840+13 520)÷(1−1.1×0.9%)	114 493.485 5	人民币元
关税税额	114 493.485 5×10%	11 449.348 6	人民币元
消费税完税价格	(114 493.485 5+11 449.348 6)÷(1−30%)	179 918.334 4	人民币元
消费税额	179918.3344×30%	53 975.500 3	人民币元
代缴增值税完税价格	114 493.485 5+11 449.348 6+53 975.500 3	179 918.334 4	人民币元
代缴增值税额	179 918.334 4×17%	305 861.116 9	人民币元
进口利润额	225 600−32 779.487 2−99 840−2 560−13 520−1 133.485 5−1 170−6 510−11 449.318 6−53 975.500 3	2 662.208 4	人民币元
销售利润率	2 662.208 4÷225 600	1.18%	(百分比)
成本利润率	2 662.208 4÷99 840	2.67%	(百分比)

还价核算 2：如果接受客户还价，同时进口商又必须保证 10% 的成本利润率，在其他费用和订购数量保持不变的情况下，试进行以下还价成本核算（按单位商品计算，见表 6-3）。

表 6-3 还价成本核算

核算内容	计算过程	计算结果	单位
销售税款	705÷(1+17%)×17%	102.435 9	人民币元/套
进口利润额	45.9136×6.50×10%	29.843 8	人民币元/套
包干费用	2560÷320	8	人民币元/套
业务费用	6510÷320	20.343 8	人民币元/套
进口运费	52×6.50÷8	42.25	人民币元/套
进口保险费	(45.9136×6.50+42.25)÷(1−1.1×0.9%)×1.1×0.9%	3.406 5	人民币元/套
银行费用	180×6.50÷320	306 563	人民币元/套

续表 6-3

核算内容	计算过程	计算结果	单位
关税完税价格	(45.913 6×6.50+52.065)÷(1−1.1×0.9%)	344.094 9	人民币元/套
关税税额	344.094 9×10%	34.409 5	人民币元/套
消费税完税价格	(344.094 9+34.409 5)÷(1−30%)	540.720 6	人民币元/套
消费税额	540.720 6×30%	162.216 2	人民币元/套
代缴增值税完税价格	344.094 9+34.409 5+162.216 2	540.720 6	人民币元/套
代缴增值税额	540.720 6×17%	91.922 5	人民币元/套
实缴增值税税额	102.435 9−91.922 5	10.513 4	人民币元/套
FOB采购成本	[705÷(1+17%)−42.25×(1+10%)÷(1−1.1×0.9%)×(1−30%)−8−20.3438−3.6563]÷[1.1÷(1−1.1×0.9%)×(1−30%)+10%]÷6.50	45.9136	美元/套

通用公式：

FOB价格＝[销售收入÷(1＋增值税率)－进口运费×(1＋进口关税率)÷(1－1.1×保险费率)×(1－消费税率)－其他进口费用]÷[(1＋进口关税率)÷(1－1.1×保险费率)×(1－消费税率)＋以进口成本为基数的费用率＋成本利润率]

3. CFR术语进口价格核算

景天粮油食品公司从国外进口大豆一批，共计500公吨，每公吨的进口价格为280美元CFR上海。每公吨大豆的进口运费为25美元；货运保险按CIF金额的110%投保，保险费率为0.8%；银行贷款的年利率为8%，预计贷款时间为3个月；银行费用为成交金额的0.4%；进口关税税率为3%，增值税率为13%；景天公司的进口费用有：卸货费11 000元人民币(整批货，下同)，进口检验检疫费用2 500元人民币，港杂费6000元人民币，入库短途运费10 000元人民币，其他杂费5 000元人民币。如果景天公司期望的利润率为进口价格的15%，汇率为6.50元人民币兑换1美元，试进行以下进口价格综合计算。

(1)该批大豆的国内销售价格为每公吨多少元人民币？

①成本：

280×6.50＝1 820(人民币元/公吨)

②费用：

CIF＝CFR÷[1－(1＋保险加成率)]＝18 200÷(1－1.1×0.8%)＝1 836.158 2(人民币元/公吨)

保险费＝1 836.1582×110%×0.8%＝16.158 2(人民币元/公吨)

贷款利息＝280×6.50×8%×3÷12＝36.4(人民币元/公吨)

银行费用＝280×6.5×0.4%＝7.28(人民币元/公吨)

进口关税＝1 836.158 2×3%＝55.084 7(人民币元/公吨)

其他费用＝(11 000＋2 500＋6 000＋10 000＋5 000)÷500＝69(人民币元/公吨)

③利润：

280×6.5×15%=273(人民币元/公吨)

国内销售价格:货价×(1+增值税率)

=[进口成本(国外报价)+费用+利润]×(1+增值税率)

=(1 820+16.158 2+36.4+7.28+55.084 7+69+273)×(1+13%)

=2 576.922 9(人民币元/公吨)

(2)国内客户收到景天公司的报价后,提出能够接受的价格为每公吨 2 500 元人民币。如果按客户成交,此笔交易景天公司的利润总额为多少元人民币。

①收入:

销售收入=2 500×500=1 250 000.00(人民币元)

货价=2 500×500÷(1+13%)=1 106 194.690 3(人民币元)

成本:CFR=280×500×6.50=910 000.00(人民币元)

②费用:

CIF =CFR÷[1-(1+投保加成率)×保险费率]=910 000/(1-1.1×0.8%)

=918 079.096 0(人民币元)

进口保费=CIF×(1+投保加成率)×保险费率=918 079.096 0×1.1×0.8%

=8 079.096 0(人民币元)

进口关税=CIF×进口关税税率=918 079.096 0×3%=27 542.372 9(人民币元)

贷款利息=CFR×8%×3/12=910 000×8%×3/12=18 200.00(人民币元)

银行费用=CFR×0.4%=910 000×0.4%=3 640.00(人民币元)

其他费用=11 000+2 500+6 000+10 000+5 000=34 500.00(人民币元)

③利润:

货价-成本-费用

=货价-采购成本-进口保费-进口关税-贷款利息-银行费用-其他费用

=1 106 194.690 3-910 000-8 079.096 0-27 542.372 9-18 200-3 640-34 500

=104 233.22(人民币元)

(3)如果景天公司在满足国内客户降价要求的同时,又要保持公司 15%的进口成本利润率,试计算进口成本(CFR 价格)应控制在每公吨多少美元。

①收入:

销售收入=2 500 人民币元/公吨

货价=2 500÷(1+13%)=2 212.389 4(人民币元/公吨)

②成本:CFR

③费用:

CIF=CFR÷[1-(1+投保加成率)×保险费率]=CFR÷(1-1.1×0.8%)

进口关税=CIF×进口关税率=CFR÷(1-1.1×0.8%)×3%

贷款利息=CFR×8%×3/12

银行费用=CFR×0.4%

其他费用=(11 000+2 500+6 000+10 000+5 000)÷500=69(元人民币)

④利润:CFR×15%

代入通用公式计算：

CFR 价格＝[销售收入÷(1＋增值税率）－其他进口费用]÷[(1＋进口关税率)÷(1－1.1×保险费率)×(1－消费税率)＋以进口成本为基数的费用率＋成本利润率]

CFR ＝(2 500÷1.17－69)÷[1.03÷(1－1.1×0.8%)＋8%×3÷12＋0.4%＋15%]

＝2 067.752 1÷[1.03÷0.991 2＋0.02＋0.4%＋15%]

＝2 067.752 1÷1.213 1

CFR＝2 131.569 7 元人民币/公吨＝262.233 7 美元/公吨

(4)景天公司最终与国内客户达成协议，以每公吨 2550 元人民币成交，数量为 500 公吨，试计算此笔交易景天公司的利润总额为多少元人民币，利润率为多少。

①收入：

2 550×500＝1 275 000.00(人民币元)

②支出：

销售税款＝2 550×500÷(1＋13%)×13%＝146 681.415 9(人民币元)

采购成本＝280×500×6.5＝910 000.00(人民币元)

CIF 价＝910 000÷(1－110%×0.8%)＝918 079.096 0(人民币元)

进口保费＝CIF×(1＋投保加成率)×保险费率＝918 079.096 0×1.1×0.8%

＝8 079.096 0(人民币元)

进口关税＝CIF×进口关税率＝918 079.096 0×3%＝27 542.372 9(人民币元)

贷款利息＝CFR×8%×3÷12＝18 200.00(人民币元)

银行费用＝CFR×0.4%＝910 000×0.4%＝3 640.00(人民币元)

其他费用＝11 000＋2 500＋6 000＋10 000＋5 000＝34 500.00(人民币元)

③利润：

利润＝收入－支出

＝销售收入－销售税款－采购成本－费用

＝1 275 000－146 681.415 9－910 000－8 079.096 0－27 542.372 9－18 200－364 0－34 500

＝126 357.12(人民币元)

利润率：

成本利润率＝126 357.12÷910 000＝13.86%

销售利润率＝126 357.12÷1 275 000＝9.91%

4. CIF 术语进口价格核算

天成公司从国外进口一批冷轧卷材，共计 150 公吨。每公吨冷轧卷材的进口价格是 490 美元 CIF；每公吨冷轧卷材的运费为 40 美元；保险按 CIF 金额加成 10%投保，保险费率为 0.6%，银行贷款年利率为 8%，预计垫款时间为 45 天；银行费用为成交金额的 0.3%；进口关税税率为 6%，增值税率为 17%；另外，商检报关费为 750 元人民币，国内运输费为 1 800 元人民币，其他费用为 2 850 元人民币，天成公司期望的销售利润率为 18%(按国内销售价格计)；人民币与美元的汇率为 6.50：1。

(1)试计算天成公司在国内销售每公吨冷轧卷材的人民币价格以及销售时实际缴纳的增

值税额。

①成本：

490×6.50＝3 185(人民币元/公吨)

②费用：

贷款利息＝3 185×8%×45÷360＝31.413 7(人民币元/公吨)

银行费用＝3 185×0.3%＝9.555(人民币元/公吨)

进口关税＝3 185×6%＝191.1(人民币元/公吨)

进口增值税＝(3185＋191.1)×17%＝573.937(人民币元/公吨)

其他费用＝(1 500＋750＋1 800＋1 350)÷150＝36(人民币元/公吨)

③利润：

利润＝国内销售价格×18%

所以：

国内销售价格＝货价×(1＋增值税率)＝(成本＋费用＋利润)×(1＋增值税率)

＝(3 185＋31.413 7＋9.555＋191.1＋36＋国内销售价格×18%)×(1＋17%)

国内销售价格÷1.17＝3 453.068 7＋国内销售价格×18%

国内销售价格＝5 117.925 5 人民币元/公吨

销售税款＝5 117.925 5÷(1＋17%)×17%＝743.630 2(人民币元/公吨)

实缴增值税＝743.630 2－573.937＝169.693 2(人民币元/公吨)

所以，天成公司在国内销售每公吨冷轧卷材的人民币价格为 5 117.925 5 人民币元，销售时实际缴纳的增值税额为每公吨 169.693 2 人民币元。

(2)国内用户收到天成公司上述报价后，提出仅能以每公吨 4 300 元人民币的价格成交。如果天成公司接受用户还价，试计算此笔交易天成公司的利润总额为多少元人民币，销售利润率为多少。

①收入：

销售收入＝4 300×150＝645 000(人民币元)

销售税额＝645 000÷1.17×17%＝93 717.948 7(人民币元)

货价＝645 000－93 717.948 7＝551 282.051 3(人民币元)

②成本：

490×6.50×150＝477 750(人民币元)

③费用：

贷款利息＝477 750×8%×45÷360＝4 777.5(人民币元)

银行费用＝477 750×0.3%＝1 433.25(人民币元)

进口关税＝477 750×6%＝28 665(人民币元)

其他费用＝1 500＋750＋1 800＋1 350＝5 400(人民币元)

④利润：

利润＝货价－成本－费用

＝551 282.051 3－477 750－4 777.5－1 433.25－28 665－5 400＝33 256.301(人民币元)

销售利润率＝33 256.301÷645 000＝5.16%

所以，如接受客户还价，天成公司此笔交易的利润总额为 33256.301 元人民币，销售利润率为 5.16%。

(3)如果天成公司在满足用户降价要求的同时，又希望保持公司 18%的销售利润率，试计算此时的进口成本(CIF 价格)应为每公吨多少美元。

①成本：CIF

②费用：

贷款利息＝CIF×8%×45÷360

银行费用＝CIF×0.3%

进口关税＝CIF×6%

其他费用＝(1 500＋750＋1 800＋1 350)÷150＝36(人民币元/公吨)

③利润：

4 300×18%＝774(人民币元/公吨)

所以代入通用公式计算：

CIF 价格＝[销售收入÷(1＋增值税率) －其他进口费用－销售利润额]÷[(1＋进口关税率)÷(1－消费税率)＋以采购成本为基数的费用率]

CIF ＝[4 300÷1.17－36－4 300×0.18]÷[1.06＋8%×45/360＋0.3%]

＝(3 675.213 7－36－774)÷(1.06＋0.01＋0.003)

＝2 865.213 7÷1.073

CIF＝2 670.283 0 人民币元/公吨＝410.812 8 美元/公吨

所以，此时的进口成本(CIF 价格)应为每公吨 410.812 8 美元。

任务三　签订进口合同和内销合同

一、签订进口合同

(一)进口合同的种类

根据订立方式，进口合同可分为书面合同、口头合同和其他合同，书面合同是最常见的进口合同形式。

根据进口方式，进口合同可分为自营进口合同和代理进口合同，自营进口合同包括买方和卖方两个当事人，代理进口合同包括买方、买方代理和卖方三个当事人。

在实务中，进口合同最常见的形式包括订单、购买合同、协议等。

(二)进口合同的主要条款

进口合同一般包括约首、本文和约尾三个部分内容，下面重点介绍本文的主要条款。

1. 商品名称条款

商品名称是指能使某种商品区别于其他商品的一种称呼或概念，也称为品名。在制订进口合同时，商品名称条款必须要明确、具体，不能用统称。

2. 商品品质条款

商品品质是指商品的内在素质和外观形态的综合，前者包括商品的物理、机械性能、化学成分和生物特征等自然属性，后者包括商品的外形、色泽、款式等。

3. 商品数量条款

商品数量、条款主要包括买卖双方成交商品的数量和计量单位，有时还包括计量方法、数量机动幅度等内容。

以商品重量作为计量单位为例，其计量方法包括按毛重计算、按净重计算、按公量计算（如羊毛、生丝）、按理论重量计算（如马口铁、钢板）等，若未注明，按净重计算。

数量机动幅度条款是指规定卖方实际交货数量可以多于或少于合同所规定的数量一定幅度的条款，又称为溢短装条款。

4. 商品包装条款

商品包装条款一般包括包装种类、包装方式、包装标志和包装费用承担等内容。

5. 商品价格条款

商品价格条款一般由商品单价及商品总值构成。商品单价条款一般应该包括计价货币、位价格金额、计量单位及贸易术语四部分构成，有时会涉及折扣与佣金。

折扣是指卖方按照原价给予买方一定百分比的减让，一般由买方在付款时预先扣除。

佣金是卖方或买方支付给中间商为其对货物的销售或购买提供中介服务的酬金。佣金包括明佣和暗佣，明佣直接显示在价格上，一般在货款结算时支付给中介商，暗佣是暗地付给中间商，不显示在价格上。

6. 运输条款

运输条款主要包括装运时间、装运地、目的地、是否允许分批装运与转运、装船指示或装运通知等内容。

7. 保险条款

保险条款主要包括投保责任归属、保险金额、投保险别及保险条款依据四部分内容。

8. 支付条款

支付条款是对货款支付的货币、金额、方式、支付时间的规定。按照合同规定支付货款.是买方对卖方承担的基本义务。

9. 商品检验条款

货物检验检疫条款应包括检验权的归属、检验或复验的时间和地点、检验机构、检验内容等。

10. 索赔条款

索赔条款一般有两种规定方式：一种是异议和索赔条款；另一种是罚金或违约金条款。大多数买卖合同中只订有异议和索赔条款 只有在买卖大宗商品和机械设备等商品时，合同中才会同时订立上述两种条款。

11. 不可抗力条款

不可抗力是指买卖合同签订后，不是由当事人的过失或疏忽，而是由于发生了当事人不能预见、无法预防、无法克服的意外事故致使合同不能履行或不能如期履行。发生意外事故的一方可以全部或部分免除履行合同的责任或可以延迟履行合同。

12. 仲裁条款

仲裁是指买卖双方当事人在争议发生前或争议发生后达成书面协议，自愿将他们之间友好协商不能解决的争议提交双方同意的第三方进行裁决。仲裁是以当事人的自愿为基础的灵活、简便的争议解决方法，仲裁的裁决是终局性的，买卖双方协商采用仲裁方式解决争议后，则排斥了法院的管辖权。仲裁条款作为主合同的一个条款，尽管其依附于主合同，但其仍然可以与主合同的其他条款分离，独立于它所依附的主合同而存在。

二、签订内销合同

我国进口商品的流向主要有两个：一个是直接流向生产领域，如有进口经营权的生产企业进口自用原材料、生产设备、维修备件等；一个是进入流通领域，由进口商将进口商品售卖给有需求的国内买家，后者是进口贸易的主流。因此，我国进口贸易是以国内贸易为基础，进口合同是以内销合同为保障的。

（一）签订内销合同的重要性

国际市场是各国进行商品交易和劳务交换的场所，商品总是从生产成本高的国家流向成本低的国家和地区。我国从国外进口的产品必须要注意签订内销合同，其重要性体现在以下几个方面。

1. 签订完善的内销合同是外贸企业完成进口贸易全过程的基本保障

进出口贸易全过程包括进口环节和销售环节，虽然在进口环节做得完善，如价格、品质、交货期等方面的谈判，签约，履约进行顺利，但是进口的商品卖不出去，资金回笼不了，那么这笔进口贸易就意味着失败。而进口贸易失败往往是因为没有一份完美的内销合同的保障。目前，国际市场早就是买方的市场。进口企业完成进口商品国内市场的销售比在国际市场寻找货源难度更大。内销合同是体现国内需求的外在表现形式。国内需求又决定进口贸易的规模、品种等。外贸企业应与时俱进，内外贸并举，下大力气开拓国内市场，以扩大内需为前导，跟进进口贸易，业务员要从单纯的外贸业务员转为内外贸业务员，完成自身角色的提升，不但会做外贸，也会做内贸，会签内销合同，会卖出商品，这是新时代对外贸业务员提出的更高要求。

2. 签订完善的内销合同是外贸企业收回进口商品成本，取得效益的根本途径

外贸企业投入进口贸易，就是先期投入人力、财力，先期承担风险，而这些投入都转化为成本，必须等到完成进口环节和销售环节，回笼全部货款才能收回并取得效益。外贸企业作为进口合同的买方和相应产品内销的卖方，只有成功完成两个合同的对接和履约，才能获得最大的经济效益。这一点在当今外贸竞争大环境下尤其重要。

3. 签订完善的内销合同，是顺利完成进口贸易的法律保障

内销合同是根据我国《合同法》制定的，它的内容同样包括有商务条款和法律条款。签订合同同样要了解商务条款和法律条款。一份完善的内销合同保障了签约人双方的利益，是进口商品进入我国流通领域，完成销售的法律保障。

(二)签订内销合同的注意事项

1. 签订内销合同的依据

一笔进口贸易能否成功往往取决于外贸企业进口的商品在价格、品种、质量和交货期等方面是否能符合国内买家的要求,如有差距和冲突,必须以国内买家的需求为基准进行调整。对外谈判和签约应受内销合同的制约,当然,内销合同也要根据国际同类商品的行情和国内行情,综合考虑签约。

2. 内销合同的主要内容和进口合同的主要内容要有效衔接

进口合同中的货物名称、品质、规格等要素,必须与相应的内销合同的对应要素完全一致,两个合同的交货期也应该前后衔接,特别是两个合同的货物名称涉及用海关增值税税单抵扣内销增值税进项税的,应完全一致。尤其是在国际国内市场名称不同、实为同一种商品的,外贸业务员在签订内外贸合同中尤其要注意。

3. 内销合同要求内容完整,文字规范,用词准确

在起草内销合同时,要完整表述商品的品名、品质、数量、规格、花色、型号、包装、交货期、交货地点、运输方式、费用承担、结算方式等内容。对一些内容较多,无法在合同有限的版面中表述完整的条款课考虑另作专门阐述,作为合同不可分割的附件。

任务处理

任务一:拟写询盘函

2013 年 4 月 8 日,浙江金莎进出口有限公司外贸业务员李婧分别向两家供应商发出涤纶长丝的询盘函,具内容如下:

Dear Sir or Madam:

We obtained your name and address from the international internet in April 2013 and we know that your company is one of the main manufacturers of polyester filament in Korean. Now , we need a batch of polyester filament, specifications are as follows:

SN-6-A:4 800 kgs;

SN-8-B:33 600 kgs;

Please quote us your price on FOB rotterdam basis.

Best regards.

Yours faithfully,

Li Jing

任务二:核算进口价格

2013 年 4 月 10 日李婧收到荷兰供应商 Mala Group International B. V 的报价为 USD 2.90/KG FOB ROTTERDAM,供应商 Meya Group International B. V 的报价为 USD3.00/KG FOB ROTTERDAM。已知涤纶长丝相关的基本费用资料如下:海洋运费按重量吨计算,每个运费吨的基本运费为 100 美元;保险按 CIF 金额的 110% 投保海运一切险,保险费率为 0.60%;银行贷款年利率为 9%,预计垫款时间为 2 个月;银行费用为进口成交金额的 1%;进口关税税率为 5%,增值税率为 17%;进口的其他费用约为成交价的 30%。如果浙江金莎进出口有限公司期望的利润率为 20%(按进口价格计),人民币与美元的汇率为 6.50∶1,国内销

售合同售价为 31 人民币元/千克，业务员李婧做如下核算：

按照涤纶长丝进口价格为 USD2.90/KG FOB ROTTERDAM 进行格算。

①成本：

2.90×6.50＝18.85(人民币元/千克)

②费用：

海洋运费＝100×6.50/1 000＝0.650(人民币元/千克)

海运保险费＝(18.85＋0.650)/(1－110％×0.6％)×110％×0.6％

＝0.1296(人民币元/千克)

根据 FOB 报价得出的 CIF 价格为：

CIF＝(FOB＋进口运费)÷[1－(1＋保险加成率)×保险费率]

＝(18.85＋0.650)÷(1－110％×0.6％)＝19.629 6(人民币元/千克)

贷款利息＝2.9×6.50×9％×2÷12＝0.282 7(人民币元/千克)

银行费用＝2.9×6.50×1％＝0.188 5(人民币元/千克)

进口关税＝19.629 6×5％＝0.981 48(人民币元/千克)

其他费用＝2.90×6.50×15％＝2.827 5(人民币元/千克)

③利润：

2.90×20％×6.50＝3.77(人民币元/千克)

国内销售价格＝货价×(1＋增值税率)

＝(进口成本＋进口费用＋预期利润)×(1＋增值税率)

＝(18.85＋0.650＋0.129 6＋0.282 7＋0.188 5＋0.981 48＋2.827 5＋3.77)×(1＋17％)

＝31.624 8(人民币元/千克)

根据核算结果，如果进口价格为 2.9 元人民币/千克，国内售价必须等于或高于 31.6248 元人民币/千克，浙江金莎进出口有限公司才能保证 20％的预期利润率，而根据已知条件，国内销售合同售价为 31 元人民币/千克，故外商报价过高，应进行适当还价。

任务三：撰写还盘函

2013 年 4 月 11 日，李婧根据 2013 年 4 月 10 日进口价格核算的结果，分别给荷兰供应商 Meya Group International B.V 和 Mala Group International B.V 发出还盘函，主要内容如下：

Dear Sir or Madam：

Thanks for your E-mail of April 10，2013.

We have received your price lists and have studied it carefully. However，the price level in your quotation is too high for this market，we think that USD2.60/kg FOB Rotterdam is reasonable. We hope to hear from you soon.

Best regards.

Yours faithfully，

Li Jing

任务四：签订进口合同

浙江金莎进出口有限公司外贸业务员李婧通过与荷兰这两家企业的反复磋商，因为 Meya Group International B.V 的最终报价 USD 2.80/kg 高于 Mala Group International B.V 的

USD 2.70/kg，且通过银行及其他途径调查到 Mala Group International B. V 的信用状况好于 Meya Group International B. V 所以决定与 Mala Group International B. V 签订进口合同。

2013 年 4 月 24 日，李婧需根据以下与 Mala Group International B. V 达成的协议条款，拟订一份号码为 ZJJS130038 进口合同并签订该合同。

商品：涤纶长丝，A 级 TOLAP 牌，荷兰产。

数量：SN-6-A：4 800 千克；SN-8-B：33 600 千克。

价格：FOB ROTTERDAM，THE NETHERLANDS 2.70USD/KG。

AMOUNT：USD 103 680.00USD。

PACKING：7.5 千克/卷，每卷装 1 个塑料袋，480 千克/托盘，40 个托盘装一个 40 英尺高柜集装箱。

运输：收到信用证后 2 周内装运，从荷兰鹿特丹运到宁波，不允许分装和转运。

付款：即期付款信用证，要求在 2013 年 4 月 30 日之前开立。

保险：由买方投保。

根据上述材料签订进口合同如下（见样本 6-2）：

样本 6-2　　进口公司

SALES CONTRACT

Buyers：Zhejiang Jinsha Imp. & Exp. Co.，Ltd　　Contract No：ZJJS130038
216，Renmin South Road，Ningbo，China　　Date：Apr. 24，2013
Tel：0086 - 574 - 86890688
Fax：0086 - 574 - 86890689

Sellers：Mala Group International B. V
Postbus 20108，2800 ecs-rotterdam，the netherlands
Tel：31 - 07081 - 40 - 12
Fax：31 - 07081 - 23 - 78

This Contract is made by and between the Buyer and Seller，whereby the Buyer agrees to buy and the Seller agrees to sell the under-mentioned commodity according to the terms and conditions stipulated below：

Commodity and specifications	Quantity	Unit Price	Amount
Polyester Filament Yarn		FOB ROTTERDAM	
SN-6-A SN-8-B A grade TOLAP brand，The Netherlands origin	4 800 kg 33 600 kg	USD 2.70/kg USD 2.70/kg	USD12 960.00 USD90 720.00
Total	38 400 kg		USD103 680.00

Packing：7.5 kgs/roll，1 roll/poly bag，480 kgs/pallet，40 pallets/40HQ.

Port of Loading：rotterdam，the netherlands

Port of Destination：Ningbo，China

Time of Shipment：Cargo should be shipped out within two weeks after L/C receipt.

Transshipment：not allowed

Partial Shipment：not allowed

Terms of Payment：L/C at sight，issued before 30th Apr.，2013.

Insurance：Covered by the buyer.

Inspection and claims：

1. Inspection is in accordance with the A grade standard of seller's mill.

2. After arrival of the goods at the port of destination，if any discrepancies are found regarding the specifications or the quantity/weight or both，except those for which either the insurance company or the shipping company is responsible，the buyer shall，within 60 days after discharge of the goods at the port of destination，have the right to claim against the seller on the strength of the inspection certificate issued by he Entry-Exit Inspection and Quarantine of the People's Republic of China. Any and all claims shall be regarded as accepted if the seller fails to reply within 30 days after receipt of the buyer's claim.

3. Any and all claims shall be regarded as accepted if the seller fails to reply within 30 days after receipt of the buyer's claim.

Force Majeure：

The sellers shall not be held responsible for the delay in shipment or non-delivery of the goods due to Force Majeure，which might occur during the process of manufacturing or in the course of loading or transit. The sellers shall advise the buyers immediately of the occurrence mentioned above and within fourteen days thereafter，the sellers shall send by airmail to the buyers for their acceptance a certificate of the accident issued by the Competent Government Authorities where the accident occurs as evidence thereof. Under such circumstances the sellers，however，are still under the obligation to take all necessary measures to hasten the delivery of the goods. In case the accident lasts for more than 10 weeks，the buyers shall have the right to cancel the Contract.

Arbitration：

Any dispute arising from or in connection with this Contract shall be submitted to China International Economic and Trade Arbitration Commission for arbitration which shall be conducted in accordance with the Commission's arbitration rules in effect at the time of applying for arbitration. The arbitral award is final and binding upon both partied. Arbitration fee shall be borne by the losing party.

This contract is made in two original copies and becomes valid after signature，one copy to be held by each party.

The Seller	The Buyer
Mala Group International B. V	Zhejiang Jinsha Imp. &Exp. Co.，Ltd
REOY VAN	金莎

任务五:签订国内销售合同

2013 年 4 月 24 日,李婧和 Mala Group International B. V 签订进口合同的同时,需根据以下与浙江殷悦服装有限公司达成的主要协议条款,拟定一份号码为 13YY97 的国内销售合同(见样本 6-3)并签订好合同。

商品:涤纶长丝,韩国产。

数量:SN-6-A:4 800 千克;SN-8-B:33 600 千克

价格:(含增值税)31.00 人民币元/千克。

金额:1 190 400.00 人民币元,金额和数量都允许有 1%以内的增减。

包装:7.5 千克/卷,每卷装 1 个塑料袋,480 千克/托盘。

付款:买方在合同签订 5 天内付给乙方合同金额 30%的订金,提货前付清余款,全部货款收齐后,卖方向买方提供全额 17%的增值税发票。

交货:卖方收到订金后 45 天日内送货到买方嘉兴仓库。

样本 6-3

国内销售合同

(协议号:13YY97)

甲方:浙江殷悦服装有限公司　　　　乙方:浙江金莎进出口有限公司

地址:嘉兴市南溪路 255 号　　　　地址:宁波市人民南路 216 号

电话:0573－89067756　　　　电话:0574－86890688

传真:0573－89067755　　　　传真:0574－86890689

甲乙双方就从荷兰进口一批涤纶长丝,经友好协商,在甲方已确认的产品质量和有关技术要求基础上,达成以下协议条款:

一、商品名称、数量、价格和金额

商品名称	数量	价格	金额
涤纶长丝　A 级			
SN-6-A	4 800 千克	¥31.00/千克	¥148 800.00
SN-8-B	33 600 千克	¥31.00/千克	¥1 041 600.00
产地:荷兰			
合计	38 400 千克		¥1 190 400.00
总金额(大写)	壹佰壹拾玖万肆佰元整		

备注:1. 该价格含 17%增值税。

2. 数量和金额允许有 1%以内的增减。

3. 包装:7.5 千克/卷,每卷装 1 个塑料袋,480 千克/托盘。

二、双方权利义务

甲方:

1. 确认进口货物价格,落实进口项目所需资金,且按本协议按时付款。

2. 负责对有关进口产品的质量及有关技术等内容的确认。

3.如发现质量、数量等问题，甲方应及时办理有关商检手续，以便乙方据此对外索赔。

4.负责上述进口货物到达嘉兴目的地后的卸货工作并承担有关费用。

乙方：

1.收到甲方订金后，及时办理上述货物的订货及进口的有关手续。

2.及时向甲方通报进口货物的发货和清关情况，协调有关商务事宜。

3.办理到货后的报关、清关手续和内陆运输、保险工作，并承担相关费用。

4.负责在收到订金后45天内送货到甲方嘉兴仓库。

三、支付与结算方式

甲方在合同签订后5天内付给乙方合同金额30%的订金(开户行：中国农业银行宁波分行，账号：048101040002567)，以便乙方收款后及时对外订货；货物清关后，甲方派人到乙方宁波仓库验货并提货，并在提货前付清余款；全部货款收齐后，乙方向甲方提供全额17%的增值税发票。

四、甲方未付清本协议全款前，该进口货物所有权归乙方拥有；若货物到港10天后，在乙方的催余款通知发出后10天内仍未收到甲方的余款，乙方有权处理进口货物并没收甲方的订金。

五、本合同一经签订，双方必须共同遵守，严格执行。本合同的有关条款如有变化或其他未尽事宜，双方协商解决。

六、本合同壹式贰份，双方各执壹份，传真同等有效。

甲方：	乙方：
浙江殷悦服装有限公司(合同章)	浙江金莎进出口有限公司(合同章)
签字：张明	签字：金莎
2013年4月24日	2013年4月24日

技能训练

综合业务题一

业务背景资料：天宇进出口公司拟从德国进口五台专用通信设备，试根据资料进行以下进口核算：

德国客户报价：8 900美元/台(FOB汉堡)

公司业务：18 000元人民币

进口利润率：7%(以进口成本计算)

进口手续费：1 750元人民币

进口运费：1 235美元/台

银行费用：350美元

投保加成率：10%

银行贷款年利率：6%(一年按360天计算)

保险费率：0.85%

垫款时间:30 天

进口关税税率:18%

增值税率:17%

汇率:1 美元兑换 6.50 元人民币

1. 报价核算

关税完税价格(人民币元/台)

进口保险费(人民币元/台)

关税税额(人民币元/台)

进口增值税(海关代征)(人民币元/台)

垫款利息(人民币元/台)

共缴增值税额(人民币元/台)

实缴增值税额(人民币元/台)

国内销售价格(人民币元/台)

2. 当天宇公司报出销售价格后随即收到用户答复,称其能够接受的单价为 123000.00 人民币元/台。试计算,如接受用户还价,天宇公司此笔交易的总利润额为多少元人民币,销售利润率和成本利润率分别为多少。

3. 如接受上述还价,同时天宇公司又必须保持 4%的销售利润率,在其他费用和订购数量保持不变的情况下,试计算进口商品的美元单价应为 FOB 汉堡多少美元。

综合业务题二

业务背景资料:上海爱亚公司拟从国外进口一个 20 英尺集装箱的商品。商品信息如下:

包装方式:20 盒/纸箱

每个纸箱尺码:66 厘米×34 厘米×28 厘米

每个纸箱重量:10/8 千克

国外客户报价为 2 美元/盒 CFR 上海;该业务的进口包干费为 1 600 人民币元,进口手续费为 1 200 元人民币,银行费用为进口成本的 0.35%,投保保险加成率为 10%,保险费率为 0.6%;爱亚公司的预期利润率为进口成本的 12%;进口商品的增值税率为 17%,进口关税率为 10%;人民币兑美元的汇率为 6.5∶1。试进行以下核算。

1. 爱亚公司报出的国内销售价格为每盒多少元人民币。

2. 爱亚公司报价后收到国内用户的还价,称其能够接受的单价为每盒 23 元人民币,试计算如果接受客户还价,爱亚公司的总利润额为多少元人民币。

3. 如果接受上述客户还价,同时爱亚公司必须保持其 12%的成本利润率,在其他费用和订购数量保持不变的情况下,试计算进口 CFR 价应为每盒多少美元。

4. 如果接受上述客户还价,同时爱亚公司必须保持其 12%的销售利润率,在其他费用和订购数量保持不变的情况下,试计算进口 CFR 价应为每盒多少美元。

综合业务题三

业务背景资料一:南京辉宏贸易有限公司受苏州黎明股份有限公司委托,需要进口一批空调附件,辉宏公司尹莉经过多方询盘后,与日本 SILK AGENT COMPANY 确定了业务关系并进行了磋商,2013 年 6 月 7 日,尹莉收到 SILK 公司发来的传真,接受还盘。双方于 2013 年

6 月 10 日签订编号为 JSK03W02 的进口合同。

卖方：SILK AGENT COMPANY

买方：NANJING HUIHONG TRADING CO.，LTD.

商品名称及明细：

MITSUBISHI DAIYA PACKAGED AIR CONDITIONER (INDOOR UNIT) PARTS：

FDTJ56HKXE2，30 PCS AT JPY23460.00/PC，FOB NAGOYA

FUDMJ56HKXE2，42 PCS AT JPY24400.00/PC，FOB NAGOYA

包装：出口标准纸箱

生产国别及制造厂商：日本三菱重工（MITSUBISHI HEAVY INDUSTRIES，LTD.，JAPAN）

付款条件：买方应于装运月份前 30 天，向卖方可接受的银行申请开具以卖方为受益人的不可撤销的即期信用证。至装运月份后第 15 天在日本议付有效。

保险：由买方负责

装运时间：2013 年 7 月 15 日前

装运口岸：日本 名古屋

目的口岸：中国 南京

装运条件：不允许分批装运，不允许转运

业务背景资料二：代理合同，见样本 6-1

要求：根据上述资料与外贸产品代理进口合同制作进口合同，要求格式清楚、条款明确、内容完整。

学习情境七

进口履约工作

学习目标

知识目标:掌握开证申请书和改证申请书的填写要求;熟悉申请开证和改证流程。熟悉订舱和进口保险的业务流程。熟悉信用证的单据条款;熟悉汇付与托收支付方式的基本操作方法。熟悉船公司的作业规定和惯例;熟悉进口商品检验、海关申报的各项法律、规定;掌握进口商品接货、通关的各项操作原则。

能力目标:能根据进口合同填写改证申请书并办理申请开证手续;能根据出口商的改证函或进口商自身的改证需求填写改证申请表并办理申请改证手续;能根据出口商预装船通知办理订舱和拟写装船指示;能办理进口货物运输预约保险;能进行信用证、汇款和托收等对外付汇业务;能进行进口接货、报检、报关各环节的操作。

工作目标

任务一:填写开证申请书并办理申请开证手续

2013 年 4 月 25 日,李婧根据进口合同的要求和其他相关信息填写开证申请书,并向中国农业银行宁波分行办理申请开证手续,信用证需规定最迟装运日期是 2013 年 5 月 15 日。2013 年 4 月 30 日,中国农业银行宁波分行开立了号码为 111LC1300105 信用证。

任务二:填写改证申请书并办理改证手续

2013 年 5 月 8 日,浙江殷悦服装有限公司向浙江金莎进出口有限公司提出涤纶长丝 SN-8-B 要增加 38 400 千克合同数量。李婧与 Mala Group International B. V 协商修改合同数量,经同意后,修改国内销售合同和进口合同。并填写改证申请书并办理改证手续。

任务三:申领进口许可证

2013 年 5 月 13 日,李婧登录相关网站,进入相关申领系统,按要求如实在线填写《自动进口许可证申请表》等资料。

任务四:制作订舱委托书并办理订舱

2013 年 5 月 19 日,李婧根据 Mala Group International B. V 销售经理 REOY VAN 有关备货情况的电子邮件,制作订舱委托书并办理订舱手续。电子邮件如下:

发件人:reoy@sii. com. kr 收件人:lijing@zjjs. com. cn 日期:2013－5－19 9:26:56 主题:Date of Shipment on Contract No. :ZJJS130038 附件:
Dear Mr. Li The goods on contract No. ZJJS130038 could be made and delivered on May 30,2013. Please book 4×40'HQ FCL a. s. a. p. The details of the shipment as follow: Packing:160pallets ShippingMark:No Mark Total gross weight:78 400kgs Total measurement:275. 080CBM Looking forward to rcceiving your shipping instruction at an early date. Yours truly, REOY VAN Sales Mangage Mala Group International B. V Postbus 20108,2800 ecs-rotterdam, the netherlands Tel: 31－07081－40－12 Fax: 31－07081－23－78 E-mail:reoy@sii. com. kr

任务五:书写装船指示并通知装船

2013 年 5 月 24 日,李婧接到浙江丽丽国际货运代理公司的通知,已按照订舱委托书的要求落实订舱。该公司在鹿特丹代理商的信息如下:

公司名称:PTT international Freight Forwarding Co. ,Ltd.

地址:798－22 Gedong rotterdam, the netherlands

联系人:Kitty 电话:31－07081－40－18 传真:31－07081－23－19

李婧根据订舱信息书写装船指示,给 Mala Group International B. V 销售经理 REOY VAN 发电子邮件通知装船。

任务六:办理进口货物运输预约保险

2013 年 5 月 31 日,李婧向中国人民保险公司办理进口货物运输预约保险。

任务七:办理对外付款手续

2013 年 6 月 6 日,李婧接到中国农业银行宁波分行到单通知及其他单据复印件,经审核"单证一致、单单一致",李婧开始填写对外付款/承兑通知书、贸易进口付汇核销单和购汇申请书等,办理对外付款手续。

任务八:换取提货单

2013 年 5 月 31 日,浙江金莎进出口有限公司进口货物于鹿特丹港装船起运。2013 年 6

月3日，浙江金莎进出口有限公司接到宁波中远集装箱船务代理公司发出的到货通知书，通知其进口货物预计于2013年6月4日到港，浙江金莎进出口有限公司可于2013年6月6日10时起到宁波中远集装箱船务代理公司办理换单手续。到货通知书如下：

宁波中远集装箱运输船务代理公司

ARRIVAL　ADVICE

到货通知书

尊敬的客户：浙江金莎进出口有限公司　TO：李先生

一、贵司进口货物预计于 2013－06－04 至宁波港

船名航次：X－PRESS SINGAPORE，V. 1317E　提单号：13COS45678

件数：160PALLETS　毛重：78 400kgs　体积 275.080CBM　预计于 2013年6月6日10:00 起可来我司办理换单手续。如方便请来电联系，谢谢！

请将正确的中文品名以书面形式传至我司，以便贵司能及时报关，如贵司提供的中文品名由错漏或未及时提供，我司不承担因翻译不当所造成的一切后果。

支票抬头请开：上海中远集装箱运输船务代理公司

二、收费如下：

(1)换单费：RMB 100.00　(2)分拨费：RMB ______

(3)海运费：USD ______　(4)代理费：RMB ______

(5)THC：RMB 2240.00　(6)危险品：RMB ______

三、请在收到本通知后，携带加盖公章的正本提单前来换单，(如果提单为电放的请携带贵司正本电放保函)；若贵司未收到提单，请速与发货人联系并向其索取，我司不承担由于通知不到所引起的一切责任和产生的费用。

四、本通知根据起运港提供的提单与舱单上的"收货人"与"通知人"的地址发送，如上述信息有误，我司不承担由于通知不到而产生的损失。

五、根据《中华人民共和国海关法》规定，海运进口货之收货人必须在船舶申请进境之日14天内向海关申报。逾期由海关征收滞纳金，货物如在3个月不提取作无主货处理。凡船抵港后十天内不提取货物，由此产生的滞箱费、疏港费等责任后果均由收货人承担。

我司地址：宁波江东区鄞县大路378号　邮编：315000

电话：0574－65958000　传真：0574－65958000

E-mail：LVYOU@COSFRESH.COM

宁波中远集装箱运输船务代理公司

2013年5月30日

2013年6月9日银行通知到单，浙江金莎进出口有限公司接受了银行单据，同日便派员办理接货、报检和报关手续。2013年6月9日李婧往宁波中远集装箱船务代理公司办理换单手续，换取提货单。

任务九：办理进口报检

通过查询中国海关报关实用手册，该涤纶长丝的HS编码是5402331010，监管证件代码是7A，即进口报关时需提供入境货物通关单，因此该涤纶长丝属于法定检验目录商品，入境前

需向商检部门办理报检。

任务十:办理进口报关和接货手续

李婧填制进口货物报关单、报关委托书,并整理相关报关单据委托浙江丽丽国际货运代理有限公司办理报关;通关后,还需办理接货手续。

学习环节

任务一　申领进口许可证

进口许可证是指商务部及其授权发证机构依法对实行数量限制或其他限制的进口货物颁发准予进口的许可证件。

一、进口许可证种类

1.公开一般许可证和特种进口许可证

公开一般许可证对进口国别或地区没有限制,凡列明属于公开一般许可证的商品,进口商只要填写此证,即可获准进口。特种进口许可证是指进口商必须向政府有关当局提出申请,经政府有关当局逐笔审查批准后才能进口。

2.自动许可证和非自动许可证

自动许可证不限制商品进口,设立的目的也不是对付外来竞争,它的主要作用是进行进口统计。非自动许可证是须经主管行政当局个案审批才能取得的进口许可证,主要适用于需要严格数量质量控制的商品。非自动许可证的作用有:管制配额项下商品的进口;连接外汇管制的进口管制;连接技术或卫生检疫管制的进口管制。只有取得配额、取得外汇或者通过技术检查和卫生检疫,才能取得许可。

3.有定额的进口许可证和无定额的进口许可证

有定额的进口许可证即先规定有关商品的配额,然后在配额的限度内根据商人申请发放许可证。无定额的进口许可证主要根据临时的政治的或经济的需要发放。

二、进口许可证申领

(1)各类进出口企业在申领进口许可证时,应向发证机关提供的一般文件和材料:进口许可证申请表,申请表(正本)需填写清楚并加盖申领单位公章。所写内容必须规范;申领单位的公函或申领人的工作证;代办人员应出示委托单位的委托函;非外贸单位(指没有外贸经营权的机关、团体和企事业单位)申领进口许可证,需提供其主管部门(司、局级以上)证明;第一次办理进口许可证的申领单位,应提供外经贸部或经其授权的地方外经贸主管部门批准企业进出口经营权的文件(正本复印件);外商投资企业第一次申领进口许可证,应提供政府主管部门批准该企业的批准证书和营业执照(复印件),由发证机关存档备案。

(2)一般贸易项下进口,还应分别提交以下材料:配额管理进口商品:机电产品,应提交国家机电产品进口办公室签发的《进口配额证明》;一般商品,应提交国家计委授权的配额管理部门签发的《一般商品进口配额证明》;非配额管理进口商品:粮食、植物油、农药、酒和彩色感光材料,应提交国家计委授权的进口登记部门签发的《特定商品进口登记证明》;碳酸饮料,应提交国家经贸委签发的《进口证明》;军民通用化学品,应提交化工部的批件;易制毒化学品,应提交外经贸部的批件。

(3)外商投资企业申领进口许可证,还应分别提交以下文件和材料:外商投资企业作为投资、自用而进口实行配额管理的一般商品,应提交各地外经贸主管部门批准的进口设备、物料清单;如进口实行许可证管理的特定登记商品,应提交各地外经贸主管部门批准的进口设备、物料清单;外商投资企业为生产内销产品而进口实行配额管理的一般商品,应提交各外经贸主管部门签发的《外商投资企业进口配额证明》;为生产内销产品进口特定登记商品,应提交各地外经贸主管部门签发的《外商投资企业特定商品进口登记证明》;外商投资企业作为投资、自用和生产内销产品进口成品油,应提交国家计委授权的进口配额管理部门签发的《一般商品进口配额证明》;外商投资企业为生产内销产品而进口实行配额管理的机电产品,应提交国家机电办签发的《进口配额证明》。

(4)华侨、台、港、澳同胞捐赠项下商品申领进口许可证,还应分别提交的文件和材料:配额管理的一般商品进口,粮食、植物油、农药、酒和彩色感光材料进口,应提交国家计委授权的进口登记部门签发的《特定商品进口登记证明》;国务院规定的实行限额管理的机电产品,应提交省、市侨办的批准文件。国务院未规定限额的属进口许可证管理的机电产品,应提交国家机电办签发的《进口配额证明》。

(5)其他贸易方式项下申领进口许可证,应提交的文件和材料:其他贸易方式包括补偿贸易、边境小额贸易、利用国外政府贷款或国际金融组织贷款、国际组织或政府间无偿援助、经贸往来赠送、我国驻外机构及劳务承包调回、来料加工或进料加工而进口生产用机电设备或因故转内销等;配额管理的机电产品应提出交国家机电办签发的《出口配额证明》;配额管理一般商品申领单位应提交国家计委授权的配额管理部门签发的《一般商品进口配额证明》。粮食、植物油、农药、酒和彩色感光材料进口应提交国家计委授权的进口登记部门签发《特定商品进口登记证明》。

(6)配额管理的机电产品,应提交国家机电办签发的《进口配额证明》。非配额管理的机电产品,应提交行为归口管理部门的批件和租赁公司的对内对外租赁合同。

三、进口许可证更改、展期、遗失的处理

各类进出口企业领取进口许可证后,因故需要对进口许可证更改、延期时,应按以下规定办理:

申领单位因故需要更改进口许可证,应在有效期内进行。申领单位应填写进口许可证更改申请表,按表中要求填写清楚,连同原许可证第一、二联交原发证机关。

更改进口商、收货单位、商品名称、规格和数量等内容,须重新申领进口许可证。

进口许可证有效期需要延期,申领单位一般应在有效期内提出申请并提供进口合同。如

确实签订了进口合同,发证机关可视情况给予延期,最长延期半年,延期后不得再展期;如在有效期内未签订合同,不得再申请展期。

申领单位如丢失许可证,应及时向发证机关和该证的报关口岸海关挂失。由发证机关审查确属丢失后按规定办理。

四、申领单位的法律责任

申领单位不得伪造、变造、买卖进口许可证,对违反者,将按《中华人民共和国对外贸易法》和海关法规追究刑事责任。

任务二　开证申请与改证

一、开证申请

进口合同签订后,如果合同规定采用信用证方式支付货款,则买方还应在合同规定的时间内,向银行申请开立信用证,填制开证申请书;进口人根据银行规定的统一开证申请格式,填写一式三份,其中一份交银行,另两份留公司的业务部门和财务部门。开证申请书是银行开立信用证的依据,必须按合同的具体规定,写明对信用证的各项要求,内容要明确、完整、无词义不清的记载。如果合同中只规定了装运期限而未规定开证日期,进口方应在装运期前1个月至45天左右申请开证,以便出口方收到信用证后,在装运期限内安排装运货物。信用证开出后,如卖方提出修改信用证的要求,经我方同意后,应立即向开证行办理改证手续。

1.申请开证的程序

(1)申请开证人首先应明确地向银行提出所要求开立信用证的种类和方式。并向银行保证,提供偿付该证项下货款、手续费以及其他费用及利息等所需外汇。

(2)申请开证人向开证行做出声明和保证。如开证人承认在其付清款项前,开证行对其单据及其所代表的货物拥有所有权;必要时,开证行可以出售货物,以抵付进口人的欠款;申请人保证在单证表面相符的情况下对外付款或承兑;否则,开证行有权没收开证人所交付的押金和抵押品,以充当开证人应付货款的一部分等。

(3)开证人申请开证时,应向开证行交付一定比例的押金和其他担保品。押金一般为信用证金额百分之几或几十,其高低视开证人的资信以及市场动向和商品的供求情况而定。

2.申请开立信用证应注意的问题

(1)信用证条款要与买卖合同一致。按照《UCP600》的规定,不要把过多的细节在信用证中列明,如品名、规格、数量、单价以及装运期限等,只要简单地列明即可,若货物描述过长,也可以注明“参照××合同”的字样。

(2)汇票期限要与买卖合同的付款期限相吻合。

(3)单据条款要明确。信用证中必须列明所需单据的名称及份数，若有特别要求，还必须要详细列明。

(4)特别条款的利用。若开证人有一些特别的指示，而该指示又不能以单据方式表现出来，则可利用特别条款来说明，如技术规格、质量的说明、包装的搭配以及迟期提单可以接受等。

(5)对于信用证的修改，最好先通过传真或电子邮件等方式与受益人事先进行沟通，待双方达成一致以后，一次性地进行，从而节省费用。

二、开立信用证

开证行在收到开证申请书后首先要对进口商进行资信调查(如有否足够的现汇资金或有否批准的外汇用汇计划等)，以决定进口商应交纳保证金的数额。同时还要审查开证申请书的内容，发现不妥之处(如开证申请书前后内容矛盾；与有关条款及国家的相关规定是否抵触等)提出修改意见，然后按照开证申请人的要求开立信用证。

(一)信用证的形式

1. 信开本

信开本是以信函格式开立，并用航空挂号等方式寄给受益人或通知行的信用证。信开信用证是早期信用证的主要形式。按照邮递方式的不同，信开本还可以分为平邮、航空挂号和特快专递等。信开信用证并无统一的格式，银行一般都自己事先印就，开证行只需要按照信用证申请书上的要求缮制完毕，就可以邮寄通知行。

2. 电开本

电开本是指采用电文格式开立并以电讯方式传递的信用证。通常采用的电讯方式主要有电报、电传和 SWIFT。Telex 开具的信用证因费用较高，手续烦琐，条款文句缺乏统一性，容易造成误解等原因，在实务中已为方便、迅速、安全、格式统一、条款明确的 SWIFT 信用证取代。

SWIFT 的全称是 Society for Worldwide Interbank Financial Telecommunication，即环球同业银行金融电讯协会。SWIFT 专门从事传递各国之间的非公开性的国际金融电讯业务，其中包括外汇买卖，证券交易、开立信用证、办理信用证项下的汇票业务及托收等。发电成本低廉是 SWIFT 通讯方式的一大特点。SWIFT 用统一的字母和数字来规范电文内容，比如 MT100 私人汇款业务，MT400 代表托收业务，MT700、701 代表信用证业务。采用 SWIFT 信用证必须遵守 SWIFT 的规定，亦必须使用 SWIFT 手册规定的代号，而且信用证必须遵守《UCP600》各项条款的规定。在 SWIFT 信用证中可省去开证行的承诺条款，但不能免除银行所承担的义务。SWIFT 信用证的特点是快速、准确、简明和可靠。SWIFT 信用证标准化格式见表 7-1，其中 M/O 为 Mandatory 与 Optional 的缩写，前者是指必要项目，后者为任意项目。目前开立 SWIFT 信用证的格式代号为 MT700 和 MT701。

表 7-1　SWIFT 信用证标准化格式

M/O	代号	栏 位 名 称	说 明
		TO:××××××	信用证的通知行
		FM:××××××	信用证的开证行
		MT700	表明该证使用的 SWIFT 格式
M	27	Sequence of Total	合计次序
M	40A	Form of Documentary Credit	信用证的类别
M	20	Documentary Credit Number	信用证的号码
O	23	Reference to PreAdvice	预通知的编号
O	31C	Date of Issue	信用证的开证日期
M	31D	Date and Place of Expiry	信用证的到期日和到期地点
O	51A	Applicant Bank	申请人的银行
M	50	Applicant	申请人
M	59	Beneficiary	受益人
M	32B	Currency Code, Amount	币别代号、金额
O	39A	Percentage credit amount tolerance	信用证总金额加减百分率
O	39B	Maximum Credit Amount	最高信用证金额
O	39C	Additional Amounts Covered	可附加金额
M	41D	Available with…by…	向……银行押汇,押汇方式为……
O	42C	Drafts at…	汇票期限
O	42A	Drawee	付款人
O	42M	Mixes Payment Details	混合付款指示
O	43P	Partial shipments	分批装运
O	43T	Transshipment	装运
O	44A	Loading on board/dispatch/taking in charge at/form	由……装船/发运/接管地点
O	44B	For transportation to …	装运……
O	44C	Lastest date of shipment	最迟装运期
O	44D	Shipment period	装运期间
O	45A	Description of goods and/or services	货物及/或服务描述
O	46A	Documents required	应具备单据
O	47A	Additional conditions	附加条件
O	71B	Charge	费用
O	48	Period for presentation	提示期间

续表 7-1

M/O	代号	栏位名称	说明
M	49	Confirmation instructions	保兑指示
O	53A	Reimbursement bank	清算银行(偿付行)
O	78	Instructions to the paying /accepting/ negotiation bank	对付款/承兑/议付银行之指示
O	57A	Advice through bank	通过……银行通知
O	72	Sender to receiver information	银行间的通知(附言)

(二)信用证的内容

在进出口业务中信用证是开证行向受益人开立的承诺并凭规定的单据保证付款的凭证。通过银行信用的介入,使出口方及时安全收汇得到有力的保障。因此,在凭信用证支付的交易中,信用证的开立、审核及修改是履行进出口合同不可缺少的重要环节。目前,各银行的信用证虽无统一格式,但其基本内容大致相同。主要包括以下六个方面:

1. 关于信用证本身

(1)信用证的类型(Form of Credit)

(2)信用证号码(L/C Number)

(3)开证日期(Date of Issue)

(4)信用证金额(L/C Amount)

(5)有效期和到期地点(Expiry Date and Place)

(6)开证银行(Issuing/Opening Bank)

(7)通知银行(Advising/Notifying Bank)

(8)开证申请人(Applicant)

(9)受益人(Beneficiary)

(10)单据提交期限(Documents Presentation Period)

2. 关于汇票

(1)出票人(Drawer)

(2)付款人/受款人(Drawee)

(3)付款期限(Tenor)

(4)出票条款(Drawing Clause)

3. 关于单据(单据的种类、份数和具体要求)

(1)商业发票(Commercial Invoice)

(2)提单(Bill of Lading)

(3)保险单(Insurance Policy)

(4)产地证明(Certificate of Origin)

(5)其他单据(Other Documents)

4. 关于货物

品名、货号和规格(Commodity Name, Article Number and Specification)、数量和包装

(Quantity and Packing)以及单价(Unit Price)等。

5.关于运输

(1)装货港(Port of Loading/Shipment)

(2)卸货港或目的地(Port of Discharge or Destination)

(3)装运期限(Latest Date of Shipment)

(4)可否分批装运(Partial Shipments Allowed/Not Allowed)

(5)可否转船运输(Transshipment Allowed/Not Allowed)

6.其他

(1)附加条款或特别条款(Additional Conditions or Special Conditions)

(2)开证行对议付行的指示(Instructions to Negotiation Bank)

(3)背批议付金额条款(Endorsement Clause)

(4)索汇方法(Method of Reimbursement)

(5)寄单方法(Method of Dispatching Documents)

(6)开证行付款保证(Engagement/Undertaking Clause)

(7)惯例适用条款(Subject to UCP Clause)

(8)开证行签字(Signature)或电开证中的密押(Test Key)

三、改证

改证是由进口人通过开证行办理,修改通知如同开立信用证一样,须经通知行转递受益人,而不能由开证行直接通知或由进口人径自寄予受益人。开立的信用证寄给卖方后,卖方如发现信用证的内容与合同不符或因其他原因,则会来函要求改证。如买方同意修改,则应及时通知开证行办理修改手续;如不同意修改,则应及时通知受益人,要求其按原证条款履行合同。

1.修改的路线

一般受益人发现问题后,会直接与开证人联系,开证人如果认为有修改的必要,通常应该用电传或传真等及时通知受益人,然后按照信用证开立的程序,向开证行申请修改信用证。

开证人到原开证行填写一张信用证修改书;由原开证行通过原通知行向受益人转递正式信用证修改书;当受益人接受信用证修改内容以后,修改书即成为原信用证不可分割的组成部分。

2.修改时应注意的问题

在信用证修改过程中,不要反复多次的修改。如果信用证修改书中仍有不能接受之处,可以再次或多次进行修改,直到完全接受为止,多次修改必然有多张修改书,这时要注意修改书的编号,不能出现漏号。凡是对修改书的修改,必须将原修改书在7个工作日内退回银行,超过7个工作日则视为接受。只有等到信用证全部修改完,正式生效后,方可装货。

任务三　进口运输保险

一、订立进口预约保险合同

在FOB、FCA、CFR、CPT等贸易术语下，由进口方办理货运保险，我国进口保险一般采用预约方式，即与保险公司签订预约保险合同。

对于在一定期间内有分批装运进口的货物，为了简化投保手续，得到更充分的保险保障，防止进口货物在国外装运后因信息传送不及时而发生漏保或来不及办理投保的情况，一些经常有货物进口的企业往往采用与保险公司签订预约保险合同的办法，并由保险公司签发预约保险合同。预约保险合同又称开口保险单，是保险凭证的一种特殊形式，合同订立生效后，保险公司对合同范围内凡以CFR、CPT或FOB、FCA价格条件的进口货物自动承担保险责任，但同时要求投保人在接到国外出口商装船通知后，立即填制"起运通知书"或以出口商的"装船通知"代替送达保险公司，完成投保手续，保险公司对属于预约保险合同范围内的商品，一经起运，即自动承担保险责任。起运通知的内容包括装运货物的船名、货物名称和数量、货物价值和保险金额等。如被保险人要求对依据预约保险合同分批转运的货物签发保险单证，保险人应当照办。如分批装运分别签发的保险单证内容预约保险单内容有不一致时，应以分别签发的保险单证为准。

若外贸公司没有与保险公司签订预约保险合同，则需对进口货物逐笔办理投保手续。在买方接到卖方的发货通知后，必须立即向保险公司办理保险手续。如果进口公司没有及时向保险公司投保，则货物在投保之前的运输途中所发生的一切损失，保险公司不负赔偿责任。

二、签发起运通知书

进口商受到国外装船通知后，即将船名、提单号、开船日期、商品名称、数量、装运港、目的港、保险金额等内容通知保险公司，就算办妥保险手续，或者填写国际运输预约保险起运通知书（见样本7-1）作为投保通知。

样本7-1

中国人民保险公总公司设于北京

国际运输预约保险起运通知书

承保公司：中国人民保险公司　　　　承保公司编号：______字第______号

被保险人：________　　　　预约保险合同号码：________字________号

被保险人编号________字第________号

<table>
<tr><td>标记</td><td>保险货物项目</td><td>数量</td><td>提单或通知单号次</td><td>保险金额</td></tr>
<tr><td></td><td></td><td></td><td></td><td></td></tr>
<tr><td colspan="5">总保险金额(大写)</td></tr>
<tr><td colspan="5">装载运输工具:名称　　航次　　开航日期:　　年　　月　　日</td></tr>
<tr><td colspan="5">运输路线:自　　经　　至</td></tr>
<tr><td colspan="5">投保险别:　　保险费率:每　　元　　保险费:</td></tr>
<tr><td colspan="2">承保公司签章
年　月　日</td><td colspan="2">被保险人签章
年　月　日</td><td>备注</td></tr>
</table>

本通知书经被保险人和承保公司双方签章方为有效。本通知书填写一式五份送保险公司,保险公司盖章后退回被保险人一份。

未与保险公司签订预约保险合同的进口企业,则采用逐笔投保的方式,在接到国外出口方的装船通知或发货通知后,应立即填写"装货通知"或投保单,注明有关保险标的物的内容、装运情况、保险金额和险别等,交保险公司,保险公司接受投保后签发保险单。

我国进口货物保险有两种费率表,即"特约费率表"和"进口货物保险费率表"。"特约费率表"仅适用于同中国人民保险公司签订有预约保险合同的各种经营进出口的公司,它不分国别和地区,对某一大类商品只订一个费率,有的也不分货物和险别,实际上是一种优惠的平均费率。"进口货物保险费率表"适用于未与中国人民保险公司订有预约保险合同的其他单位,分一般货物费率和物价费率两项,一般货物费按不同的运输方式,分地区、分险别规定,但不分商品除物价费率中列出的商品外,适用于其他一切货物。至于物价费率,是对一些指定的商品投保一切险时采用。

任务四　进口付汇

在信用证支付条件下,卖方提交的单据必须与买方开立的信用证条款完全符合。由于开证行或其指定付款行的审单是终局性的,也就是经审单付款后即无追索权,因此审单工作必须慎重。审单工作一般由买方和银行共同来做。

开证银行收到国外寄来的汇票和单据后,经审单无误对外付款的同时,即通知进口企业向银行付款赎单。进口公司凭银行出具的"付款通知书"到银行结算,在认真审查卖方提供的单据符合信用证要求后,即付款赎单。

需外汇管理局审核付汇真实性的,或远期到货付汇的,或异地付汇的企业,须填写进口付汇备案表，经外汇管理局审核无误后，加盖“进口付汇核销”专用章，再到外汇银行申领并填写贸易进口付汇核销单一式三联，将所需付汇单证一并交指定银行审核无误后，银行填上所应填写的项目，并按照实际付汇情况或从进口单位的现汇账户对外支付或从进口单位人民币账户对外支付。

任务五 进口接货

一、换单

(一)到货通知

根据代理业务章程的规定，来港卸货的船舶，委托方或船长应在船舶到港前**7**天将进口货物舱单(包括超重、超长货物和危险品清单)、提单副本、货物积载图等寄达卸港的船舶代理人。如果由于航次较短，不能按时寄达，那么应当在船舶到港时提供，并且应当将上述单证的必要内容电告船舶代理。船舶代理人在收到这些进口货物资料和船期信息后，分别将进口资料发送海关、港务局、理货公司，另外还应向收货人发出到货通知书，通知收货人在规定时间内办理提货手续。如货到**1**个月后仍未有人提货，船舶代理需再次寄发到货通知书或电报催提。

(二)换单

收货人向货代提供进口全套单据；货代查清此货物由哪家船公司承运、哪家船代操作、在哪里可以换取提货单。进口单据包括带背书的正本提单或电放副本、装箱单、发票、合同等。货代提前联系场站并确认好提箱费、掏箱费、装车费、回空费等。

(1)货代在指定船代或船公司确认该船到港时间、地点，如需转船，必须确认二程船名。

(2)凭带背书的正本提单(如果电报放货，可带电报放货的传真件与保函)去船公司或船代换取提货单。“背书正本提单”两种形式：a. 提单上收货人栏显示“订舱人”，则由发货人背书；b. 提单上收货人栏显示真正的收货人，则需收货人背书。

提货单是收货人凭正本提单或副本提单随同有效的担保向承运人或其代理人换取的、可向港口装卸部门提取货物的凭证。

检验检疫局根据“商品编码”中的监管条件，确认此票货物是否要做商检。收货人如果有自己的报关行，可自行清关，也可以委托货代的报关行或其他有实力的报关行清关。报关资料包括带背书正本提单/电放副本、装箱单、发票、合同、小提单等。海关通关时间在1个工作日以内，特殊货物2～3个工作日，查验方法有技术查验(依据单据以及具体货物决定是否查验)和随机查验(海关放行科放行后电脑自行抽查)。

二、放货

(一)放货原则

(1)不递交已签发的正本提单或经正确背书的正本提单就不能放货。

(2)任何未付到付运费、其他单证上载明的未付费用以及承运人为货方垫付的费用必须在放货前全额付清。

(3)必须保持警惕,严格审核凭以提货的正本提单,如果对其产生疑问应与提单签发地联系。

(4)关于背书:背书相对于提单而言,可以理解为提单持有人在提单背面记载并签名的行为,可以签名、盖章或者签名加盖章。办理提货手续,记名提单需要有托运人的背书;指示提单在收货人为"TO ORDER"是必须有托运人背书,在收货人为"TO ORDER OF ×××"时必须有与收货人一栏内容相对应的记名指示人的背书。

背书是实现提单转让的一种手段,有"空白背书"和"记名背书"两种。前者指背书人在提单的背面签字盖章,而不注明被背书人的名称;后者指背书人除在提单背面签字盖章外还列明被背书人的名称。DELIVERY TO THE ORDER(IN THE FAVOUR) OF ×××,受让人仍可在市场上继续背书转让;DELIVERY TO ×××,只能由受让人持提单在目的港直接向承运人或其代理人提货,一般不能再行背书转让。

(二)放货方式

1. 电报放货

电报放货简称为"电放",是指已签发或应签发而尚未签发提单的装港代理根据提单上托运人的要求在装港收回提单或不签发正本提单,以电传、传真的形式通知卸港代理将货物交给提单收货人或托运人指定方。这种做法虽然不被提倡,但在航运实务中却较普遍。

(1)实行"电放"的船公司代理需要经船公司授权,进行"电放"业务的装卸港代理事先达成默契,就"电放"业务经办人通知方式、电放格式签订备忘录。

(2)办理"电放"需要订舱单上的托运人提出书面申请,如已签发正本提单则需收回全套正本提单。

(3)代理仅收回一份正本提单进行电放需经船公司确认,如果托运人不能交回全套正本提单,则至少需要交回一份经正确背书的正本提单,同时需要签署保函。

异地放货是电报放货的特殊形式。异地放货是指由第三地代理接受申请方的申请,收取全套正本提单并由该代理通知卸港代理将货物放给申请方指定的收货人。在这种情况中申请方通常为托运人、中间商或正本提单合法持有人,收货人常为原提单收货人、通知方或货物的最终买家。

2. 凭保函放货

凭正本提单交付货物是国际公认的准则,是承运人应尽的法定义务。从理论上讲,承运人在任何情况下,都应凭正本提单交付货物。但从实务角度看,严格按凭证本提单交付货物的原则又会引发收货人在目的港无法及时提货等问题，尤其是在近洋航线中。

(1)凭银行保函放货。在指示提单下卸货港代理在接到提货方由于提单晚到或提单丢失而不凭正本提单提货的请求后，应要求提货方出示船公司提单正本/副本影印件、商业发票、商业合同和装箱单等单据以审核提货方是否为收货人，如果提货方委托代理提货，还须检验其是否有授权委托。

卸货港代理向提货方提供船公司提货保函的标准格式，要求提货方按此格式出具保函并要求银行在此保函上有效签字盖章。同时，卸货港代理应请装货港代理联系提单上的发货人，取得发货人同意在此情况下将该货放给提货人的书面保证。

如提货方不能要求银行在标准格式保函上签字盖章，卸货港代理应严格审核提货方提供的银行保函是否包括船名、航次、提单号、件数、品名、唛头、赔偿责任、法律适用等要件。

如果担保银行或其保函格式不符合上述要求，卸货港代理应向船公司市场部客户服务处请示，由负责人员根据货物情况、提货方和担保银行的资信及保函的有效性进行审核。

卸货港代理审核提货方身份和保函的有效性后，凭提货方提供的经背书的船公司提单正本/副本影印件和保函正本签发提货单，并将有关文件登记存档。在提单晚到的情况下，在提货方将全套正本提单交回后，可将保函退还给提货人。如在提单丢失的情况下，原则上无限期保留保函。如提货方提出返还要求，各代理应根据所在国法律规定一个最低年限。国内港口至少需要保留一年半。

在记名提单下，承运人不凭正本提单放货的风险相对较小。在记名提单下，可以接受收货人的公司保函，但同时一定要取得发货人同意放货的书面保证。

(2)凭协议保函放货。凭银行保函提货的方式在很大程度上解决了收货人在未收到正本提单的情况下及时提货的问题，但一票一放，仍需花费一定的时间、精力和费用。因此，针对那些与船公司有良好合作关系且实力雄厚、信誉良好的大货主，接受其公司出具的保函签署相关的协议。其中包括专门的提货保函。协议签署后，提货人只要按票出具提货保函，便可及时提货。协议必须由船公司统一签署，各代理不得自行签署。此种方式只适用于近洋航线进口货的提货。

3.凭支票或现金担保放货

原则上，承运人可以接受收货人提供的支票或现金担保，但这种做法需严格掌握，由船公司直接办理。

三、办理设备交接单

货代凭带背书的正本提单去船公司或船代的箱管部办理设备交接单。设备交接单是集装箱进出港区、场站时，回箱人、运箱人与箱管人或其代理之间交换集装箱及其他机械设备的凭证，并有管箱人发放集装箱凭证的功能。它分进场和出场(见样本7-2)两种，交换手续均在码头堆场大门口办理。拼箱货(CFS条款交货)凭船代业务部进口科的通知单到箱管部交纳进口单证费，然后可凭“小提单”和分单到码头直接提取货物，无须办理设备交接单。

样本 7-2

上海中远国际货运有限公司

COSCO SHANGHAI INTERNATIONAL FREIGHT CO. ,LTD.

集装箱发放/设备交接单

OUT 出场

<table>
<tr><td colspan="4">EQUIPMENT INTERCHANGE RECEIPT</td></tr>
<tr><td colspan="4">NO.</td></tr>
<tr><td colspan="2">用箱人/运箱人
(CONTAINER USER/HAULIER)</td><td colspan="2">提箱地点
(PLACE OF DELIVERY)</td></tr>
<tr><td colspan="2">发往地点
(DELIVERED TO)</td><td colspan="2">返回/收箱地点
(PLACE OF RETURN)</td></tr>
<tr><td>船名/航次
(VESSEL/VOYZGE NO.)</td><td>集装箱号
(CONTAINER NO.)</td><td>尺寸/类型
(SIZE/TYPE)</td><td>营运人
(CNTR. OPTR.)</td></tr>
<tr><td>提单号
(B/L NO.)</td><td>铅封号
(SEAL NO.)</td><td>免费期限
(FREE TIME PERIOD)</td><td>运载工具牌号
(TRUCK,WAGON,
BARGE NO.)</td></tr>
<tr><td colspan="2">出场目的
(PPS OF GATE—OUT/STATUS)</td><td>进场目的/状态
(PPS OF GATE
—INSTATUS)</td><td>出场日期
(TIME—OUT)</td></tr>
<tr><td colspan="4">出场检查记录(INSPECTION AT THE TIME OF INTERCHANGE)</td></tr>
<tr><td>普通集装箱
(GP CONTAINER)</td><td>冷藏集装箱
(RF CONTAINER)</td><td>特种集装箱
(SPERCIAL CONTAINER)</td><td>发电机(GEN SET)</td></tr>
<tr><td>正常(SOUND)
异常(DEFECTIVE)</td><td>正常(SOUND)
异常(DEFECTIVE)</td><td>正常(SOUND)
异常(DEFECTIVE)</td><td>正常(SOUND)
异常(DEFECTIVE)</td></tr>
</table>

除列明者外,集装箱及集装箱设备交接单时完好无损,铅封完好无损。

四、提箱、提货

(一)提箱

(1)货代凭小提单和拖车公司的“提箱申请书”到箱管部办理进口集装箱超期使用费、卸箱费、进口单证费等费用的押款手续。

(2)若押款人不是提单上所注明的收货人,押款人必须出具同意为收货人押款并支付相应费用的保证函。

(3)押款完毕经船代箱管部授权后到进口放箱岗办理提箱手续,领取集装箱设备交接单,并核对其内容是否正确。

(4)收货人拆空进口货物后,将空箱返回指定的回箱地点。

(5)空箱返回指定堆场后，收货人要及时凭押款凭证，到箱管部办理集装箱费用的结算手续。

(二)提货

(1)货代或收货人凭小提单，联系拖车去船代指定的码头、场站提取货物。

(2)押款人到箱管部办理集装箱押款结算手续。

(3)拼箱货需要到船公司或船代理签取散货分提单，提货时用小提单和分单到码头提取货物。

任务六　进口报检报关

一、进口报验

(一)报检证单准备

报检人在报检时必须填写规定格式的报检单，一般要求用打印机打印，打印有困难的，要求做到书写工整、字迹清晰、不得涂改，该填的项目完整准确，单单一致，报检单必须加盖报检单位印章，同时提供与出入境检验检疫有关的单证资料。入境报检时，应填写入境货物报检单并提供合同、发票、提单等有关单证。下列情况报检时除按上述条款规定办理外，还应按要求提供有关文件：

(1)凡实施安全质量认证、卫生注册或其他需审批审核的货物，应提供有关证明。

(2)品质检验的还应提供国外品质证书或质量保证书、产品使用说明书及有关标准和技术资料；凭样成交的，须加附成交样品；以品级或公量计价结算的，应同时申请重量鉴定。

(3)报检入境废物时，还应提供国家环保部门签发的《进口废物批准证书》和经认可的检验机构签发的装运前检验合格证书等。

(4)申请残损鉴定的还应提供理货残损单、铁路商务记录、空运事故记录或海事报告等证明货损情况的有关单证。

(5)申请重(数)量鉴定的还应提供重量明细单、理货清单等。

(6)货物经收、用货部门验收或其他单位检测的，应随附验收报告或检测结果以及重量明细单等。

(7)入境的国际旅行者，应填写入境检疫申明卡。

(8)入境的动植物及其产品，在提供贸易合同、发票、产地证书的同时，还必须提供输出国家或地区官方的检疫证书；需办理入境检疫审批手续的，还应提供入境动植物检疫许可证。

(9)过境动植物及其产品报检时，应持货运单和输出国家或地区官方出具的检疫证书；运输动物过境时，还应提交国家检验检疫局签发的动植物过境许可证。

(10)报检入境运输工具、集装箱时,应提供检疫证明,并申报有关人员健康状况。

(11)入境旅客、交通员工携带伴侣动物的,应提供入境动物检疫证书及预防接种证明。

(12)因科研等特殊需要,输入禁止入境物的,必须提供国家检验检疫局签发的特许审批证明。

(13)入境特殊物品的,应提供有关的批件或规定的文件。

进口商品的报验人应在规定的期限内报验,首先要填写“入境货物报验单”,填明申请检验鉴定项目的要求,并附合同、发票、海运提单、品质证书、装箱单、接用货部门已验收的应附验收记录等资料,向当地检验部门申请检验。如货物有残损、短缺还须附理货公司与轮船大副共同签署的货物残损报告单、大副批注等有关证明材料。

(二)报检时限和地点

(1)对入境货物,应在入境前或入境时向入境口岸、指定的或到达站的检验检疫机构办理报检手续;入境的运输工具及人员应在入境前或入境时申报。

(2)入境货物需对外索赔出证的,应在索赔有效期前不少于20天内向到货口岸或货物到达地的检验检疫机构报检,如预计时间不够,报检单位应向国外发货人要求延长索赔期。

(3)输入微生物、人体组织、生物制品、血液及其制品或种畜、禽及其精液、胚胎、受精卵的,应当在入境前30天报检。

(4)输入其他动物的,应当在入境前15天报检。

(5)输入植物、种子、种苗及其他繁殖材料的,应当在入境前7天报检。

在口岸,对列入国家商检部门进出口商检种类表的进口商品报验,由口岸外运公司或收、用货部门持货运单据和《进口货物报关单》向口岸商检机构申请办理报验,由口岸商检机构予以审核、编号登记并在《进口货物报关单》上加盖“已接受报验”印章,申请人凭以向海关办理进口报关,海关凭国家商检机构“已接受报验”印章验关放行,准予卸货。

在货到目的地,对列入“种类表”的进口商品报验。由报验单位填写《进口商品检验申请单》,然后向当地商检机构申请报验。

未列入“种类表”的进口商品,由收、用货部门自行组织检验,并将检验结果告知当地商检机构。加发现质量、数量等问题,应保持现状,并向当地商检机构申请报验。

商检机构受理上述报验申请后,进行检验、出证。并在对外贸易合同约定的索赔期限内检验完毕。经检验合格的,签发《检验情况通知单》;不合格的,签发《检验证书》,由收、用货部门送订货公司办理对外索赔。

二、进口报关

进口货物到达后,由进口公司或委托运输机构,根据进口单据填写“进口货物报关单”向海关申报,并按海关规定随附发票、提单、保险单、商检证书等单据。经海关查验认可后,才准予放行。

当买方报关并交纳关税后,买方就可以查验货物,检验所收到的货物质量、数量、重量等是否与合同的规定完全一致。如果完全一致,则买方就可以在审核卖方所提交的单据无误后付款收货;如果货物与合同的规定不符或单据与信用证不符,买方应在付款之前仔细审核单据,找出单据与信用证不符点,并要求卖方提供符合要求的单据或货物或者就提供符合要求的单据或货物达成协议再付款赎单,买方付款赎单后货物就处于买方的控制之下,收货就算完成。

进口货物在卸货时,港务局要进行卸货核对。对发现短缺,要填制"短卸报告",由船方签字确认,并向船方提出书面声明保留索赔权。如卸货时发现残损,应将货物存放于海关指定仓库,由保险公司会同商检局等有关单位检验,明确残损程度和原因,并由商检局出证,以便向责任方索赔。

如果用货单位在卸货港口,由外运公司就地办理拨交。如用货单位不在卸货港口,则可委托外运机构代为安排将货物转运内地,并拨交给用货单位。

任务处理

任务一:填写开证申请书并办理申请开证手续

李婧根据国内销售合同的规定,要求浙江殷悦服装有限公司在合同签订后5天内支付合同金额的30%的订金,即357 120元人民币。收到订金后,把填写好的申请开证所需的开证申请书、合同副本与贷款相关文件交中国农业银行宁波分行,办理申请开证手续;银行审核通过后,浙江金莎进出口有限公司向银行缴纳20%的开证保证金和1.5%的开证手续费。李婧填写的开证申请书见样本7-3:

样本7-3　　**开证申请书**

IRREVOCABLE DOCUMENTARY CREDIT APPLICATION

TO:Agricultural Bank of China ,Ningbo Branch　　Date:APR. 25,2013

☒ Issue by airmail ☐ With brief advice by teletransmission ☐ Issue by express delivery ☐ Issue by teletransmission (which shall be the operative instrument)	Credit No. Date and place of expiry of the credit MAY. 25, 2013 THE NETHERLANDS
Applicant (full name and address) ZHEJIANG JINSHA IMP. AND EXP. CO., LTD 216,RENMIN SOUTH ROAD, NINGBO, CHINA	Beneficiary (full name and address) MALA GROUP INTERNATIONAL B. V POSTBUS 20108,2800 ECS－ROTTERDAM, THE NETHERLANDS
Advising Bank ABN BANK DEN HANG(THE HAGUE －HEAG) P. O. BOX－POSFZCH 165,2501 AP DEN HAAG ROTTERDAM HOLLAND	Amount (both in figures and words) USD103 680.00 (SAY U. S. DOLLARS ONE HUNDRED AND THREE THOUSAND SIX HUNDRED EIGHTY ONLY)

<table>
<tr><td>Partial shipments
☐ allowed
☒ not allowed</td><td>Transshipment
☐ allowed
☒ not allowed</td><td rowspan="3">Credit available with ABN BANK
☐ by sight payment ☐ by acceptance
☒ by negotiation
☐ by deferred payment at
against the documents detailed herein
☐ and beneficiary's draft for 100 % of the invoice value At * * * sight
Drawn on ISSUING BABK</td></tr>
<tr><td colspan="2">Loading on board/dispatch/taking in charge at / from ROTTERDAM, THE NETHERLANDS
Not later than MAY. 15, 2013
for transportation to NINGBO, CHINA</td></tr>
<tr><td colspan="2">☒ FOB ☐ CFR ☐ CIF
☐ or other terms</td></tr>
</table>

Documents required: (marked with ×)

1. (×) Signed Commercial Invoice in 5 copies indicating invoice no., contract no.

2. (×) Full set of clean on board ocean Bills of Lading made out to order and blank endorsed, marked "freight (×) to collect /( )prepaid( )showing freight amount" notifying APPLICANT.

3. ( ) Air Waybills showing "freight( ) to collect/( ) prepaid( ) indicating freight amount" and consigned to ______.

4. ( ) Memorandum issued by ______ consigned to ______.

5. ( ) Insurance Policy/Certificate in 3 copies for 110 % of the invoice value showing claims payable in China in currency of the draft, bank endorsed, covering ( )Ocean Marine Transportation/( )Air Transportation/( )Over Land Transportation) All Risks, War Risks.

6. (×) Packing List/Weight Memo in 5 copies indicating quantity/gross and net weights of each package and packing conditions as called for by the L/C.

7. ( )Certificate of Quantity/Weight in( )copies issued an independent surveyor at the loading port, indicating the actual surveyed quantity/weight of shipped goods as well as the packing condition.

8. (×) Certificate of Quality in 5 copies issued by Beneficiary.

9. (×) Beneficiary's certified copy of FAX dispatched to the accountees with 2 days after shipment advising (×) name of vessel / (×) date, quantity, weight and value of shipment.

10. ( )Beneficiary's Certificate certifying that extra copies of the documents have been dispatched according to the contract terms.

11. ( )Shipping Co.'s Certificate attesting that the carrying vessel is chartered or booked by accountee or their shipping agents:

12. (×) Other documents, if any:

(a)Certificate of Origin in 3 copies issued by authorized institution.

(b)Certificate of Health in 3 copies issued by authorized institution.

Description of goods:

POLYESTER FILAMENT YARN, A, GRADE TOLAP BRAND, THE NETHERLANDS ORIGIN
4800KGS OF SN-6-A, AT USD2.70/KG ANOUNT: USD12 960.00
33600KGS OF SN-8-B, AT USD2.70/KG ANOUNT: USD90 720.00
TITAL AMOUNT: USD103 680.00 FOB FOB ROTTERDAM, THE NETHERLANDS

Additional instructions：

1. (×) All banking charges outside the opening bank are for beneficiary's account.

2. (×) Documents must be presented with 15 days after the date of issuance of the transport documents but within the validity of this credit.

3. (　　)Third party as shipper is not acceptable. Short Form/Blank Back B/L is not acceptable.

4. (×) Both quantity and amount 10% more or less are allowed.

5. (　　)prepaid freight drawn in excess of L/C amount is acceptable against presentation of original charges voucher issued by Shipping Co. / Air line / or its agent.

6. (　　)All documents to be forwarded in one cover, unless otherwise stated above.

7. (×) ther terms, if any:

Advising bank：ABN BANK ，THE NETHERLANDS.

Account No.：

Transacted by：

(Applicant：name，signature of authorized person)

背面：开证申请人对开证行的声明，用以明确双方的责任。

开证申请人承诺书

致：×× 银行

我公司已依法办妥一切必要的进口手续，兹谨请贵行为我公司依照本申请书所列条款开立不可撤销跟单信用证，并承诺如下：

一、同意贵行依照国际商会第 600 号出版物《跟单信用证统一惯例》办理该信用证项下的一切事宜，并同意承担由此产生的一切责任。

二、及时提供贵行要求我公司提供的真实、有效的文件及资料，接受贵行的审查监督。

三、在贵行规定期限内支付该信用证项下的各种款项，包括货款及贵行和有关银行的各项手续费、杂费、利息以及国外受益人拒绝承担的有关银行费用等。

四、在贵行到单通知书规定的期限内，书面通知贵行办理对外付款/承兑/确认迟期付款/拒付手续。否则，贵行有权自行确定对外付款/承兑/确认迟期付款/拒付，并由我公司承担全部责任。

五、我公司如因单证有不符之处而拟拒绝付款/承兑/确认迟期付款时，将在贵行到单通知书规定期限内向贵行提出拒付请求，并附拒付理由书一式两份，一次列明所有不符点。对单据存在的不符点，贵行有独立的终结认定权和处理权。经贵行根据国际惯例审核认为不属可据以拒付的不符点的，贵行有权主动对外付款/承兑/确认迟期付款，我公司对此放弃抗辩权。

六、该信用证如需修改，由我公司向贵行提出书面申请，贵行可根据具体情况确定能否办理修改。我公司确认所有修改当受益人接受时才能生效。

七、经贵行承兑的远期汇票或确认的迟期付款，我公司无权以任何理由要求贵行止付。

八、按上述承诺，贵行在对付款时，有权主动借记我公司在贵行的账户款项。若发生任何形式的垫付，我公司将无条件承担由此而产生的债务、利息和费用等，并按贵行要求及时清偿。

九、在收到贵行开出信用证、修改书的副本之后，及时核对，如有不符之处，将在收到副本后的两个工作日内书面通知贵行。否则，视为正确无误。

十、该信用证如因邮寄、电讯传递发生遗失、延误、错漏，贵行概不负责。

十一、本申请书一律用英文填写。如用中文填写而引发的歧义，贵行概不负责。

十二、因信用证申请字迹不清或词意含混而引起的一切后果均由我公司负责。

十三、如发生争议需要诉讼，同意由贵行所在地法院管辖。

十四、我公司已对开证申请书及承诺书各印就条款进行审慎研阅，对各条款含义与贵行理解一致。

同意受理

银行盖章	申请人(盖章)
负责人	法定代表人
或授权代理人	或授权代理人
	年　月　日

2013 年 4 月 30 日，中国农业银行宁波分行开立了号码为 111LC1300105 信用证(见样本 7-4)。

样本 7-4 **信用证**

MT 700 ISSUE OF A DOCUMENY CREDIT

SENDER: ABOCCNBJ110

AGRICULTURE BANK OF CHINA, NINGBO BRANCH

RECEIVER: ABN BANK

DEN HANG(THE HAGUE －HEAG)

P. O. BOX－POSFZCH 165, 2501 AP DEN HAAG

ROTTERDAM HOLLAND

＋27: Sequence of Total

1/1

＋40A: Form of Documentary Credit

IRREVOCABLE

＋20: Documentary Credit Number

111LC1300105

:3lC: Date of Issue

130430

＋40E: Applicable Rules

UCP LATEST VERSION

＋31D: Date and Place of Exptry

130525 THE NETHERLANDS

+50: Applicant
ZHEJIANG JINSHA IMP. & EXP. CO., LTD.
216 RENMIN SOUTH ROAD, NINGBO
CHINA
+59: Beneficiary
MALA GROUP INTERNATIONAL B. V
POSTBUS 20108, 2800 ECS-ROTTERDAM, THE NETHERLANDS
+32B: Currency Code, Amount
USD103 680.00
:41A: Available With…By…
ABN BANK
BY NEGOTIATION
:42C: Drafts at...
AT SIGHT
FOR FULL INVOICE VALUE
:42A: Drawee
ABOCCNBJ110
:43P: Partial Shipments
PROHIBITED
:43T: Transshipment
PROHIBITED
:44E: Port of Loading/Airport of Departure
ROTTERDAM, THE NETHERLANDS
:44F: Port of Discharge/Airport of Distination
NINGBO, CHINA
:44C: Latest Date of Shipment
1305015
:45A: Description of Goods &/or Services
POLYESTER FILAMENT YARN
A GRADE TOLAP BRAND
THE NETHERLANDS ORIGIN
1) 4800KGS SN-6-A
AT USD2.70/KG AMOUNT: USD12 960.00
2) 33 600KGS SN-8-B
AT USD2.70/KG AMOUNT: USD90 720.00
TOTAL AMOUNT: USD103 680.00 FOB ROTTERDAM, THE NETHERLANDS
:46A: Documents Required

1. SIGNED COMMERCIAL INVOICE IN QUADRUPLICATE INDICATION THIS L/C NO.

2. PACKING LIST IN QUADRUPLICATE INDICATION QUANTITY, GROSS AND NET WEIGHT OF EACH PACKAGE.

3. FULL SET OF CLEAN "ON BOARD"OCEAN BILLS OF LADING MADE OUT TO THE ORDER AND ENDORSED ,MARKED 'FREIGHT COLLECT' AND NOTIFY APPLICANT.

4. CERTIFICATE OF NON-WOOD PACKING MATERIAL IN 1 ORIGINAL AND 2 COPIES.

5. CERTIFICATE OF QUANTITY IN QUINTUPLICATE IISUED BY BENEFICIARY.

6. BENEFICIARY'S CERTIFIED COPY OF FAX DISPATCHED TO APPLICANT WITHIN 2 DAYS AFTER SHIPMENT ADVISING B/L NO. , NAME OF VESSEL AND DATE OF SHIPMENT, NAME, QUANTITY, WEIGHT AND VALUE OF GOODS.

:47A: Additional Conditions

1. A FEE OF USD50. 00 OR EQUIVALENT WILL BE DEDUCTED FROM THE PROCEEDS FOR EACH PRESENTION OF DISCREPANT DOCUMENTS UNDER THIS CREDIT. ACCEPTANCE OF ANY DISCREPANT DOCUMENTS THEREUNDER DOES NO WAY AMEND OUR L/C CONDITION, EACH SET OF DOCUMENTS UNDER THIS L/C BEARING SAME DISCREPANCY WILL BE DETERMINED ON A CASE-BY-CASE BASIS.

2. DOCUMENTS PRESENTED WITH DISCREPANCIES WILL BE REJECTED. WE WILL HOLD THE DOCUMENTS UNTIL WE RECEIVE A WAIVER FROM THE APPLICANT AND AGREE TO ACCEPT IT OR RECEIVE YOUR FURTHER INSTRUCTIONS PRIOR TO AGREEING TO ACCEPT A WAIVER,

3. PLS RELEASE THIS L/C TO BENEFICIARY AFTER ALL YOUR ADVISING COMMISSIONS COLLECTED.

:71B: Charges

ALL BANKING CHARGES OUTSIDE THE ISSUING BANKARE FOR BENEFICIARY'S ACCOUNT.

:48: Period for Presentation

DOCUMENTS MUST BE PRESENTED WITHIN 10 DAYS AFTER SHIPMENT DATE, BUT WITHIN THE VALIDITY OF THIS CREDIT.

+49: Confirmation Instruction

WITHOUT

:78: Instrution to Paying/Accepting/Negotiating Bank 1. ALL DOCUMENTS TO BE SENT AGRICULTURAL BANK OF CHINA, NINGBO BRANCH, INTERNATION DEPT., 30 BAIZHANG ROAD, NINGBO 315000, P. R. CHINA IN ONE LOT BY COURIER SERVICE. 2. WE WILL HONOUR UPON RECIPT OF THE STIPULATED DOCUMENTS WHICH CONSTITUTE A COMPLYING PRESENTATION. 3. THIS CREDIT IS SUBJECT TO UCP DC(2007 REVISION) ICC PUBLICATIONS NO. 600

任务二:申领进口许可证

2013年5月13日,李婧登录相关网站,进入相关申领系统,按要求如实在线填写《自动进口许可证申请表》(见样本7-5)等资料。在线查看《自动进口许可证申请表》状态,待复审通过后打印《自动进口许可证申请表》(见样本7-5)并加盖公章。持《自动进口许可证申请表》及相关材料到商务部行政事务服务中心领取自动进口许可证。

样本7-5　　中华人民共和国自动进口许可证申请表

<table>
<tr><td colspan="3">1. 进口商:浙江金莎进出口有限公司
13位代码:1429127705058</td><td colspan="3">3. 自动进口许可证申请表号:
自动进口许可证号:</td></tr>
<tr><td colspan="3">2. 进口用户:浙江殷悦服装有限公司</td><td colspan="3">4. 申请自动进口许可证有效截止日期:
年　月　日</td></tr>
<tr><td colspan="3">5. 贸易方式:一般贸易</td><td colspan="3">8. 贸易国(地区):荷兰</td></tr>
<tr><td colspan="3">6. 外汇来源:银行购汇</td><td colspan="3">9. 原产地国(地区):荷兰</td></tr>
<tr><td colspan="3">7. 报关口岸:宁波口岸</td><td colspan="3">10. 商品用途:内销</td></tr>
<tr><td colspan="6">11. 商品名称:涤纶长丝　　商品编码:5402331010　　设备状态:</td></tr>
<tr><td>12. 规格、等级</td><td>13. 单位</td><td>14. 数量</td><td>15. 单价(币别)</td><td>16. 总值(币别)</td><td>17. 总值折美元</td></tr>
<tr><td>SN-6-A</td><td>千克</td><td>4 800</td><td>2.70 美元</td><td>12 960.00 美元</td><td>12 960.00 美元</td></tr>
<tr><td>SN-8-B</td><td>千克</td><td>72 000</td><td>2.70 美元</td><td>194 400.00 美元</td><td>194 400.00 美元</td></tr>
<tr><td>18. 总 计 Total</td><td></td><td>76 800</td><td></td><td>207 360.00 美元</td><td>207 360.00 美元</td></tr>
<tr><td colspan="3">进口合同号:ZJJS130038</td><td colspan="3">装运时间:2013年5月31日</td></tr>
<tr><td colspan="3">上年进口数量(吨):</td><td colspan="3">今年已进口报送数量(吨):</td></tr>
<tr><td colspan="3">19. 备注:
联 系 人:李婧
联系电话:0574－86890688
申请日期:2013年5月13日</td><td colspan="3">20. 签证机构审批意见:</td></tr>
</table>

样本 7-6 **中华人民共和国自动进口许可证**

1. 进口商：浙江金莎进出口有限公司 Importer	3. 自动进口许可证号： Automatic import licence No.
2. 进口用户：浙江殷悦服装有限公司 Consignee	4. 自动进口许可证有效截止日期： Automatic import licence expiry date 年 月 日
5. 贸易方式：一般贸易 Terms of trade	8. 贸易国(地区)：荷兰 Country/Region of trading
6. 外汇来源：银行购汇 Terms of foreign exchange	9. 原产地国(地区)：荷兰 Country/Region of origin
7. 报关口岸：宁波海关 Place of clearance	10. 商品用途：内销 Use of goods

11. 商品名称：涤纶长丝 Description of goods	商品编码：5402331010 Code of goods	设备状态： Status of equipment

12. 规格、型号 Specification	13. 单位 Unit	14. 数量 Quantity	15. 单价(币别) Unit Price	16. 总值(币别) Amount	17. 总值折美元 Amount in USD
SN-6-A	千克	4 800	2.70 美元	12 960.00 美元	12 960.00 美元
SN-8-B	千克	72 000	2.70 美元	194 400.00 美元	194 400.00 美元
18. 总计 Total		76 800		207 360.00 美元	207 360.00 美元

19. 备注： Supplementary details	20. 发证机关签章： Issuing authority's stamp 21. 经办人签字： Signature (签字) 年 月 日 22. 发证日期： Licence date

任务三：填写改证申请书并办理改证手续

2013 年 5 月 8 日，浙江殷悦服装有限公司向浙江金莎进出口有限公司提出涤纶长丝 SN-8-B 要增加 38 400 千克合同数量。李婧与 Mala Group International B. V 协商修改合同数量，经同意后，修改国内销售合同和进口合同。李婧根据国内销售合同的规定，要求浙江殷悦服装有限公司在合同签订后 5 天内支付补充合同金额的 30%的订金，即 357 120 元人民币。收到订金后，把申请改证所需的改证申请书(见样本 7-7)、合同副本与贷款相关文件交中国农业银行宁波分行，办理申请改证手续；银行审核通过后，浙江金莎进出口有限公司向银行缴纳 20%的开证保证金和 1.5%的开证手续费。2013 年 5 月 13 日，中国农业银行宁波分行同意浙江金莎进出口有限公司的改证申请，开立信用证修改书。

样本 7-7

改证申请书

<table>
<tr><td colspan="2">中国农业银行
AGRICULTURAL BANK OF CHINA
信用证修改申请书
APPLICATION FOR AMENDMENT</td></tr>
<tr><td>To:Agricultural Bank of China,Ningbo Branch</td><td>Amendment to Documentary Credit No. 111LC1300105</td></tr>
<tr><td>Date of Amendment:MAY 9,2013</td><td>No. of Amendment:01</td></tr>
<tr><td>Applicant
ZHEJIANG JINYUAN IMP. & EXP. CO., LTD.
216,RENMIN SOUTH ROAD, NINGBO, CHINA</td><td>Advising Bank
ABN BANK
DEN HANG(THE HAGUE-HEAG)
P. O. BOX-POSFZCH 165,2501 AP DEN HAAG
ROTTERDAM HOLLAND</td></tr>
<tr><td>Beneficiary (before this amendment)
MALA GROUP INTERNATIONAL B. V
POSTBUS 20108, 2800 ECS-ROTTERDAM, THE NETHERLANDS</td><td>Amount
USD103 680.00
SAY U. S. DOLLARS ONE HUNDRED AND THREE THOUSAND SIX HUNDRED EIGHTY ONLY.</td></tr>
<tr><td colspan="2">The above mentioned credit is amend as follows:
(×)Shipment date extenged to MAY 31, 2013
(×)Expiry date extended to JUNE 10, 2013
(×)Amount increased by USD103 680.00 to USD207 360.00
(×)Other terms:
For Field 45A,the quantity of SN-8-B is increased by 33 600kgs to 72 000 kgs;the amount of SN-8-B is increased by USD90 720 to USD194 400.00.
(×)Banking charges:
The amendment fee is borne by the applicant.
All other terms and conditions remain unchanged.
Authorized Signature(s):</td></tr>
<tr><td colspan="2">This Amendment is Subject to Uniform Customs and Practice for Documentary Credits (2007 Revision) International Chamber of Commerce Publication No. 600.</td></tr>
</table>

任务四:制作订舱委托书并办理订舱

李婧根据 Mala Group International B. V 的备货情况,选择浙江丽丽国际货运代理有限公司代理中远集装箱有限公司 2013 年 5 月 31 日的船期,船名为 X-PRESS SINGAPORE,航次为 1317E,报价为 USD240/40HQ。然后根据信用证和 Mala Group International B. V 的备货信息,制作订舱委托书(见样本 7-8)。

样本 7-8

进口货物订舱单

Shipper(发货人)
MALA GROUP INTERNATIONAL B. V
POSTBUS 20108, 2800 ECS-ROTTERDAM,
THE NETHERLANDS
TEL：31－07081－40－12
FAX：31－07081－23－78

SERVICE ITEM

( )CFS (√)CY ( )DOOR	TO	( )CFS (√)CY ( )DOOR

拖车
( )委托拖车 (√)自拖

Consignee(收货人)
TO ORDER

报关
(√)委托报关 ( )自报

Notify Party(通知人)
ZHEJIANG JINSHA IMP. & EXP. CO.，LTD
216,RENMIN SOUTH ROAD, NINGBO，CHINA
TEL：0086－574－86890688
FAX：0086－574－86890689

报检
(√)委托报检 ( )自报

柜型/数量
( )×20，( )×40，(4)×40'HQ，
( )×45，( )LCL(散货)

标记唛码	货名	包装件数	总毛重	总体积
N/M	POLYESTER FILAMENT YARN	160PALLETS	78 400kgs	275.080kgs

装货港：ROTTERDAM

目的港：NINGBO

转运：NOT ALLOWED

分批装运：NOT ALLOWED

注意事项：

1.订舱单是承运货物、安排运输和制作舱单的依据，各项内容必须认真填写。

2.货物的各项资料：唛头、件数、货名、重量、尺码必须填全。

3.运输与附加费栏请认真填写金额，如有协议/合约请加入协议/合约号，请勿空白。

4.运费预付、到付栏不填的一律按预付处理；运输条款不填的一律按CY－CY处理；是否中转和中转港口必须填写清楚。

5.危险品货物，除填本单危险品一栏内容外，出运时还须提供产品说明书、包装容器使用性能鉴定书。

6.因订舱单填写错误与资料不全引起的不能及时出运、运错目的地、舱单制作错误、不能到货等一切责任、风险、纠纷、费用等概由托运人承担。

FREIGHT & CHARGES
(运费与附加费)
合约/特价编号：

运费预付

托运人签章：
联系人：李婧 TEL：0574－86890688 FAX：0574－86890689
日期：2013 年 5 月 19 日

任务五:书写装船指示并通知装船

李婧根据订舱信息书写装船指示,检查书写的装船指示函内容正确无误后,发送电子邮件给 Mala Group International B. V 联系人:REOY VAN 在发电子邮件的同时保存所发电子邮件内容。

发件人:lijing@zjjS. com. cn
收件人:reoy@sii. com. kr
日期:2013-5-24 15:41:08
主题:Shipping Instruction on Contract No. zjjS130038
附件:

Dear Mr. REOY

We are pleased to inform you that we have booked space according to Contract No. zjjS130038 and Covering Polyester Filament Yarn, estimated time of departure from Rotterdam, the Netherlands on May 31, 2013 via X-PRESS SINGAPORE, V. 1317E, the carrier is COSCO.

Forwarder Agency in rotterdam, the netherlands:
PTT International Freight ForwardingCo. ,Ltd.
Address:798-22 Gedong rotterdam, the netherlands
Contact Person:Kitty
Tel:31-07081-40-18
Fax:31-07081-23-19
Proper arrangements of shipment will be appreciated.
Best regards.
Li jing

任务六:办理进口货物运输预约保险

2013 年 5 月 31 日,浙江金莎进出口有限公司与中国人民保险公司宁波分公司签订了预约保险单(见样本 7-9)。2013 年 6 月 1 日,李婧收到了 REOY VAN 发出的装船通知,然后转发给中国人民保险公司宁波分公司,保险公司根据进口货物运输预约保险合同的规定自动接受投保。

样本 7-9 **预约保险协议**

合同号 OP57890 2013 年 5 月 27 日

保险人:中国人民保险公司宁波分公司(以下简称:甲方)
被保险人:浙江金莎进出口有限公司(以下简称:乙方)
双方就进口货物的运输预约保险拟定各条以资共同遵守:

一、保险范围

甲方从国外进口全部货物,不论运输方式,凡贸易条件规定由买方办理保险的,都属于本合同范围之内。甲方应根据本合同规定,向乙方办理投保手续并支付保险费。

乙方对上述保险范围内的货物，负有自动承保的责任，在发生本合同规定范围内的损失时，均按本合同的规定，负责赔偿。

二、保险金额

保险金额以货物的到岸价格(CIF)即货价加运费加保险费为准(运费可用实际运费，亦可由双方协定一个平均运费率计算)。

三、保险险别和费率

各种货物需要投保的险别由甲方选定并在投保单中填明。乙方根据不同的险别规定不同的费率。现暂定如下：

货物种类	运输方式	保险险别	保险费率
涤纶长丝	海运	一切险	6‰

四、保险责任

各种险别的责任范围，按照所属乙方制定的"海洋货物运输保险条款"、"海洋运输货物战争险条款"、"海运进口货物国内转运期间保险责任扩展条款"、"航空运输一切险条款"和其他有关条款的规定为准。

五、投保手续

甲方一经掌握货物发运情况，即应向乙方寄送起运通知书，办理投保。通知书一式五份，由保险公司签认后，退回一份。如不办理投保，货物发生损失，乙方不予理赔。

六、保险费

乙方按照甲方寄送的起运通知书照前列相应的费率逐笔计收保费，甲方应及时付费。

七、索赔手续和期限

本合同所保货物发生保险责任范围内的损失时，乙方应按制定的"关于海运进口保险货物残损检验的赔款给付方法"和"进口货物施救整理费用支付方法"迅速处理。甲方应尽力采取防止货物扩大受损的措施，对已遭受损失的货物必须积极抢救，尽量减少货物的损失。向乙方办理索赔的有效期限，以保险货物卸离海港之日起满一年终止。如有特殊需要可向乙方提出延长索赔期。

八、合同期限

本合同有效期自2013年5月31日起。

九、本协议一式二份，甲乙双方各执一份留存。

甲方(盖章)　　　　　　　　　　　　　　　　　　乙方(盖章)

2013 年 5 月 31 日　　　　　　　　　　　　　　2013 年 5 月 31 日

任务七：办理对外付款手续

2013 年 6 月 9 日，李婧回复开证行，同意支付信用证项下汇票，保留全套货物单据。同时填写并向银行提交对外付款/承兑通知书(见样本 7-10)、贸易进口付汇核销单(见样本 7-11)和购买外汇申请书(见样本 7-12)等相关资料，并办理对外付款手续。

样本 7-10 **对外付款/承兑通知书**

银行业务编码：111p0080050056 日期：2013 年 6 月 5 日

结算方式	□信用证 □保函 □托收 □其他	信用证/保函编号	111LC1300105
来单币种及金额	USD207360.00	开证日期	2013 年 4 月 30 日
索汇币种金额	USD207360.00	期限 即期 到期日	2013 年 6 月 10 日
来单行名称	ABN BANK	来单行编号	
收款人名称	Mala Group International B. V		
收款行名称及地址	ABN BANK DEN HANG(THE HAGUE －HEAG) P. O. BOX－POSFZCH 165,2501 AP DEN HAAG ROTTERDAM HOLLAND		
付款人名称	浙江金莎进出口有限公司		

☑对公 组织机构代码 1429127705058		□对私	□个人身份证号码
扣费币种及金额			□中国居民个人 □中国非居民个人
合同号	ZJJS130038	发票号	1B130151
提运单号	13 COS 45678	合同金额	USD207360.00
银行附言(各银行可根据本行业务要求规定其内容及格式)			

申报号码	330100 000301 070410 F876		实际付款币种及金额	USD207360.00
付款编号	111P0080050056		若为购汇支出，购汇汇率	
收款人常驻国家名称及代码 韩国 410□□□			是否为进口核销项下付款	☑是 □否
是否为预付款	□是 ☑否	最迟装运期 2013 年 5 月 31 日	外汇局批件/备案表号	
付款币种及金额	USD207360.00		金额大写	贰拾万柒仟叁佰陆拾元整
其中 购汇金额	USD207360.00		账 号	
其中 现汇金额			账 号	
其中 其他金额			账 号	

交易编码	□□□□□□ 101010	相应币种及金额	USD207360.00	交易附言	货款

□ 同意即期付款 ☑同意承兑并到期付款 □ 申请拒付 联系人及电话 李婧 0574-86890688 申报日期 2013 年 6 月 5 日	付款人印鉴(银行预留印鉴)	银行业务章 经办 复核 负责人

样本 7-11

贸易进口付汇核销单(代申报单)

监制章

印单局代码:330000　　　　核销单编号:01140888

<table>
<tr><td colspan="2">单位代码 14291277－5</td><td colspan="2">单位名称 浙江金莎进出口有限公司</td><td>所在地外汇局名称</td></tr>
<tr><td colspan="2">付汇银行名称</td><td colspan="2">收汇人国别 荷兰</td><td>交易编码 □□□□
101010</td></tr>
<tr><td colspan="2">收款人是否在保税区:是□　否☑</td><td colspan="3">交易附言</td></tr>
<tr><td colspan="5">对外付汇币种 USD　　　　对外付汇总额 207360.00
其中:购汇金额　USD 207360.00　　　现汇金额　　　其他方式金额
　　人民币账号　0481010040002567　　　外汇账号</td></tr>
<tr><td colspan="5">付汇性质
□正常付汇
□不在名录　　□90 天以上信用证　　□90 天以上托收　　□异地付汇
□90 天以上到货　　□转口贸易
备案表编号</td></tr>
<tr><td colspan="2">预计到货日期　2013/05/31</td><td>进口批件号</td><td colspan="2">合同/发票号 ZJJS130038/1B130151</td></tr>
<tr><td colspan="5">结算方式</td></tr>
<tr><td colspan="5">信用证　90 天以内 □　90 天以上□　　承兑日期　/ / 付汇日期　/　/ 期限　天</td></tr>
<tr><td colspan="5">托收　90 天以内 □　90 天以上□　　承兑日期　/ /　付汇日期　/ /　期限　天</td></tr>
<tr><td rowspan="7">汇
款</td><td colspan="4">预付货款　　　　货到付汇(凭报关单付汇) 付汇日期　/　/</td></tr>
<tr><td colspan="4">报关单号　　　　报关日期　/　/　报关单币种　　金额</td></tr>
<tr><td colspan="4">报关单号　　　　报关日期　/　/　报关单币种　　金额</td></tr>
<tr><td colspan="4">报关单号　　　　报关日期　/　/　报关单币种　　金额</td></tr>
<tr><td colspan="4">报关单号　　　　报关日期　/　/　报关单币种　　金额</td></tr>
<tr><td colspan="4">报关单号　　　　报关日期　/　/　报关单币种　　金额</td></tr>
<tr><td colspan="4">(若报关单填写不完,可另附纸。)</td></tr>
<tr><td colspan="5">其他　　　　付汇日期　/　/</td></tr>
<tr><td colspan="5">以下由付汇银行填写

申报号码:

业务编号　　　　　审核日期: / /　(付汇银行签章)</td></tr>
</table>

进口单位签章

注:1. 进口单位编码为国家技术监督局编制的企业代码。

2. 申报号码和交易编码按国际收支申报统计规定填写。

样本 7-12　　　　**中国农业银行购买外汇申请书**

中国农业银行宁波分行：

我公司现按国家外汇管理局有关规定向贵行提出购汇申请，并随附有关单证，请审核并按实际转账日牌价办理结汇。

单位名称	浙江金莎进出口有限公司			人民币账号	048101040002567
购汇金额 （大小写）	USD207360.00 贰拾万柒仟叁佰陆拾元整	当日汇率	（不写）	折合人民币 （大小写）	（不写）
购汇支付方式	□支票　□银行汇票　□银行本票　☑扣账　□其他				
购汇用途	☑进口商品　□从属费用　□索赔退款　□还贷　□其他				
对外结算方式	☑信用证　□代收　□汇款　（□货到付款　□预付货款）				
业务参考	商品名称	Polyester Filament Yarn	数量	76800 千克	
	合同号	ZJJS130038	发票号	1B130151	
	合同金额	USD207360.00	发票金额	USD207360.00	
	核销单号	01140888	信用证号	111LC1300105	
进口商品类型	□一般进口商品 □控制进口商品，批文随附如下： □进口证明　☑许可证　□登记证明　□其他批文 批文号码：　　　　批文有效期：				
附件	□售汇通知单　□进口付汇核销单　□正本报关单 □合同/协议　□发票　□正本运单 □保险费收据　□运费单/收据　□佣金单 □付款委托书　□开证申请书　□其他				
申请单位： 联系人：李婧　　电话：0574－86890688　2013 年 6 月 5 日					
银行审核意见： 经办人：　　复核人：　　审批： 年　月　日					

李婧另附上进口合同、开证申请书、银行已受理的开证申请回执，委托银行按规定的付款日期购汇支付。2011 年 6 月 13 日，浙江金莎进出口有限公司将付汇所需人民币资金合

计1 445 452.80元转入其在开证行所设账户。2013 年 6 月 13 日，开证银行对 L/C NO. 111LC0800105 项下到期远期汇票按照当日牌价兑换外汇支付，直接从浙江金莎进出口有限公司名下账户划出。日后，浙江金莎进出口有限公司拿到售汇通知书(见样本 7-13)。

样本 7-13 中国农业银行售汇通知书

户名： 账号:048101040002567		记账日： 2013 年 6 月 13 日
人民币金额	牌价	外币金额
1445452.80	1∶6 490 0	USD222 720.00
摘要	111LC1300105	

任务八:换取提货单

1.与船公司进行费用结算

浙江金莎进出口有限公司的换单须从费用结算开始，根据宁波中远集装箱运输有限公司的换单要求及到货通知要求，公司委派业务员李婧于 2013 年 6 月 9 日前往宁波协助货代到中远集装箱船务代理有限公司办理相关费用结算等。

根据宁波中远集装箱运输有限公司的规定，李婧取得宁波中远集装箱船务代理有限公司开具的缴费单(或发票)后，到该公司财务部门办理交款。根据进口合同、运输合同约定及船公司的规定，李婧计算出本业务换单需缴纳费用为:换单手续费＋卸柜费(THC/D)，合计 2340 元人民币(根据宁波中远集装箱运输有限公司公布的换单费率表，浙江金莎进出口有限公司业务员需缴纳费用:换单手续费:100.00 元人民币/单，THC/D:4×560 元人民币/40，高箱)。李婧凭提单取得宁波中远集装箱船务代理有限公司的交款单并核查无误后，于是在宁波中远集装箱船务代理有限公司财务部以现金缴付费用。

2. 换单

李婧与货运代理前往宁波中远集装箱运输船务代理公司业务部提交正本海运提单并出示已交款凭证，请求换取提货单(见样本 7-14)，船务代理公司确认无误后，为其换取提货单。提货单共分五联:①提货单(D/O)，②交货记录，③、④费用账单，⑤提货单留存联。根据宁波中远集装箱运输有限公司及港口规定要求，李婧换单时注意了以下事项:

(1)浙江金莎进出口有限公司在正本提单上加盖了公司公章(法人章)办理提货手续，并保证其公章与提单上收货人的英文抬头保持一致。

(2)李婧须在提货单上填写联系人姓名、电话号码。

(3)根据宁波港的规定，李婧必须在货物到港 7 天内及时办理货物提取，以避免由此引起的疏运费用发生。

样本 7-14　　　　**提货单**

<table>
<tr><td colspan="5">宁波中远集装箱船务代理公司
COSCO NINGBO CONTAINER SHIPPING AGENCY CO. ,LTD.
进口集装箱货物提货单
NO. 0123456
港区场站：　　　　船档号：</td></tr>
<tr><td colspan="2">收货人名称：
浙江金莎进出口有限公司</td><td colspan="3">收货人开户银行与账号</td></tr>
<tr><td>船名：
X-PRESS
SINGAPORE</td><td>航次：
1317E</td><td>起运港：
ROTTERDAM,
THE NETHERLANDS</td><td>目的港：
NINGBO,
CHINA</td><td>船舶预计到达时间：
JUNE 4,2013</td></tr>
<tr><td>提单号：
13COS45678</td><td>交付条款：
CY-CY</td><td>卸货地点：
NINGBO,CHINA</td><td>进库场日期：
JUNE4,2013</td><td>第一程运输</td></tr>
<tr><td>标记与集装箱号</td><td>货名</td><td>集装箱数或件数</td><td>重量(kgs)</td><td>体积(M^3)</td></tr>
<tr><td>GATU8585622
GATU8585623
GATU8585624
GATU8585625</td><td>POLYYESTER FIL-AMENT YARN</td><td>4×40'HQ FCL
(160PALLETS)</td><td>78 400</td><td>275.080</td></tr>
<tr><td colspan="3" rowspan="2">船代公司重要提示：
1. 本提货单中有关船、货内容按照提单的相关显示填制；
2. 请当场核查本提货单内容错误之处，否则本公司不承担由此产生的责任和损失；
3. 本提货单仅为向承运人或承运人委托的雇佣人或替承运人保管货物订立合同的人提货的凭证，不得买卖转让；
4. 在本提货单下，承运人代理人及雇佣人的任何行为，均应视为代表承运人的行为，均应享受承运人享有的免责、责任限制或其他任何抗辩理由；
5. 本提货单所列的船舶预计到达时间，不作为申报进境和计算滞报金、滞箱费、疏港费等起算的依据，货主不及时换单和提货造成的损失，责任自负；
6. 本提货单中的中文译文仅供参考。
宁波中远集装箱船务代理公司
2013 年 6 月 5 日</td><td>收货人章</td><td>海关章</td></tr>
<tr><td>检验检疫章</td><td></td></tr>
</table>

注意事项： 1.本提货单需要盖有船代放货章和海关放行章后方有效。凡属法定检验、检疫的进口商品，必须向检验检疫机构申报。 2.提货人到码头公司办理提货手续时，应出示单位证明或经办人的身份证明。提货人若非本提货单记名收货人时，还应当出示提货单记名收货人开具的证明，以标明其为有权提货的人。 3.货物超过港存期，码头公司可以按《按上海港口货物疏运管理条例》的有关规定处理。在规定期间，无人提取的货物，按《海关法》和国家有关规定处理。		

任务九：办理进口报检

2013年6月9日，李婧将已填写好的入境货物报检委托书(见样本7-15)和报检单(见样本7-16)，并附无木质包装证明(见样本7-17)、进口合同、商业发票、装箱单、到货通知等，交浙江丽丽国际货运代理有限公司业务员，委托其办理入境报检手续。

宁波市出入境检验检疫局对浙江金莎进出口有限公司所提交资料进行审核并派专员实地查验，确认属实后于2013年6月10日在进口集装箱提货单上加盖放行章(取得检验检疫放行章)，并签发入境货物报通关单。

样本7-15

代理报检委托书

编号：0011168

宁波市出入境检验检疫局：

本委托人郑重声明，保证遵守出入境检验检疫法律、法规的规定。如有违法行为，自愿接受检验检疫机构的处罚并负法律责任。

本委托人委托受委托人向检验检疫机构提交“报检申请单”和各种随附单据。具体委托情况如下：

本单位将于2013年6月间进口如下货物：

品名	涤纶长丝	HS编码	5402200010
数(重)量	76800千克	包装情况	160托盘
信用证/合同号	111LC1300105/ZJJS130038	许可文件号	
进口货物收货单位及地址	Zhejiang Jinsha Imp. & Exp. Co. ,Ltd 216 Renmin South Road ,Ningbo,china.	进口货物提/运单号	13COS45678
其他特殊要求特委托			

浙江丽丽国际货运代理有限公司(057700107689)(单位/注册登记号)，代理本公司办理下列出入境检验检疫事宜：

☑1.办理代理报检手续；

☑2.代缴检验检疫费；

☑3.负责与检验检疫机构联系和验货；

☑4.领取检验检疫证书；

□5.其他与报检有关的相关事宜。

请贵局按有关法律法规规定予以办理。

联系人:李婧

联系电话:0086－0573－86890688

本委托书有效期至 2013 年 7 月 4 日　　　　委托人(加盖公章)

2013 年 6 月 5 日

受托人确认声明

本企业完全接受本委托书。保证履行以下职责:

1.对委托人提供的货物情况和单证的真实性、完整性进行核实;

2.根据检验检疫有关法律法规规定办理上述货物的检验检疫事宜;

3.及时将办结检验检疫手续的有关委托内容的单证、文件移交委托人或其指定的人员;

4.如实告知委托人检验检疫部门对货物的后续检验检疫及监管要求。

如在委托事项中发生违法或违规行为,愿承担相关法律和行政责任。

联系人:张丽

联系电话:0573-56987452　　　　受托人(加盖公章)

2013 年 6 月 5 日

样本 7-16

中华人民共和国出入境检验检疫
入境货物报检单

报检单位(加盖公章):浙江金莎进出口有限公司　　　　* 编号 380400204066012

报检单位登记号:3800708555　联系人:李婧　电话:0086-573-86890688　报检日期:2013 年 6 月 5 日

发货人	(中文)浙江金莎进出口有限公司		企业性质(画"√")	□合资 □合作 □外资	
	(外文)Zhejiang Jinsha Imp. & Exp. Co., Ltd				
收货人	(中文)				
	(外文)Mala Group International B. V				
货物名称(中/外文)	HS 编码	原产国(地区)	数/重量	货物总值	包装种类及数量
涤纶长丝 Polyester Filament Yarn	5402330101	荷兰	76 800 千克	207 360 美元	160 个托盘
运输工具名称号码	X-PRESS SINGAPORE V. 1317E			合 同 号	ZJJS130038
贸易方式	一般贸易	贸易国别(地区)	荷兰	提单/运单号	13COS45678
到货日期	2013 年 6 月 4 日	启运国家(地区)	荷兰	许可证/审批号	
卸毕日期	2013 年 6 月 4 日	启运口岸	鹿特丹	入境口岸	宁波
索赔有效期至	卸货后 60 天内	经停口岸		目 的 地	宁波

<table>
<tr><td>集装箱规格、数量及号码</td><td colspan="5">4X40'FCL GATU8585622
GATU8585623
GATU8585624
GATU8585625</td></tr>
<tr><td rowspan="2">合同订立的特殊条款以及其他要求</td><td colspan="2" rowspan="2">货物到达口岸后，如发现货与合同不符，除应由保险公司或船公司负责外，卖方于货物到岸卸货后60天内凭有关检验证书有权拒收货物或向卖方索赔。</td><td>货物存放地点</td><td colspan="2">浙江宁波市人民南路216号</td></tr>
<tr><td>用途</td><td colspan="2">自营自销</td></tr>
<tr><td colspan="2">随附单据（画“√”或补填）</td><td>标记及号码</td><td colspan="2">*外商投资财产（画“√”）</td><td>□是 □否</td></tr>
<tr><td>☑合同
☑发票
□提/运单
□兽医卫生证书
□植物检疫证书
□动物检疫证书
□卫生证书
□原产地证
□许可/审批文件</td><td>☑到货通知
☑装箱单
□质保书
□理货清单
□磅码单
□验收报告
☑使用非木质包装声明
□</td><td>N/M</td><td colspan="3">*检验检疫费</td></tr>
<tr><td></td><td></td><td></td><td>总金额
（人民币元）</td><td colspan="2"></td></tr>
<tr><td></td><td></td><td></td><td>计费人</td><td colspan="2"></td></tr>
<tr><td></td><td></td><td></td><td>收费人</td><td colspan="2"></td></tr>
<tr><td colspan="3">报检人郑重声明：
1.本人被授权报检。
2.上列填写内容正确属实。
签名：李婧</td><td colspan="3">领取证单</td></tr>
<tr><td colspan="3"></td><td colspan="3">日期</td></tr>
<tr><td colspan="3"></td><td colspan="3">签名</td></tr>
</table>

注：有“*”号栏由出入境检验检疫机关填写　　◆国家出入境检验检疫局制

样本 7-17

无木质包装声明

致中国出入境检验检疫机构：

兹声明：本批货物 涤纶长丝 （货名） 76800 千克 （数量/重量）不含有木质包装。

出口公司名称：（盖章或负责人签字）

日期：2013 年 6 月 5 日

DECLARATION OF NO－WOOD PACKING MATERIAL

To the Service China Entry & Exit Inspection and Quarantine：

It is declared that this shipment Polyester Filament Yarn （commodity）76 800kgs （quantity/weight） does not contain wood packing meterials.

Name of Export Company：（Stamp or Signature of Director）

Date：JUNE 5，2013

任务十：办理进口报关和接货手续

2013 年 6 月 10 日，外贸单证员陈红整理报关单据，然后把报关委托书（见样本 7-18）、进口货物报关单（见样本 7-19）、进口付汇核销单、商业发票、装箱单等寄给浙江丽丽国际货运代理有限公司，委托代理报关。

2013 年 6 月 13 日，海关经审核，受理浙江金莎进出口有限公司的申报材料。材料审核通过，海关开出关税及环节税缴款书。浙江金莎进出口有限公司业务员持限额支票到海关指定银行缴纳税费后，将已缴费凭据交海关。海关安排次日查验货物。

2013 年 6 月 14 日，李婧与浙江丽丽国际货运代理有限公司报关员协同两名海关官员在监管仓库对申报货物进行开箱抽查，经查验货物属实无误，海关在报关单上加盖了放行章。

当日，李婧委托浙江丽丽国际货运代理有限公司向理货公司缴清汽代、理货等相关费用，在提货单签章处加盖汽代、理货等签章，将盖好所需印章的提货单交码头仓库要求提取指定货物。

李婧现在浙江丽丽国际货运代理有限公司协助下完成港区提货手续后，自行提取货物，并安排车队于当日将货物自码头仓库运至杭州，卸入该公司仓库。此项进口业务接货工作顺利完成。

样本 7-18　　代理报关委托书

代理报关委托书

编号：2200004510

浙江丽丽国际货运代理有限公司：

我单位现 A（A、逐票 B、长期）委托贵公司代理 A、C 等通关事宜，（A. 报关查验 B. 垫缴税款 C. 办理海关证明联 D. 审批手册 E. 核销手册 F. 申办减免税手续 G. 其他）详见《委托报关协议》。

我单位保证遵守《海关法》和国家有关法规，保证所提供的情况真实、完整、单货相符。否则，愿承担相关法律责任。

本委托书有效期自签字之日起至2013年7月4日止。

委托方（签章）：

法定代表或其授权签署《代理报关委托书》的人（签字）：李婧

2013年6月5日

委托报关协议

为明确委托报关具体事项和各自责任，双方经平等协议商定协议如下：

委托方	浙江金莎进出口有限公司
主要货物名称	涤纶长丝
HS编码	5402330101
进出口日期	2013年6月4日
提单号	13COS45678
贸易方式	一般贸易
原产地/货源地	荷兰
传真号码	0574－86890689
其他要求：	
背面所列通用条款是本协议不可分割的一部分，对本协议的签署构成了对背面条款的同意。	
委托方业务签章： 经办人签章：李婧 2013年6月5日 联系电话：0574－86890688	

被委托人	浙江丽丽国际货运代理有限公司	
*报关单编号	No. 220120061016036777	
收到单证日期	2013年6月5日	
收到单证情况	合同□	发票□
	装箱清单□	提（运）单□
	加工贸易手册□	许可证件□
	其他	
报关收费	人民币：　　　元	
承诺说明：		
背面所列通用条款是本协议不可分割的一部分，对本协议的签署构成了对背面条款的同意。		
被委方业务签章： 经办报关员签章：王莉 2013年6月5日 联系电话：0574－56987452		

（白联：海关留存、黄联：被委托方留存、红联：委托方留存）　中国报关协会监制

委托报关协议通用条款

委托方责任

1.委托方应及时提供报关报检所需的全部单证，并对单证的真实性、准确性和完整性负责。

2.委托方负责在报关企业办结海关手续后，及时、履约支付代理报关费用，支付垫支费用，以及因委托方责任产生的滞报金、滞纳金和海关等执法单位依法处以的各种罚款。

3.负责按照海关要求将货物运抵指定场所。

4.负责与被委托方报关员一同协助海关进行查验，回答海关的询问，配合相关调查，并承担产生的相关费用。

5.在被委托方无法做到报关前提取货样的情况下，承担单货相符的责任。

被委托方责任

1.负责解答委托方有关向海关申报的疑问。

2.负责对委托方提供的货物情况和单证的真实性、完整性进行“合理审查”,审查内容包括:(1)证明进出口货物实际情况的资料,包括进出口货物的品名、规格、用途、产地、贸易方式等;(2)有关进出口货物的合同、发票、运输单据、装箱单等商业单据;(3)进出口所需的许可证件及随附单证;(4)海关要求的加工贸易(纸质或电子数据的)及其他进出口单证。

3.因为确定货物的品名、归类等原因,经海关批准,可以看货或提取货样。

4.在接到委托方交付齐备的随附单证后,负责依据委托方提供的单证,按照《中华人民共和国海关进出口报关单填制规范》认真填制报关单,承担“单单相符”的责任,在海关规定和本委托报关协议中约定的时间内报关,办理海关手续。

5.负责及时通知委托方共同协助海关进行查验,并配合海关开展相关调查。

6.负责支付因报关企业的责任给委托方造成的直接经济损失,所产生的滞报金、滞纳金和海关等执法单位依法处以的各种罚款。

7.负责在本委托书约定的时间内将办结海关手续的有关委托内容的单证、文件交还委托方或其指定的人员(详见《委托报关协议》“其他要求”栏)。

8.赔偿原则被委托方不承担因不可抗力给委托方造成损失的责任。因其他过失造成的损失,由双方自行约定或按国家有关法律法规的规定办理。由此造成的风险,委托方可以投保方式自行规避。

9.不承担的责任签约双方各自不承担因另外一方原因造成的直接经济损失,以及滞报金、滞纳金和相关罚款。

10.收费原则。一般货物报关收费原则上按当地《报关行业收费指导价格》规定执行。特殊商品可由双方另行商定。

11.法律强制。本《委托报关协议》的任一条款与《海关法》及有关法律、法规不一致时,应以法律、法规为准。但不影响《委托报关协议》其他条款的有效。

12.协商解决事项。变更、中止本协议或双方发生争议时,按照《中华人民共和国合同法》有关规定及程序处理。因签约双方以外的原因产生的问题或报关业务需要修改协议条款,应协商订立补充协议。双方可以在法律、行政法规准许的范围内另行签署补充条款,但补充条款不得与本协议的内容相抵触。

赔偿原则

被委托方不承担因不可抗力给委托方造成损失的责任。因其他过失造成的损失,由双方自行约定或按国家有关法律法规的规定办理。由此造成的风险,委托方可以投保方式自行规避。

签约双方各自不承担因另外一方原因造成的直接经济损失,以及滞报金、滞纳金和相关罚款。

收费原则

一般货物报关收费原则上按当地《报关行业收费指导价格》规定执行。特殊商品可由双方另行商定。

法律强制本《委托报关协议》的任一条款与《海关法》及有关法律、法规不一致时,应以法律、法规为准。但不影响《委托报关协议》其他条款的有效。

协商解决事项变更、中止本协议或双方发生争议时,按照《中华人民共和国合同法》有关规定及程序处理。因签约双方以外的原因产生的问题或报关业务需要修改协议条款,应协商订立补充协议。双方可以在法律、行政法规准许的范围内另行签署补充条款,但补充条款不得与本协议的内容相抵触。

样本 7-19 **中华人民共和国海关进口货物报关单**

预录入编号： 海关编号：220120061016036777

进口口岸 宁波海关 3100	备案号	进口日期 20130604	申报日期 20130605	
经营单位 浙江金莎进出口有限公司 3301215555	运输方式 江海运输	运输工具名称 X－PRESS SINGAPORE V. 1317E	提运单号 13COS45678	
收货单位 浙江金莎进出口有限公司 3301215555	贸易方式 一般贸易	征免性质 一般征免	征税比例 5%	
许可证号	起运国(地区) 荷兰	装货港 鹿特丹	境内目的地 宁波	
批准文号	成交方式 FOB	运费 USD104.00	保费	杂费
合同协议号 ZJJS130038	件数 160	包装种类 托盘	毛重(千克) 78 400	净重(千克) 76 800
集装箱号 GATU8585622	随附单据		用途	
标记唛码及备注 N/M GATU8585623 GATU8585624 GATU8585625				

项目	商品编号	商品名称、规格型号	数量及单位	最终目的国(地区)	单价	总价	币制	征免
01	5402200010	涤纶长丝	76800 千克	中国	2.70	207360.00	美元	照章征税

税费征收情况		
录入员 录入单位	兹声明以上申报无误并承担法律责任 申报单位(签章) 报关专用章	海关审单批注及放行日期(签章) 审单 审价
报关员 单位地址：浙江省宁波市人民南路 216 号		征税 统计
邮编 电话	填制日期 2013 年 6 月 5 日	查验 放行

技能训练

综合业务题一

业务背景资料:上海 B 有限公司(上海市南水路 2 号)从日本 KIM 有限公司(东京皇后路 8 号)进口 1 台数控冲床,单价为 JPY10 000 000/SET CIF SHANGHAI,最迟 2013 年 5 月 8 日装运,装运港为 TOKYO,支付条款为"The buyer shall pay 100% of the sales proceeds to the seller by T/T against the fax of B/L"。合同号为 B120402。

2013 年 4 月 26 日,上海 B 有限公司收到 KIM 有限公司的提单传真件如下:

<table>
<tr><td colspan="2">Shipper Insert Name, Address and Phone</td><td colspan="3">B/L No. 2651</td></tr>
<tr><td colspan="2">KIM CORPORATION</td><td rowspan="6"></td><td colspan="2" rowspan="6">中远集装箱运输有限公司
COSCO CONTAINER LINES

TLX: 33057 COSCO CN
FAX: +86(021) 6545 8984
ORIGINAL</td></tr>
<tr><td colspan="2"></td></tr>
<tr><td colspan="2">Consignee Insert Name, Address and Phone</td></tr>
<tr><td colspan="2">TO ORDER</td></tr>
<tr><td colspan="2">Notify Party Insert Name, Address and Phone</td></tr>
<tr><td colspan="2">SHANGHAI B CO., LTD
SHANGHAI, CHINA</td></tr>
<tr><td>Ocean Vessel Voy. No.</td><td>Port of Loading</td><td colspan="3" rowspan="4">Port—to—Port
BILL OF LADING
Shipped on board and condition except as other—……</td></tr>
<tr><td>CHANGJIANG V. 231</td><td>TOKYO</td></tr>
<tr><td>Port of Discharge</td><td>Port of Destination</td></tr>
<tr><td>SHANGHAI</td><td></td></tr>
<tr><td>Marks & Nos. Container / Seal No.</td><td>No. of Containers or Packages</td><td>Description of Goods</td><td>Gross Weight kgs</td><td>Measurement</td></tr>
<tr><td>N/M</td><td>1 WOODEN CASE</td><td>PRECISION HIGH SPEED AUTOMATIC PRESS FREIGHT PREPAID</td><td>7850KGS</td><td>10.5M^3</td></tr>
<tr><td></td><td></td><td colspan="3">Description of Contents for Shipper's Use Only (Not part of This B/L Contract)</td></tr>
<tr><td colspan="5">Total Number of containers and/or packages (in words) ONE WOODEN CASE ONLY</td></tr>
<tr><td>Ex. Rate:</td><td>Prepaid at</td><td>Payable at</td><td colspan="2">Place and date of issue</td></tr>
<tr><td rowspan="3"></td><td>TOKYO</td><td></td><td colspan="2">TOKYO APR. 24, 2013.</td></tr>
<tr><td>Total Prepaid</td><td>No. of Original B(s)/L</td><td colspan="2">Signed for the Carrier</td></tr>
<tr><td></td><td>THREE (3)</td><td colspan="2">COSCO CONTAINER LINES
+++</td></tr>
</table>

进口付汇业务：

1. 请写出该业务中支付方式的业务流程图。

2. 通过提单审核和查询无误后，2013 年 4 月 27 日，上海 B 有限公司向其开户行中国银行上海分行办理普通电汇手续。KIM 有限公司的开户行为中国银行东京分行，东京皇后路 89 号，账号为 98709870。上海 B 有限公司的授权签名人为李力，电话 0216666666，组织机构代码为 999999999，用人民币购汇，人民币账号为 232323232，银行费用由汇款人承担。请填写以下境外汇款申请书。（有“略”处栏目无须填写。）

境　外　汇　款　申　请　书

APPLICATION FOR FUNDS TRANSFERS (OVERSEAS)

致：　　　　　　　　　　　　　　　　　　　　日期

TO:　　　　　　　　　　　　　　　　　　　　Date

□电汇 T/T □票汇 D/D□信汇 M/T			发报等级 Priority	□电汇 Normal □电汇 Urgent
申报号码 BOP Reporting No.(略)		□□□□□□□ □□□□ □□ □□□□□□□ □□□□		
20	银行业务编号 Bank Transaction Ref. No.(略)		收电行/付款行(略) Receiver/Drawn on	
32A	汇款币种及金额 Currency & Inter－bank Settlement Amount		金额大写 Amount in Words	
其中	现汇金额 Amount FX		账号 Account No.	
	购汇金额 Amount of Purchase		账号 Account No.	
	其他金额 Amount of Others		账号 Account No.	
50a	汇款人名称及地址 Remitter's Name & Address			
□对公组织机构代码 Unit Code□□□□□□□□□			□对私	□个人身份证号码 Indivudual ID No. □中国居民个人 Resident Individual □中国非居民个人 Non-Resident Individual
54/56a	收款银行之代理行(略) 名称及地址 Correspondent of Beneficiary's Banker Name & Address			
57a	收款人开户银行名称及地址 Beneficiary's Bank Name & Address	收款人开户银行在其代理行账号 Beneficiary's Bank Account No.(略)		
59a	收款人名称及地址 Beneficiary's Name & Address	收款人账号 Beneficiary's Account No.		

70 汇款附言 Remittance Information(略)		只限 140 个字位 Not Exceeding 140 Characters	71A	国内外费用承担 All Bank's Charges If Any Are to Be Bone By □汇款人 OUR□收款人 BEN□共同 SHA	
收款人常驻国家(地区)名称及代码 Beneficiary Resident Country/Region Name & Code(略) □□□					
请选择:□预付货款 Advance Payment□货到付款 Payment against Delivery□退款 Refund□其他 Others					
交易编号(略) BOP Transaction Code	□□□□□□□ □□□□□□□	相应币种及金额(略) Currency & Amount		交易附言(略) Transaction Remark	
是否为进口核销项下付款		□是□否	合同号	发票号(略)	
外汇局批件/备案表号(略)			报关单经营单位代码(略)	□□□□□□□□□□□□	
报关单号(略)		报关单币种及总金额(略)		本次核注金额(略)	
银行专用栏 For Bank Use Only		申请人签章 Applicant's Signature		银行签章 Bank's Signature	
购汇汇率(略) Rate @		请按照贵行背页所列条款代办以上汇款并进行申报 Please effect the upwards remittance subject to the conditions overleaf			
等值人民币 RMB Equivalent(略)					
手续费(略) Commission		申请人姓名 Name of Applicant 电话 Phone No.		核准人签字(略)Authorized Person 日期(略) Date	
电报费(略) Cable Charges					
合计(略) Total Charges					
支付费用方式(略)	□现金 by Cash □支票 by Check □账户 from Account				
核印 Sig. Ver(略)		经办 Maker(略)		复核 Checker(略)	

3. 办理该业务的进口付汇核销时,需提交以下哪些资料?

综合业务题二

业务背景资料:2013 年 1 月 10 日大连康维有限公司与德国 KNJ 公司签订进口 6 000 台电子测距仪的合同,每台价格 300 欧元 FOB 汉堡,支付方式为即期付款信用证,2013 年每月各装 500 台,进口该产品需要办理进口许可证和进口报检。

把左边各进口环节的代码按步骤填入右边的横线上:

A. 银行开立信用证　　　　第一步:

B. 进口商办理报检手续　　第二步:

C. 进口商办理保险　　　　第三步:

D. 进口商办理许可事项　　第四步:

E. 进口商办理进口外汇核销 第五步:

F. 进口商办理报关手续　　第六步:

综合业务题三

业务背景资料:沈阳嘉杭纺织品织造有限公司是一家生产型外贸企业,该公司根据市场行情和生产需要,计划拿出 RMB1140 000 的总预算购买 2 台新的意大利产的 GGG 牌剑杆织机 Rapier Loom(不用国际招投标),现该公司指派外贸业务员 JACK 向该品牌亚洲总代理香港 ITMM Ltd. 进口,并要求其报价。2013 年 3 月 25 日,该公司收到 ITMM Ltd. 报价如下:单价为 EUR40 000.00 /set FOB Genoa, Italy,收到信用证后 30 天内装运,按即期信用证支付。该剑杆织机的 HS 编码为 8446302000,监管证件代码为 AO,进口关税税率为 8%,进口环节增值税税率为 17%,国外运费为 EUR2000,国外保费为 EUR200,港区费用 RMB2000,内陆运输费 RMB4000,银行费用按开证金额 0.15%计,其他费用合计 RMB2000,欧元牌价为 EUR1=RMB10.90/11.00。

(一)进口磋商

1. 如果接受 ITMM Ltd. 报价,请你替外贸业务员 JACK 计算购买这 2 台剑杆织机的总金额。该总金额是否在沈阳嘉杭纺织品织造有限公司的采购预算之内。

2. 该公司外贸业务员 JACK 给 ITMM Ltd. 回函,接受 ITMM Ltd. 的报价,但是要求将 L/C 的付款时间改为见票后 90 天付款。请问该信函是否属于接受函,为什么?

(二)办理进口批件和开证

通过反复磋商,双方于 2013 年 3 月 28 日达成共识,并签署合同条款如下:

CONTRACT

Contract No: JH13013　　　　Date of Signature: Mar. 28, 2013

The Buyer: Shenyang Jiahao Fabric Weaving Co., Ltd.

Address: No. 23 Nanjing Rd. Shenyang, China

The Seller: ITMM Ltd.

Address: No. 19 Wang Hoi Rd. Kowloon Bay, Kowloon, Hong Kong

This Contract is made by and between the Buyer and Seller, whereby the Buyer agrees to buy and the Seller agrees to sell the under-mentioned commodity according to the terms and conditions stipulated below:

1. Description of Goods: GGG Rapier Loom 1 900 mm working width

2. Quantity: 2 sets

3. Unit Price: EUR40 000.00 /set FOB Genoa, Italy

4. Total Value: EUR80 000.00 (Say in Euro Eighty Thousand only)

5. Country of Origin and Manufacturer: Italy/GGGTECH

6. Packing: The Seller shall undertake to pack the goods in container with skid packing suitable for long distance ocean transportation, and be liable for any rust, damage and loss attributable to inadequate or improper protective measure taken by the Seller in regard to the packing.

7. Shipping Mark: JH12009

DALIAN, CHINA

8. Time of Shipment: All 2 sets rapier looms will be shipped within May 31, 2012, subject to the L/C opening not later than Apr. 15, 2012. Partial shipment and transshipment are prohibited.

9. Port of Shipment and Destination: From Genoa, Italy to Dalian, China

10. Insurance: Shipment insurance shall be covered by the Buyer.

11. Terms of Payment: The Buyer shall open 100% L/C at 90 days after sight in favor of the Seller and remaining valid for negotiation in Hong Kong for further 15 days after the effected shipment. Advising bank: Intesa Sanpaolo S. P. A., Hong Kong Branch, Hong Kong, SWIFT: IBSPHKHHXXXXN

12. Documents:

a. Full set of clean on board ocean Bills of Lading marked freight to collect and made out to order, blank endorsed, and notify the Buyer.

b. Invoice in quintuplicate indicating contract number.

c. Packing List in quintuplicate.

d. Certificate of Quality and Quantity in duplicate issued by the Manufacturer.

e. Certificate of Italian Origin in 1 copy issued by Manufacturer.

f. A copy of the fax to the Buyer, advising the shipment details within three working days after it is effected.

Note: The Seller shall send within 10 working days one copy each of the above mentioned documents, with the exception of Item(f) of this Clause, to the Buyer.

13. Guarantee of Quality: The Seller shall guarantee that the goods, when correctly mounted and properly operated and maintained, shall give satisfactory performance for a period of 12 months from the date of its commissioning but not later than 18 months after

B/L date.

14. Inspection and Claims:

(1) After the arrival of the goods at the port of destination, the Buyer shall apply to the China Entry-Exit Inspection and Quarantine Bureau (CIQ) for a preliminary inspection in respect of the quality, specification and quantity of the goods and a Survey Report shall be issued by CIQ. If discrepancies are found by CIQ regarding specifications, and/or the quantity, except when the responsibilities lie with the insurance company or shipping company, the Buyer shall, within 120 days after arrival of the goods at the port of destination, have the right to reject the goods or to lodge a claim against the Seller.

(2) Should the quality and specifications of the goods not be in conformity with the contract, or should the goods prove defective within the guarantee period stipulated in Clause 13 for any reason, including latent defects or the use of unsuitable material, the Buyer shall arrange for a survey to be carried out by CIQ and shall have the right to lodge a claim against the Seller on the strength of the Survey Report.

15. Banking Charges: All banking charges outside the opening bank are for the Seller's account.

16. Other Terms: (omitted)

This contract is made in two originals, one original for each party in witness thereof.

THE BUYER: SHENYANG JIAHAO FABRIC WEAVING CO., LTD.

THE SELLER: ITMM LTD.

NICK

李嘉杭

1. 此合同签订后，沈阳嘉杭纺织品织造有限公司外贸业务员 JACK 需要办理什么进口批件？为什么？

2. 2013 年 4 月 1 日，外贸业务员 JACK 向中国农业银行沈阳分行申请电开证，请填制开证申请书。

学习情境八

进口善后工作

学习目标

知识目标：熟悉国际贸易争议的处理方式、方法以及有关国际仲裁的国际惯例；了解进口贸易纠纷处理的基本原则；熟悉进口付汇核销管理制度中关于核销程序、时间的规定要求；掌握进口付汇核销的基本操作。

能力目标：能在完成进口清关后，安排协调进口货物数量和质量的查验；能对发现的问题及时妥善处理；能在掌握详实资料的情况下，对不同性质的贸易纠纷给出不同的处理意见，并能够代表公司对纠纷进行妥善处理；能及时办理进口付汇核销手续。

工作任务

2013 年 6 月 14 日晚，进口货物运到浙江金莎进出口有限公司仓库，浙江金莎进出口有限公司外贸业务员李婧发现其中一个货柜中 5 只托盘货物包装异常，随即与库方、汽车公司人员做了记录，三方代表在入库记录签字，并拍摄了现场货物照片。

2013 年 6 月 15 日，李婧通过 E-mail 将 5 只托盘货物包装异常情况通知 Mala Group International B. V，并告知必要时浙江金莎进出口有限公司对此将报请商检机构检验。

李婧的工作任务为：

1. 处理异议。会同商检部门根据合同条件对货物进行详细查验、出具证明。

2. 对于合同执行中发生的货物数量、品质等方面存在的问题向外方提出异议，通过洽商交流妥善解决争议。

3. 妥善解决争议后，按国内销售合同规定办理国内收款和交货。

学习环节

任务一　进口付汇核销

一、进口付汇核销报审业务

1. 货到汇款项下的付汇核销

进口单位在外汇指定银行办理付汇的同时视同核销报审完毕，进口单位事后无需再向所在地外汇局办理报审手续。

2. 信用证、托收、预付货款项下的付汇核销

进口单位凭核销单、进口货物报关单、IC卡等，并填写贸易进口付汇到货核销表到所在地外汇局办理核销报审手续。

3. 差额核销。

(1)对于单笔合同项下核销差额不超过等值5 000美元，或核销差额虽超过5 000美元但占合同金额的比例不超过2%的进口付汇核销报审业务，外汇局可以直接凭企业差额核销说明函、进口合同及其他核销单证办理差额核销报审手续。(2)对于单笔合同项下少到货核销差额超过等值5 000美元且核销差额占合同金额的比例超过2%的，进口单位在办理差额核销报审手续时，除需向外汇局提交相关的核销单证外，还需提供单位法人代表签字并加盖单位公章的差额核销说明函、进口合同，并视不同情况提供相应证明材料。(3)对于单笔合同项下多到货核销差额超过等值5 000美元且核销差额占合同金额的比例超过2%的进口付汇差额核销报审业务，进口单位还需向外汇局提供加盖单位公章的差额核销说明函。

根据《进口付汇核销监管暂行办法》规定，进口单位应当在有关货物进口报关后1个月内向外汇局办理核销报审手续。进口单位在办理到货报审手续时，须对应提供下列单据：

①进口付汇备案表(如核销单付汇原因为正常付汇，企业可不提供该单据)(见样本8-1)。

②进口付汇核销单(如核销单上的结算方式是货到付款，则报关单号栏目不得为空)。

③进口货物报关单正本(如核销单上的结算方式是货到付汇，企业可不提供该单据)。

④进口付汇到货核销表(一式两份，均为打印件并且加盖公司章)(见样本8-2)。

⑤结汇水单及收账通知单(如核销单付汇原因不为境外工程使用物资及转口贸易，企业可不提供该单据)。

⑥外汇局要求提供的其他凭证、文件。

上述单据的内容必须真实、完整、清晰、准确。办理进口付汇报审的业务手续是：

①进口单位须备齐上述单据，一并交外汇局进口核销业务人员初审。

②初审人员对于未通过审核的单据，应在向企业报审人员明确不能报审的原因后退还进口单位。

③初审结束后，经办人员签字并转交其他业务人员复核。

④复核人员对于未通过审核的单据，应在向企业报审人员明确不能报审的原因后退还进口单位。

⑤复核无误，则复核员签字并将企业报审的全部单据及 IC 卡留存并留下企业名称、联系电话、联系人。

⑥外汇局将留存的报关单及企业 IC 卡通过报关单检查系统检验报关单的真伪。如无误，则将 IC 卡退进口单位，并在到货报审表和报关单上加盖“已报审”章；如报关单通不过检查，则将有关材料及情况转检查部门。

样本 8-1　　　　进口付汇备案表

备案表编号：

备案类别：　远期付汇：　异地付汇：　真实性审核付汇：					
进口单位			付汇银行		
进口合同号			进口发票号		
商品类别			进口批件号		
购汇付出币种金额：　　账户现汇付出币种金额：					
结算方式：信用证　托收　货到汇款（报关单编号：　币种金额：　）其他：					
付汇日期		应到货日期		折美元金额	
本笔付汇已经我局审查备案，请按规定办理付汇手续。 国家外汇管理局　　分局 年　月　日					
注： 1. 备案表一式四联：第一联由外汇指定银行付汇后与核销（第三联）一并存档；第二联由进口单位与核销单（第二联）一并留存；第三联由外汇指定银行在办理付汇后与核销单（第一联）一并报送所在地外汇局；第四联由签发地外汇局留存。 2. 备案表由各外汇局印刷。 3. 备案表编号为 6 位外汇局代码＋6 位顺序号。					

样本 8-2　　　　贸易进口付汇到货核销表

年　　月

进口单位名称：				进口单位编码：					核销表编号：						
付汇情况								报关到货情况							
序号	核销单号	备案表号	付汇币种金额	付汇日期	付汇方式	付汇银行名称	应到货日期	报关单号	到货企业名称	报关币种金额	报关日期退汇	与付汇差额其他	凭报关单付汇	备注	

付汇合计笔数 至本月累计笔数	付汇合计金额 至本月累计金额	到货报关合计笔数 至本月累计笔数	到货报关合计金额 至本月累计金额	退汇合计金额 至本月累计金额	凭报关单付汇合计金额 至本月累计金额
填表人：	负责人：	填表日期：			年　月　日 本核销表内容无讹。(进口单位盖章)
注： 1.本表一式两联，第一联送外汇局，第二联进口单位留存； 2.本表合计和累计栏金额为折美元金额； 3.本表由各外汇局印制，供进口单位使用； 4.货款汇款项下的付汇在“凭报关单付汇”栏填“对号”； 5.累计栏为本年年初至本月的累计数； 6.一次到货多次付汇的，在“付汇情况”栏填写实际付汇情况；在“报关到货情况”栏只填写一次； 7.一次付汇多次到货的，参照第6点处理。					

二、进口付汇备案手续

进口付汇备案是外汇管理局依据有关法规要求企业在办理规定监督范围内付汇或开立信用证前向外汇局核销部门登记，外汇局凭以跟踪核销的事前备案业务。

1.企业在办理下列付汇或开立信用证业务时，须办理备案手续：

(1)开立90天以上(不含90天)的远期信用证。

(2)信用证开立日期距最迟装运日期超过90天(不含90天)。

(3)办理90天以上(不含90天)承兑交单的承兑业务。

(4)提单签发日期距付汇日期超过90天(不含90天)的付汇交单业务。

(5)付汇日期距预计到货日期超过90天的预付货款。

(6)超过合同总额的15%且超过等值10万美元的预付货款。

(7)报关单签发日期距付汇日期超过90天(不含90天)的货到汇款业务。

(8)境外工程使用物资采购的付款、开证业务；转口贸易的付款、开证业务。

(9)不在名录内企业付汇、开证业务。

(10)受外汇局真实性审核进口单位名单内企业的付汇、开证业务。

(11)经外汇局了解认为确系特殊情况，有必要重点跟踪付汇业务。

企业在办理上述备案业务前，须对应报审已签发的预计到货日期在上月1日前的备案表的到货情况；否则不予办理。

2.进口单位在办理备案业务时，须对应提供下列单证：

(1)进口付汇备案申请函(申请函的内容应包含申请备案原因及备案内容)。

(2)进口合同正本及主要条款复印件。

(3)开证申请书(如备案原因为远期信用证，则该开证申请书上应有银行加盖的业务章)。

(4)进口付汇通知单及复印件(如结算方式不为托收，则企业可不提供该单据)。

(5)电汇申请书(如结算方式不为汇款,则企业可不提供该单据)。

(6)进口货物报关单正本、复印件及 IC 卡(如备案原因不是货到汇款、信用证展期,则企业可不提供该单据及 IC 卡)。

(7)结汇水单/收账通知单或转口所得的信用证(如备案原因不为境外工程使用物资、转口贸易,则企业可不提供该单据)。

(8)预付款保函(如备案原因不为 90 天以上到货、超过 15%且超过等值 10 万美元的预付货款,则企业可不提供该单据)。

(9)进口付汇备案表。

(10)特殊备案情况下,外汇局要求提供的其他凭证、文件。

(11)上述单据的内容必须真实、完整、清晰、准确。

3. 企业在办理进口付汇备案业务时应根据不同的备案情况对应提供上述单据,并按照下列要求完成备案手续

(1)企业应提前 3 个工作日将有关单据交外汇局核销业务人员初审。

(2)初审无误,审核人员将单据报送主管领导审批。

(3)业务人员应于企业备案当日(或次日,受外汇局真实性审核进口单位名单内企业除外)将通过初审的单据报送主管领导审批。

(4)主管领导在次日(或第三日,受外汇局真实性审核进口单位名单内企业除外)将审批结果退审核人员。

(5)对于审批未通过的备案,审核人员须及时向企业讲明原因。

审批通过后,由审核人员通知企业或由企业主动查询备案结果,并将加盖进口付汇核销专用章的备案表及所附单证退还企业;同时,将备案表第四联及有关单证复印件一并留存、输机。

三、进口延期付汇、远期付汇管理

(1)进口延期付汇登记。T/T 项下,单笔报关单未付汇金额≥50 万美元、预计付汇日期≥报关日期 90 天,企业应在报关后 60 天内,持延期付汇说明函和进口货物报关单、合同等有效商业单证,到外汇局办理延期付汇登记手续。

(2)信用证、进口代收项下已到单,进口单位要求延长付款期限的,企业应当向银行提供有效货运单据、信用证修改函等相关商业单据。信用证项下可用国外议付行电文替代信用证修改函。针对无信用证修改函的情况,进口单位应当提交延期付汇申请函,银行应当审核信用证规定提交的有效单据。

需外汇管理局审核付汇真实性的,或远期到货付汇的,或异地付汇的企业,须填写进口付汇备案表,经外汇管理局审核无误后,加盖“进口付汇核销”专用章,再到外汇银行申领并填写贸易进口付汇核销单一式三联,将所需付汇单证一并交指定银行审核无误后,银行填上所应填写的项目,并按照实际付汇情况或从进口单位的现汇账户对外支付或从进口单位人民币账户对外支付。

任务二 进口索赔处理

索赔是指买卖合同的一方当事人因另一方当事人违约致使其遭受损失而向另一方当事人提出要求损害赔偿的行为。

一、索赔责任人的认定

1. 向卖方提出的索赔

如果卖方未按合同规定的品质、数量、包装、交货期等交货，除不可抗力外，均构成卖方违约，进口方应向卖方提出索赔要求。

2. 向承运人提出的索赔

凡到货数量少于运输单据所载数量；提单是清洁的，而货物有残缺情况并属于承运人过失造成的，进口人可以根据运输合同条款向承运人索赔。

3. 向保险公司提出的索赔

由于自然灾害、意外事故或运输途中其他事故的发生致使货物受损，并且属于保险责任范围内的，应及时向保险公司提出索赔。还有属于承运人的过失造成货物残损、遗失，而承运人不予赔偿或赔偿金额不足以抵补损失的，只要属于保险公司承保范围以内的，也应及时向保险公司提出索赔。

二、索赔原因

索赔通常与货物品质、数量、包装、交货期、运输及付款有关。

1. 常见的品质纠纷

品质不佳	不良材料或内容不符、质料坏的货品、劣质品、混有劣等品或不符品、不纯品过多、水分过多、品质上的缺陷
品质或规格不符	品质不符、规格不符、缺乏均一性
品质错误	品质错误、误编误织、不同设计与错误设计
变质与变色	变质：气候变化引起 变色：气候变化、偷工减料、发生水渍引起
破烂无价值	不堪使用的物品
颜色、花样色彩不符与染色错误	颜色不符、色彩不符、花色或染印不符、染色不同、配色的错误

2. 常见的数量纠纷

到港数量不足或交货量不足	包装品内容不足(恶意、包装不完整散失、途中偷窃引起)
重量不足	称量器具不灵、气候影响吃水计算不够精确、卖方不良制作
违反规定的数量增减幅度	规定3%溢短装,但实际已达5%
遗失或不到达	卖方已交货,只是在到港之前遗失
尺寸不足或尺寸不符或尺寸过大	如需要裁剪的布匹宽度不够、要求的厚度不符要求、尺寸比要求的大,买方需要再雇人裁剪,产生费用的损失
盗窃与偷窃	货物整件被盗
计算错误	把尺误为码
数量单位的误解	卖方以吨为计算条件,买方确认为以英吨为计算条件
超过容许混入低级品的界限	合同订明:A级货允许混进B级货的比例最高位10%,但交货时却超过了15%

3. 常见的包装纠纷

包装不良、不满意的包装、不完全的包装	出口商为节省包装材料,使用旧包、旧箱,自然易发生破损。标贴纸印刷不良
包装错误	包装箱绿色,用的却是黄色;火柴原定12个/盒,改为10个/盒
包皮撕裂、扯破、裂开	包皮破损,货物溢出流失
包装内物品损伤	包装破损使内部商品损伤
铁带松落	包装箱的打包带开裂,使包装箱松散货物受损
褪色	罐或包装纸褪色
包装修复费用	包装不良需要再包装所需费用
唛头漏记、错误或不符	漏掉了唛头、唛头不符、错误唛头、混合其他唛头、唛头消失、不充足唛头

4. 常见的交货期延误与运输纠纷问题

卖方过失	市价上涨、竞争激烈勉强承诺,最后无法如期装运、忽视了配船因素,无法租到舱位、生产时间估计错误,交货时间太短
双方因素	合同未定最晚开证时间、来证与合同不符,买方为立即要求改证、装期将近,买方不修改,船已开航,发生延误
不可抗力因素	天灾、战争、暴动、流行病、瘟疫、生产工人或港口工人罢工、火灾、禁止输出风险
运输作业不良	装卸机推存不良、搬运不良、误装出口
运输方法变更	不该转运但实际转运了,出航日变更,发生退关
运费及费用	滞期费、速遣费订得不清楚,未约定运费上涨部分由谁承担,退回运回费用未做规定

5. 常见的付款纠纷问题

未定开证日期	买方见机行事，拖延开证或不开证
规定期限内未开证及延迟开证	引发卖方解约，而买方不同意，引起纠纷
不开证或不付价款	由于市价下跌，买方不开证，卖方遭受转售损失；制造损失；货物运到装运港的损失；制造中途停产损失；取消预订舱位的未装运运费损失 不付价款原因：开证行破产；托收买方恶意破产或倒闭发生
不完全或不当信用证的开立	不当是指买方违反了契约，或是买方不小心、过失或恶意行为；出现上述情形，卖方一面想接受完全的信用证，另一面又观望犹豫，任凭买方摆布，最后反被提出迟缓装船，将商品价格下跌归罪于卖方，引发纠纷
不付还价款或费用	不结原溢支款：付款条件"按装运的重量扣 3%"，买方开证支付，但货到港口后发现比出口量少，发生多付价款的退还纠纷 修理费用：指交货损坏由买方付出整理费用，应由卖方负担者 佣金：不支付代理商佣金

三、办理索赔时注意的问题

1. 办理索赔应提供的证据

提出索赔时，应制作"索赔清单"并随附商品检验局的检验证书、发票、装箱单、提单副本等。对不同的索赔对象，所附的证件也有所不同。

2. 索赔的金额

根据国际贸易惯例，买方向卖方索赔的金额，应与卖方违约所造成的实际损失相等，即根据商品的价值和损失程度计算，还应包括支出的各项费用，如商品检验费、装卸费、银行手续费、仓储费、利息等。向承运人和保险公司索赔的金额，须根据有关规定计算。

3. 索赔的期限

索赔必须在合同规定的索赔期限内提出。逾期索赔，责任方有权不受理。如果因为商检工作需要较长时间的，可在合同规定的索赔期限内向对方要求延长索赔期限。买方在向责任方提出索赔要求后，仍有责任按情况采取合理措施，保全货物。

任务处理

任务一：处理争议

2013 年 6 月 15 日，李婧将货物包装异常情况向公司领导汇报，提议公司派出技术人员并报请宁波市商检局派员一同前往仓库对货物进行检验，经商议，公司决定由李婧先与 Mala Group International B. V 联系，澄清问题，以尽可能保持买卖之间的良好合作关系。

同日，李婧将各方签字的货物入库记录及相关照片传真和电子邮件发送给 Mala Group International B. V，要求尽快做出解释，并告知：该情形已影响到我方整批货物销售，对此浙江金莎进出口有限公司保留索赔权利；浙江金莎进出口有限公司将组织相关人员根据合同对该批货物进行仔细的数量、品质检查。同时李婧根据现场掌握情况，委托仓库先对有问题的托盘货物进行重复复核。同日，REOY VAN 回复："对于合同货物包装异常情况，我公司正在调查中，将随即告知进展情况，对此产生的不便及影响深表歉意。"

2013 年 6 月 16 日上午，浙江金莎进出口有限公司接到 Mala Group International B. V 来函："经查，我方所交货物中的托盘 NO. 6-10 所装涤纶长丝 SN-8-B 的实际数量为 373.6 千克/托盘，本属发往马里的另一合同项下货物，错发你方，现实际交货总量比箱单少 106.4 千克/托盘。"

2013 年 6 月 16 日下午，仓库方面向李婧反馈：经测，托盘 NO. 6-10 重量实际显示为383.6 千克/托盘(含托盘重量 10 千克)。李婧将上述情况向公司领导汇报，商议处理意见。同时回复 Mala Group International B. V："对于与短交货物，我方会同各方检查核实，托盘 NO. 6-10 中实际装货比装箱单数量短少 106.4 千克，共计短量 532 千克。由于你方的疏忽，错发货物，已给我公司该批货物销售造成不利影响，并给我司带来费用损失。"

2013 年 6 月 17 日，Mala Group International B. V 回复："对于短量给贵司工作带来的影响我们深表歉意，我们承诺将按照实际交货情况向贵司退回多收取的货款，同时请贵司报知由此所产生的费用，我们愿意就此酌情给贵司补偿。"根据与浙江殷悦服装有限公司签订的国内销售合同规定，允许商品数量有 1%的增减。532 千克在商品总量的 1%以内，因此，李婧回复 Mala Group International B. V："我公司同意你方按照实际交货收款的做法；考虑双方良好的合作意愿，我方放弃关于费用补偿的诉求，但对于货物质量的进一步验收，我方保留权利。"同日，王鹏收到来函称："对贵公司的合作态度我们表示衷心的感谢；关于货物质量，若有不符，我司愿承担一切责任。"

2013 年 6 月 20 日，浙江金莎进出口有限公司收到 Mala Group International B. V. 电汇退还的多收货款 USD1436.40。李婧向公司发函告知说退款项已经收到，并对其合作表示谢意。

2013 年 6 月 21 日。李婧接 Mala Group International B. V 来函："再次对合同货物短交一事表示歉意，对贵司在合作中的理解、支持表示谢意，愿在日后的合作中为贵司提供更好的商品和服务。"

任务二：办理国内收款交货

妥善解决争议后，李婧按照国内销售合同规定，通知浙江殷悦服装有限公司 76 268 千克涤纶长丝已到，备齐 1 650 068 元，到浙江金莎进出口有限公司宁波仓库办理验货、付款并提货手续。

2013 年 6 月 20 日，浙江殷悦服装有限公司到浙江金莎进出口有限公司仓库验货。验货合格后，用汇票支付 1 650 068 元余款后把货提走。

技能训练

综合业务题一

业务背景资料：浙江果丽进出口有限公司(杭州市延安路 18 号)欲从日本 Suca Co.，Ltd. (No. 35 Kinowa Street，Tokyo，Japan)进口酒精度为 25%的"邑"牌烧酒，到中国内地销售。2013 年 11 月 17 日，双方经过多次磋商后，签订合同。单价为 JPY680/瓶，FOB Tokyo，Japan；数量为 6 000 瓶；每瓶装 720 毫升(1 升＝0.912 千克)，每个纸箱装 6 瓶，体积为 0.018 米^3，毛重为 8 千克；6 000 瓶/20FCL；烧酒的 H. S. CODE 为 2208909029，海关监管证件代码为 AB,进口关税税率为 10%,增值税税率为 17%,消费税税率为 20%+1 元/千克。

(一)进口磋商和签约

1. 经该公司外贸业务员崔峥查询,国外运费为 USD540/20FCL,一切险的保险费率为 0.2%,上海港报关和集港费用为 RMB2700/20FCL,由上海到目的地杭州的运费为 RMB1500/20FCL,其他费用为 RMB3000;日元汇率按 JPY100=RMB5.99/6.00 计,美元汇率按 USD1= RMB6.31/6.34 计;预期国内销售价格为 RMB117/瓶。计算该笔业务的预期销售利润率。(计算过程中的数值要保留到小数点后 3 位,最后结果保留到小数点后 2 位。)

2. 双方就支付条款达成的协议为:"买方在合同签订后 10 天内向卖方电汇 50%的合同金额;余下 50%的合同金额采用即期议付信用证方式支付,2013 年 12 月 7 日前将信用证开到卖方。"以外贸业务员崔峥的身份,用英文书写该支付条款。

(二)进口订舱和接货

1. 2013 年 11 月 24 日,浙江果丽进出口有限公司向 Suca Co., Ltd. 电汇 50%的合同金额。12 月 5 日,Suca Co., Ltd. 业务经理 Miss Julia 电告崔峥,能在 2013 年 12 月 15 日前按合同要求的数量和包装备妥货物。崔峥制作订舱委托书并办理订舱,要求提单的收货人和通知人都是浙江果丽进出口有限公司。请以崔峥的身份填写订舱委托书。

2. 2013 年 12 月 17 日,浙江果丽进出口有限公司的外贸业务员崔政同时收到 Suca Co., Ltd. 的电放提单传真件和船代公司的到货通知书,外贸业务员崔峥该用什么单证去换取提货单?是否需要办理进口报检,为什么?若需要,需在何时办理?

综合业务题二

业务背景资料:2013 年 7 月 1 日,广东荣林进出口有限公司外贸业务员郑斐(英文名 Tom)接到了佛山市颂梅木材有限公司向其购买非洲楝木 Sapelli Log 意向订单:原产地喀麦隆,直径 60~80 厘米,长度 5 米以上(含 5 米),数量 150 米^3,切片级,单价 7 345 元/米^3(含税价)。经查询,该非洲楝木的海关商品编码为 4403499090,海关监管证件代码为 8A,进口关税率为 0,进口环节增值税率为 13%,计量单位为立方米和千克。

2013 年 7 月 6 日,郑斐经朋友介绍向经营非洲楝木的香港 U. A. C. C. (Pacifique) S. A. 询价。

2013 年 7 月 7 日,郑斐收到 U. A. C. C. (Pacifique) S. A. 销售经理 Jackie Wang 如下报价邮件:

发件人:	jackiewang@uacc.com
收件人:	tomxie@ronglin.com.cn
日　期:	2013-7-7　9:50:17
主　题:	Offer on Sapelli Log
附　件:	Sapelli Log. jpg

Dear Tom,

Thanks for your inquiry on July 6, 2013. Our offer is as follows:

Goods: Sapelli Log

Diameter: 60～80 cm Length: 5m and up Grade: Slicing grade Origin: Cameroon

Unit Price: EUR440.00/ m^3, FOB Douala, Cameroon

Quantity: 150 m^3

Packing: packed in 6×40'GP FCL

Payment: by L/C at sight

Delivery Time: within 45 days after receipt of the relevant L/C.

This offer is valid subject to your reply here before July 22, 2013.

Awaiting your early reply.

Yours truly,

Jackie Wang

Sales Manager

U. A. C. C. (Pacifique) S. A.

18th Floor, Tacwood Plaza, 32 Des Voeux Road, Central, Hong Kong

Tel: 00852-2581-3097　Fax: 00852-2581-3099

E-mail: jackiewang@uacc.com

(一)核算利润

经郑斐查询，从杜阿拉港到广州港的海上运费为 3 000 美元/40 英尺柜，“一切险”的保险费率为 2‰，广州港报关和集港费用为 2 500 人民币元/40 英尺柜，由目的港广州到佛山的陆地运费为 1 500 人民币元/40 英尺柜；其他国内进口费用按国内销售价格的 1%计算；当日汇率按 1 欧元＝8.50/8.58 人民币元计，1 美元＝ 6.32/6.35 人民币元计。请根据国外客户报价计算该笔业务的预期销售利润率。(计算过程中的数值保留到小数点后 3 位，最后结果保留到小数点后 2 位。)

(二)申请开证

2013 年 8 月 14 日，广东荣林进出口有限公司外贸业务员郑斐通过与 U. A. C. C. (Pacifique) S. A. 的反复磋商，达成以下的主要协议条款：

1. 商品：非洲楝木，直径 60～80 厘米，长度 5 米以上(含 5 米)，切片级，原产地喀麦隆。
2. 数量：150 米^3。
3. 价格：420 欧元/米^3，FOB 喀麦隆的杜阿拉(Douala, Cameroon)。
4. 金额：63 000 欧元。
5. 运输：最迟在 2013 年 10 月 1 日装运，从喀麦隆杜阿拉运至中国广州，允许转运和不允许分批装运。
6. 付款：凭卖方汇票即期付款信用证，在 2013 年 8 月 28 日之前开立，在装运日后 21 天内交单。
7. 保险：由买方投保。

8. 单据：

(1)手签的商业发票一式五份；

(2)装箱单一式五份，注明每根原木的直径、长度和体积；

(3)全套清洁已装船海运提单，做成空白指示抬头，空白背书，标注运费到付，通知开证申请人；

(4)喀麦隆官方机构签署的原产地证书一式三份；

(5)喀麦隆官方检疫部门出具的植物检疫证明一份正本二份副本。

9. 检验与索赔条款：货物到达目的港后，如发现到货的规格或数量/重量与合同不符，除应由保险公司或船公司负责外，买方于货物到岸卸货后 60 天内，凭中国出入境检验检疫局出具的检验证书向卖方索赔；卖方收到买方索赔通知后，如果在 30 天内不答复，应视为卖方同意买方的一切索赔。

请以外贸业务员郑斐的身份，于 8 月 18 日向中国银行广东省分行办理申请电开信用证手续前，根据以上主要协议条款和以下信息填写开证申请书：通知行是 BANK OF CHINA (HONG KONG) LIMITED；所有单据显示信用证号码。

综合业务题三

业务背景资料：浙江 FG 进出口有限公司计划采用向银行购汇的方式从日本 RTA 株式会社(名古屋国王街 23 号)进口 1 台新的日本产的 PUNCH PRESS 数控多工位转塔式冲床(不用国际招投标)，型号为 MOM-908，HS 编码为 8462411900。2013 年 10 月 9 日，收到日本 RTA 株式会社报价单，内容如下：单价为 USD128 000/set CIF Shanghai，收到信用证后 2 个月内装运，装运港为 Nagoya，支付条款为“卖方银行应在合同签订后 1 个月内向买方开出合同总额 10%的银行履约保函，其效期是 1 年；买方应在收到银行履约保函后 15 天内通过其银行按合同金额 100%开立即期信用证”。该冲床的进口关税率为 9.7%，进口环节增值税率为 17%，海关报关清关费用 RMB1000，银行手续费按开证金额0.15%计，内陆运输费 RMB2500/台，内陆运输保险费按货值 0.15%计，其他费用 RMB2000，预期国内销售价格为 RMB1287000/台，美元牌价为 USD1＝RMB6.20/ 6.23。

(一)进口磋商和签约

1. 请依据日本 RTA 株式会社的报价，计算该笔业务能否达到 2%以上的预期销售利润率。

2. 若浙江 FG 进出口有限公司在 2013 年 10 月 12 日按日本 RTA 株式会社报价，签订进口合同，合同号为 CE0897，请用英文书写该合同中的支付条款。

(二)申领进口许可证

1. 数控多工位转塔式冲床的海关监管条件为 O，即报关时需提交自动进口许可证。若浙江 CE 进出口有限公司计划在上海海关报关，请问该公司外贸业务员应在进口报关前通过什么方式申领自动进口许可证？并写出申领自动进口许可证的操作流程。

2. 请填写下列机电产品进口申请表。(有“略”处栏目无须填写)

下篇　典型产品加工贸易业务

学习情境九

进料加工业务

学习目标

知识目标：通过学习，能准确填制《加工贸易经营状况及生产能力证明》；能根据相关政策申办《加工贸易业务批准申请表》；能根据相关政策申领《加工贸易手册》；能合理进行单耗管理；能填写验厂报告，会制作生产通知单和作业日程安排表。

能力目标：通过学习，要求学生了解进料加工业务审批、加料加工贸易合同备案等的必要性，熟悉进料加工业务审批、备案、申领《加工贸易手册》等的工作流程，掌握进料加工业务的相关政策法规；掌握单耗管理的相关知识；熟悉验厂的内容，掌握生产进度监管和生产质量监控的步骤和方法。

工作任务

浙江韦特家具有限公司是一家实木家具生产企业，位于浙江省嘉兴市，拥有先进机械设备，公司设计制作的各款实木家具极具传统古典理念，又融入现代简洁舒适的时尚气息。2013年4月20～25日，公司外贸业务员董晓随公司在美国参加2013年美国春季高点国际家具展期间结识了英国家具采购商 Kade GmbH & Co. KG 公司，对方对浙江韦特家具有限公司的实木家具非常感兴趣。之后经过多轮价格谈判及样品确认，Kade GmbH & Co. KG 公司决定订购两款松木桌椅，但在正式签约前要派其驻上海办事处的跟单员到浙江韦特家具有限公司的生产厂家验厂，董晓为 Kade GmbH & Co. KG 公司的跟单员提供验厂报告信息。

2013年7月27日，浙江韦特家具有限公司与英国的 Kade GmbH & Co. KG 公司签订了一批家具的出口合同（见样本9-1）。

样本 9-1

CONTRACT

THE SELLERS: Zhejiang Weite Furniture Co. , Ltd.

Contract No: 13ZJJXWT0176 300, zhongshan South Road, Jiaxing, China

Date: JULY 27, 2013

Tel: 0086－0573－85773872

Fax: 0086－0573－85773873

THE BUYERS: Kade GmbH & Co. KG

Wellington Street, London, UKSE58 8PF, U. K

Tel:44-181-331859048

Fax:44-181- 3311859049

THE SELLERS AGREE TO SELL AND THE BUYERS AGREE TO BUY THE UNDERMENTIONED GOODS ACCORDING TO THE TERMS AND CONDITIONS AS STIPULATED BELOW

NAME OF COMMODITY & SPECIFICATION	QUANTITY	UNIT PRICE	TOTAL VALUE
PINE CHAIR			FOB SHANGHAI
GRADE. 2856	1000 SETS	USD35. 82/SET	USD35 820. 00
PINE TABLE			
GRADE. 3658	20SETS	USD 78. 43/SET	USD15 68. 60
Total	1020SETS		USD37 388. 60

Packing: in cartons

Port of Loading: Shanghai, China

Port of Destination: London, U. K

Time of Shipment: befour Jan. 1, 2014

Transshipment: allowed

Partial Shipment: allowed

Terms of Payment: by issuing Irrevocable L/C at 30 days sight, reaching the sellers 45 days befour shipment, remaining valid for negtiation for further 21 days after the effected shipment, mentioning this sales contract No.

Insurance: to be covered by the sellers for 110% invoice value covering all risks and war risks as per C. I. C of PICC.

Inspection and claims: the buyer shall have the right to apply to CCIB for inspection completion of goods at the port of destination, in case of quality or quantity discrepancy, the buyer shall beentited to lodge claims with the sellers within 30 days after the arrival of the goods at destination.

Arbitration: Any dispute arising from or in connection with this Contract shall be submitted to China International Economic and Trade Arbitration Commission for arbitration which shall be conducted in accordance with the Commission's arbitration rules in effect at the time of applying for arbitration. The arbitral award is final and binding upon both partied. Arbitration fee shall be borne by the losing party.

The Seller — The Buyer

Zhejiang Weite Furniture Co., Ltd. — Kade GmbH & Co. KG

韦特 — Kade

2013 年 9 月 1 日，浙江韦特家具有限公司与新西兰的 Reggs Timber Cooperative Group 签订了进口 14 400 根松木条的合作协议（见样本 9-2）。

样本 9-2 **进口合同**

CONTRACT

Buyers: Zhejiang Weite Furniture Co., Ltd.

Contract No:13ZJJXWT0127 300, zhongshan South Road, Jiaxing, China

Date:SEP 1, 2013

Tel: 0086－0573－85773872

Fax: 0086－0573－85773873

Seller: Reggs Timber Cooperative Group

206 St Georges Bay Road, Parnell, Auckland, New Zealand

Tel:0064－76433869－568

Fax:0064－76433869－569

This Contract is made by and between the Buyer and Seller, whereby the Buyer agrees to buy and the Seller agrees to sell the under-mentioned commodity according to the terms and conditions stipulated below:

Commodity and specifications	Quantity	Unit Price	Amount
PINE BLOCK DIMENSION	CIF SHANGHAI, CHINA		
45 cm×5 cm×1.7 cm	4 000 PCS	USD 1.04/PC	USD4160.00
39 cm×5 cm×1.7 cm	8 000 PCS	USD 1.04/PC	USD8320.00
44 cm×5 cm×1.4 cm	2 000 PCS	USD 1.04/PC	USD2080.00
80cm×6.5cm×1.4cm	400 PCS	USD 2.02/PC	USD808.00
Total	14 400 PCS		USD15360.00

Packing: in bulk

]**Port of Loading**: Auckland, New Zealand

ort of Destination: Shanghai, China

Time of Shipment: befour Nov. 1, 2013

Transshipment: not allowed

Partial Shipment: not allowed

Terms of Payment: by issuing Irrevocable L/C, reaching the Seller 45 days before shipment , remaining valid for negtiation for further 15 days after the effected shipment, mentioning this sales contract No.

Insurance: Covered by the Seller, if insurance to be covered by the Buyer, the Seller shall upon completion of loading, sdvisa immediately the buyer by fax of the contract number, name of commodity, mumber of packages, gross and weights, invoice value, name of vessel and loaking date.

Inspection and Claims: the Buyer shall have the right to apply to CCIB for inspection completion of goods at the port of destination, in case of quality or quantity discrepancy, the Buyer shall beentited to lodge claims with the Seller within 90 days after the arrival of the goods at destination.

Force Majeure: The Seller shall not be held responsible for the delay in shipment or nondelivery of the goods due to Force Majeure, which might occur during the process of manufacturing or in the course of loading or transit. The Seller shall advise the Buyer immediately of the occurrence mentioned above and within fourteen days thereafter, the Seller shall send by airmail to the Buyer for their acceptance a certificate of the accident issued by the Competent Government Authorities where the accident occurs as evidence thereof. Under such circumstances the Seller, however, are still under the obligation to take all necessary measures to hasten the delivery of the goods. In case the accident lasts for more than 10 weeks, the Buyer shall have the right to cancel the Contract.

Arbitration: Any dispute arising from or in connection with this Contract shall be submitted to China International Economic and Trade Arbitration Commission for arbitration which shall be conducted in accordance with the Commission's arbitration rules in effect at the time of applying for arbitration. The arbitral award is final and binding upon both partied. Arbitration fee shall be borne by the losing party.

Remarks: the Seller should submit full set of docments which include: B/L, invoice, packing list, certificate of origin, weight note, insurance policy, ETC.

This contract is made in two original copies and becomes valid after signature, one copy to be held by each party.

The Seller	The Buyer
Reggs Timber Cooperative Group	Zhejiang Weite Furniture Co. , Ltd.
DAVID LANGE	韦特

2013 年 9 月 6 日，外贸业务员董晓拿到了合同号为 13ZJJXWT0127 的进料加工合同和合同号为 13ZJJXWT0176 的产品出口合同。浙江韦特家具有限公司是第一次开展进料加工生产并产品出口的业务，2013 年 9 月 6 日，外贸业务员董晓必须办理好进料加工贸易业务的相关手续，以使进料加工业务能够顺利开展。

2013 年 9 月 15 日，董晓按照要求办理好进料加工贸易业务的相关手续。同时配合和督促公司其他人员完成开证手续、对外付款和接货操作、进口报检和报关操作。

董晓的工作任务为：

1. 拟订合同履行时间安排表；

2. 网上填制《加工贸易经营状况及生产能力证明》；

3. 申办《加工贸易业务批准申请表》；

4. 办理进料加工免税证明；

5. 完成进料加工贸易合同备案；

6. 制作《加工贸易手册》手册；

7. 申报进料加工单耗；

8. 办理料件进口手续；

9. 办理成品出口手续；

10. 办理进料加工核销手续。

学习环节

任务一 外商验厂操作

验厂即为按照一定的标准对工厂进行审核或评估。一般分为人权、品质、反恐验厂等，企业“验厂”活动已经在中国的出口企业中铺开，接受跨国公司和中介机构“验厂”对我国出口生产企业，尤其是纺织和服装、玩具、日用品、电子和机械等劳动密集型企业几乎成为必须满足的条件。

一、人权验厂

官方称为社会责任审核、社会责任稽核、社会责任工厂评估等。其又分为企业社会责任标准认证和客户方标准审核。这种“验厂”主要通过两种方式推行。

1. 企业社会责任标准认证

企业社会责任标准认证是指企业社会责任体系制定方授权一些中立的第三方机构对申请通过某种标准的企业是否能达到所规定的标准进行审查的活动。是采购商要求中国企业通过某些国际、地区或行业的“社会责任”标准认证，获得资格证书，以此作为采购或下达订单的依据。这类标准主要有 SA8000、ICTI(玩具行业)、EICC(电子行业)、美国的 WRAP(服装鞋帽行业)、欧洲大陆地区的 BSCI(所有行业)、法国的 ICS(零售行业)、英国的 ETI(所有行业)等。

2. 客户方标准审核

客户方标准审核是跨国公司在采购产品或下达生产订单之前，对中国企业按照跨国公司制定的社会责任标准也就是通常所说的企业行为守则对企业社会责任，主要是劳工标准的执行情况进行直接审查。一般来说，大中型跨国公司都有自己的企业行为守则，如沃尔玛、迪斯尼、耐克、家乐福等欧美国家的服装、制鞋、日用品、零售业等集团公司。这种方式称为第二方认证。

两种认证的内容都是以国际劳工标准为依据，要求供货商在劳工标准和工人生活条件等方面承担规定义务。比较而言，第二方认证出现时间较早，覆盖范围和影响面大，而第三方认证的标准和审查更加全面。

二、反恐验厂

一般有两种即 C-TPAT 和 GSV。

1. C-TPAT

海关-商贸反恐联盟(Customs-Trade Partnership Against Terrorism，简称 C-TPAT)，旨在与相关业界合作建立供应链安全管理系统，以确保供应链从起点到终点的运输安全、安全信息及货况的流通，从而阻止恐怖分子的渗入。

2. GSV

全球安全验证(Global Security Verification，简称 GSV)是一项国际领先的商业服务体系，为全球供应链安全策略的开发和实施提供支持，涉及工厂的保安、仓库、包装、装货和出货等环节。GSV 体系的使命是与全球的供应商和进口商合作，促进全球安全认证体系的开发，帮助所有成员加强安全保障和风险控制、提升供应链效率，并降低成本。

三、品质验厂

品质验厂又称质量验厂或生产能力评估，是指以某采购商的品质标准对工厂进行审核。其标准往往不是“通用标准”，这一点区别于体系认证。这种验厂相对社会责任验厂和反恐验厂，出现的频率并不高。且审核难度也小于社会责任验厂。以沃尔玛的 FCCA 为例说明，沃尔玛(Wal-mart)新推行的 FCCA 验厂全称为：Factory Capability & Capacity Assessment，即工厂产量及能力评估，其目的是审核工厂的产量及生成能力是否符合沃尔玛的产能和质量要求，其主要内容包括以下几个方面：

(1) Factory Facilities and Environment 工厂设施和环境。

(2) Machine Calibration and Maintenance 机器校准和维护。

(3) Quality Management System 质量管理体系。

(4) Incoming Materials Control 来料控制。

(5) Process and Production Control 过程和生产控制。

(6)In-House Lab-Testing 内部实验室测试。

(7)Final inspection 最终检验。

四、验厂资料

验厂资料是指工厂在验厂时为审核员提供工厂的一些基本文件资料及生产记录，验厂资料主要是在人权、环境、安全、卫生和反恐及现场方面的文件资料，根据工厂的客户的要求可能侧重点有所不一样，有的重点是在人权，有的重点是在安全。

1. 文件资料

品质手册和管理会议记录；检验程序，检验标准及最近 3 个月的检验报告；主要机器设备清单；机器设备保养计划和记录；机器保养人员的专业证书；产品规格书；原料的来料和发料记录；员工培训计划及培训记录；产前会议程序及记录和质量会议记录；供应商管理程序，记录，采购单及物料规格单；实验室操作手册及测试报告；缺陷统计报告及出货记录；工厂组织架构图；工厂营业执照；当前的品质水准记录；出货及时率的统计记录；ISO 证书及最近一次的审查报告；纠正预防措施的记录；利器收发记录；近期 3 个月的各项生产报表；地理位置示意图及逃生路线图；消防演习记录等。

2. 现场布设

安全通道线；安全出口、应急灯、火警铃；化学药品摆放；仓库特殊要点；饮水区划分；意见箱的设立及程序文件等。

3. 反恐重点

C-TPAT 证书；保安制度；装柜作业程序；货柜检查程序及记录；封柜记录；封条管理程序等。

五、验厂流程

客户验厂主要内容与流程见表 9-1，验厂报告见样本 9-3。

表 9-1　客户验厂主要内容与流程

验厂前的工作及资料的准备	工厂的基本资料提供		工厂的基本概况；工厂的营业执照；工厂的税务登记录；工厂的进出口权证书；工厂的生产工艺流程图；工厂的平面图；工厂的机器设备清单；工厂的人事组织结构图；工厂的 QC、QA 详细组织结构图
	确定验厂事宜		验厂的日期；验厂的地点；验厂的联系人；验厂的行程等
验厂过程的执行	开首次会议	召集相应人员，讲述验厂工作要求	验厂的先后顺序；验厂的配合部门及人员；验厂时的注意事项等
	查阅资料	管理部	营业执照的正本；进出口权的证书正本；国税、地税的证书正本；ISO 证书正本；员工社保证书；当地政府规定最低工资保障证明；员工劳动合同书；员工近 3 个月的出勤工卡；员工近 3 个月的工资清单；最近环保部门验厂的环境报告、测试报告；培训计划书、培训材教、培训记录、培训考核等；防消管理措施管理之文件；污水污染等处理之文件及记录；其他资料
		品质部	品质手册/部门程序/工作流程及作业指导书/表格表单；IQC、IPQC、FQC、QA 之所有品检标准/作业指导书；品质标准变更单；IQC、IPQC、FQC、QA 之所有品检记录；不合品处理报告或品质异常处理单之记录；品质改进改善预防措施报告之记录；客诉处理报告单；品质周、月统计分析报告；其他资料
		生产部	生产计划排程；生产作业指令单；退料、换料单；生产排拉工位图；生产进度跟进表；不合格、合格、待检、待修、待返工等 LABEL 纸；日、月生产报表；每日修理报告；其他资料
		技术部	作业指导书；产品设计图纸；工程变更通知单；产品物料使用清单；机器设备使用说明、保养、维护等之记录；仪器设备之校正证书、记录等；其他资料
		采购部	采购合同；供应商评估；原材料证明书、原材料承认书、测试报告；采购交期进度表；其他资料
		业务部	客人订单；合同评审；客诉处理报告单；其他资料
	AUDIT 现场	来料检验区	原材料检验标准或作业指导书；材料承认书及样品；检测仪器、设备、治具校正及保养维护等；来料检验报告；来料不合格品处理报告；供应商来料统计分析报告；供应商表现评估；原材料证明或测试报告等
		原材料存放区	存放的环境如何；分门别类如何；堆放摆放标示；防火防水防潮防发霉等；合格与不合格；待检与待退分隔怎样等
		半成品、成品加工区；巡检；半成品、成品堆放区	物料摆放、标示得如何；合格与不合格、待检与待修分隔怎样；待退料、待换料情况如何；作业指导书；生产指令单：仪器设备使用情况等；巡检报告；首件检查；首件样板；品质异常联络单；料使用清单；检查测试指导书；内、外箱箱唛资料；包装方式方法；看板管理；目视管理；5S 执行情况；存放的环境如何；分门别类如何；堆放摆放标示；防火防水防潮防发霉等

续表 9-1

		成品抽样检验区	成品检验标准或作业指导书；检测仪器、设备、治具校正及保养维护等；成品检验报告；成品不合格品处理分析报告；成品功能性能测试报告或第三方测试报告；产品寿命测试；产品安全性检查；生产工单等
		成品功能性能测试区	检测仪器、设备、治具校正及保养维护等；成品不合格品处理分析报告；成品功能性能测试报告或第三方测试报告/产品寿命测试；产品安全性检查等
		成品堆放区	存放的条件如何；分门别类如何；堆放摆放高度及标示如何；防火防水防潮防发霉措施如何等；安全措施如何
		样品间	产品质量、5S 情况
		写字楼	5S 情况
		住宿区	5S 情况、安全性
		食堂区	5S 情况、卫生情况、卫生许可证
		厂内环境	5S 情况
		厂周边环境	5S 情况
		其他区域	
	拍照取样	不同区域中	拍取相应的场景
	验完后、开末次会议	召集相应人员，讲述此次验厂的大概情况	简单总结此次验厂情况
			提出特别要改进改善的地方
REMARK：所有的现场都要 AUDIT 其 5S 执行情况，空气中的质量，消防设备，消防通道，应急措施，如应急灯；光线如何，噪声大小，气温高低等			
验完厂后之工作	编辑验厂报告		
	提供要求改进改善之条款并进行跟进跟踪		

样本 9-3

验厂报告

FACTORY EVALUATION

Manufacturer for Project-No：Order No. 47032

Project-Description：	2PCS HAMMER SET
Factory	JIAXING XINHUA HARDWARE MANUFATURE CO.，LTD
Supplier	JIAXING XINHUA HARDWARE MANUFATURE CO.，LTD
Date of Factory Visit	SEP. 11，2013
Address	23 CHANGSHUI ROAD，JIAXING，ZHEJIANG CHINA
Manufacturer Name：	JIAXING XINHUA HARDWARE MANUFATURE CO.，LTD
Country：	P. R. China
City：	JIAXING
Street：	CHANG HUI

Telephone:	0086—0573—82522222
Fax	0086—0573—82555555
E-mail	e-mail@uuutm
ORGANISATION:	
Factory Owner	Li Jun
General Manager	Li Yun
Company Status	Personal
Established	in 2001
Person in charge for this project	Peter Li
PRODUCTION STATUS:	
Major Product Range:	hammer, vice, steel box and steel safe
Specialist for	hammer and vice
Major Material Range	steel and aluminum
Export Countries	Germany, UK, Japan, USA
DWCountry Ratio	Germany:40% UK:30% Japan:20% USA:10%
Customer	B&Q, Comi etc.
TOTAL STAFF:	
Administration	10
· Production	120
· QC	8
Total:	138
EQUIPMENT:	
Technical Equipment	Metal Process Machine
Type of Machines	Deep Draw Machine、Cut Machine、Welding Machine
Technology & Age	Bought: in 2001 Maintenance: Ok
GENERAL IMPRESSION:	
Cleanness	Very good
Organisation	Very organised
Production Process	Organised
Working Instructions	Have
Packing	Individual packing line
QUALITY ASSURANCE:	
ISO—Certification	ISO9002—2000
Person in charge for QC	8 Competence: Ok
Test Instruction	Yes
Test equipment	Yes
QUALITY CONTROL:	
Incoming	Inspected

Inline	Inspected
Final	Inspected
Documentation	Yes
WAREHOUSE:	
Owe Warehouse	Yes
Warehouse Capacity	2 000 m^2
Warehouse Conditions	Good, clean, dry

任务二　进料加工进口业务

一、核实企业的生产经营条件

(一)核实企业法人登记注册情况

1.核实企业法人名称

(1)鉴别名称中的行政区划。

(2)鉴别名称中的行业、经营类型。

(3)鉴别名称中的组织形式。“集团公司”一般规模大于“实业公司”,“实业公司”一般规模大于“有限公司”,“分公司”不是独立法人企业,其需要由上一级法人企业授权经营等。

2.核实企业注册地址及经营场所

(1)营业执照企业注册地与企业经营办公地不一致,凡出现不一致的,需要跟单员认真查明原因。如有的企业近期搬新址,还来不及进行工商变更;如有的企业违法经营,有意搬离注册地等。

(2)对企业改变地址的要查明原因。主要把握几个方面:场地改变条件改善,说明企业经营较好,想加快发展;场地改变,规模缩小,表明企业前一时期经营情况不好,企业正在进行收缩,对这类企业需要注意;场地大规模扩大,更应认真评估该企业搬入新址的资金投入对企业正常经营所带来的资金压力。

3.核实法定代表人、授权委托人

4.核实经济性质

股份有限公司,每个股东以其所认缴的出资额对公司承担有限责任,公司以其全部资产对其债务承担责任的经济组织,而私营独资企业投资者对企业债务承担无限责任的企业。

5.核实经营范围

跟单员需要关注该企业经营范围涉及的经营项目内容。

6.核实注册资本、注册资金

注册资金是企业实有资产的总和,注册资本是出资人实缴的出资额的总和。

7.核实成立时间

通常企业注册成立的年限越长,积累的经营经验越多,越值得信赖。

8.核实经营期限

经营范围属"许可经营项目"的,有关批准部门有经营期限限止,跟单员要核实是否在期限之内。

9.核实营业执照

如果在查看营业执照时发现没有工商部门的年检标签,应当查明原因。

10.核实联系方式

联系方式包括收集长途区号、电话号码、分机号、手机、传真号码、邮政编码、电子信箱和网站地址等。

11.核实企业集团下属公司情况

对于与企业集团开展经营往来的,要核实集团公司下设的独资、控股、参股、联营等企业的数量等。

(二)了解企业生产、经营能力及经营条件

1.工业企业生产、经营能力指标

(1)工业总产值。指生产企业在报告期内生产的以货币形式表现的工业最终产品和提供工业劳务活动的总价值量。

(2)工业销售产值。其内容包括:销售成品价值、对外加工费收入。

(3)出口交货值。指生产企业交给外贸部门或自营(委托)出口,用外汇价格结算的在国内批量销售或在边境批量出口的产品价值,以及外商来样、来料加工、来件装配和补偿贸易等生产的产品价值。

(4)本年生产量。指生产企业在一定时期内生产的并符合产品质量要求的实物数量。

(5)本年销售量。指报告期内生产企业实际销售的由本企业生产的工业产品的实物数量。

(6)出口交货量。指生产企业在报告期内交给外贸部门或自营(委托)出口,用外汇价格结算的批量销售,在国内或在边境批量出口等的产品数量;还包括外商来样加工、来料加工、来件装配和补偿贸易等生产的产品数量。

(7)本年销售额。指产品的销售额,即企业在报告期内按各种价格销售同一种产品所得到的销售总金额。

(8)本企业自用量。又称企业自产自用量,指生产企业在报告期内生产的、已作本企业产量统计的、又作为本企业生产另一种产品的原材料使用的产品的数量。

(9)产品库存量。指在某一时点上,尚存在企业产成品仓库中暂未售出的产品的实物数量。

(10)年末生产能力。一般指产品的综合生产能力,分为两种情况:产品年末生产能力;设备能力。

2.批发和零售业企业经营能力指标

商品销售总额;批发额;零售额;全年营业收入。营业收入分为主营业务收入和其他业务收入。

(三)核实企业生产经营条件

(1)核实企业生产设备。

(2)核实经营场地。

(3)核实从业人员。生产员工人数,其中半熟练员工多少,熟练工人多少,技术工人多少,学历构成等。了解工人工资待遇。

(4)核实质量管理情况。有无质量检验部门;有无质检总监,能否对产品质量独立行使职权;有无独立行使职权的质量控制人员,QC 人员占整个工人比例;有无计量证书及实验室环境记录;有无 ISO 证书及其他认证证书;有无产品产前测试报告及成品批验测试报告;质检程序文件是否完善。

(5)核实交通、水电气热供应情况。

(6)了解环保、安全情况。

(7)了解技术能力情况。

(8)了解企业内部经营管理能力。

(四)测算企业实际生产能力

企业生产能力(简称产能)是指单一企业的生产设备在一定时间内所能生产的产品数量。生产能力通常以工时为单位。对一个企业生产能力的计算,一般通过以下步骤:

1.理想产能计算

假定所有的机器设备完好,每周工作 7 天,每天工作 3 班,每班工作 8 小时,期间没有任何停机时间,这是生产设备最理想的生产能力。

2.计划产能计算

对企业理想产能的修正,但它仍不代表企业实际的有效产能。此计算根据企业每周实际工作天数、排定的班次及每班次员工工作时间来确定。

3.有效产能计算

有效产能是以计划产能为基础,减去因停机和产品不合格率所造成标准工时损失。产品不合格的损失,包括可避免和不可避免的报废品的直接工时。

在得出各设备 1 周有效产能后,再根据单一产品各工序生产所需工时,计算出完成订单总数量在各工序所需总工时,以检查企业生产能力能否在订单规定的期限内完成生产,对外交货。

4.对企业生产能力不足的对策

在现实工作中,确实有一些企业因各种原因,出现生产能力不足的问题。有的是因接单过多,来不及生产;有的是企业本身规模小、设备落后生产能力有限;有的是内部计划安排不周造成前后工序等待,影响产能发挥等。当发现企业生产能力不足,不能保证订单按时交货,为了保证交货期,须要求企业或生产部门采取以下措施:

(1)延长工作时间,由一班制改为两班制、三班制,或延长员工工作时间。

(2)增加机器设备台数,延长开机时间。

(3)增加其他车间生产支持,或将部分生产任务拨给其他车间承担。

(4)调整生产计划，将部分生产向后推。

(5)部分产品进行外包生产。

(6)增加临时用工。

(7)产能长期不足时，应增加人员和机器设备。

(五)核实用印及签字

1. 企业印章

企业印章包括：公司法人、财务、合同和部门专用章。公司宣传、企业管理、对外业务、公司决策、行政事务等有关文书需加盖公司法人公章或合同专用章。公司财务专用章主要作公司对外开具的票据和与公司相关的金融事务以及财务报表之用途；公司内部生产、管理使用部门专用章。部门专用章不直接对外使用，对外不具有法律效力，只用于本部门对外的一般业务宣传或代表本部门向公司书面汇报情况或提议之用。

2. 对合作企业的印章核实及监控

在核实双方有关经营类文件时，需认真审查对方所使用的印章是否合法有效。

二、下达生产通知单

1. 落实生产通知单内各项内容

接到订单后，应将其转化为企业下达生产任务的生产通知单(见样本 9-4)，在转化时应明确客户所订产品的名称、规格型号、数量、包装、出货时间等要求。跟单员需与生产企业或本企业有关负责人对订单内容逐一进行分解，转化为生产企业的生产通知单内容。

2. 协调生产通知单遇到的问题

有时会发生生产通知单受到生产车间具体生产操作上的技术、原材料供应等问题。跟单员必须及时了解掌握生产通知单具体下达到车间后，在生产执行时遇到的困难情况。对于生产车间不能解决的技术问题或生产出来的产品无法达到客户要求的情况，跟单员应及时与有关部门衔接，在技术问题无法解决前不能生产。

3. 做好生产通知后的意外事件处理

如遇意外事件导致订单无法按时按质完成，跟单员需要反复核实，并做好多种应急事件处理预备工作，或及时调整生产通知单个别内容，或及时调整生产厂家另行下达生产通知。

应协助生产管理人员将订单及时转化为生产计划，以便产品的顺利制造。生产计划的制订主要依据订单要求、前期生产记录、计划调度以及产能分析而制订的。其计划的内容主要有各月份、各规格、设备及销售类别的生产数量，并且每月应进行修订一次。计划的内容包括当月各批号、产品名称、生产数量、生产日期、生产单位的产量等。一周生产计划是由月份生产计划或紧急订单转换而制订的，它是具体生产安排及物料控制的依据。

样本 9-4 **生产通知单**

生产部门:生产一组、生产二组				
订单编号:130406	订货客户	浙江金莎进出口有限公司	通知日期	2013－04－06
产品名称:真丝领带	交货方式	全部完工后一次性交货	生产日期	2013－04－07 至 2013－04－23
规格型号: 面料:百分之百丝 里料:涤纶 尺码:145 cm × 10 cm × 3.8 cm 内衬:480g	交货期限	2013－04－24	完工日期	2013－04－23
生产数量: 棕色:1 000 件 黄色:1 000 件 黑色:1 000 件 蓝色:1 000 件 总计:4 000 件	特别规定事项			
工艺要求:产前样、纸样工艺单等均见技术资料				
质检要求:生产过程三检制:工人自、互检、QC 专检;大货完工后抽样检验				
包装要求:每件装一纸盒,40 纸盒装一纸箱,总共 100 纸箱				

三、做好生产日程安排

日程计划是生产管理中最重要的环节之一,如何对计划进行的生产预先设定时间、顺序、不同产品、批量的衔接等,都是日程计划要明确的事项或中心内容。企业的生产活动是一个涉及面广而复杂的体系,要使这个体系能顺畅运作,就得有系统的生产日程计划和安排,为各部门生产提供依据,各部门乃至全面运作才可能有序、高效。

(一)日程计划的拟订

1.拟定步骤

(1)决定基准日程。按作业的制程别、材料别表示开工及完工时期的基准、先后顺序。

(2)决定生产预定。依基准日程、生产能力及出货计划的要求订立详细的月份生产计划。

(3)安排日程。按照交期先后安排;按照客户优劣安排;按照制程瓶颈程度大小安排。

(4)前期作业准备。充分的作业准备及生产日程计划的检讨,确保计划的可行及达成。

2.拟定的考量点

(1)以客户要求为中心来确定。按客户要求交期的先后顺序;今后的销售预定或出货预定做比较,必要的产品先安排。

(2)以生产效率为中心来确定。分类组合要生产的产品,以连续生产来考虑,把准备/辅助时间降到最低。

3. 拟定要点

要点是:能力的保证;对紧急生产量及作业的对策;对计划变更的考虑及贯彻;日程计划实施部门的工作计划;与销售、研发/生技、资材等相关职能部门的合作。

(二)日程计划的实施步骤

(1)依生产计划决定月别生产计划。

(2)依基准日程决定产品开工及完工日。

(3)确定个别制程的标准加工时间。

(4)依制程资料及机器/人工负荷决定各制程开工及完工时间。

(5)以生产日程表明确产品开工及完工日。

(6)以作业日程表明确作业/机台别开工及完工日。

(7)确认日程计划的前期生产准备。

(8)必要时,调整/修订日程计划。

(三)影响日程计划的因素

(1)紧急订单的处理。

(2)客户订单及需求的稳定性。

(3)长、短期订单的搭配。

(4)季节性的变化。

(5)制造途程的安排。

(6)生产状况的确实掌握。

(7)设备、材料、人员的稳定性。

(8)存货调整的必要性。

(四)日程计划追求的目标

(1)缩短生产周期。

(2)减少在制品。

(3)作业的稳定及效率的提升。

(4)对最终产品组合装配的同步化。

四、出口产品质量检验

出口产品的质量检验需依据订单的质量要求,保证产品出口符合要求。

(一)常用的出口产品质量检验方式

1. 全数与抽样检验

(1)全数检验就是对待检产品100%逐一进行检验,又称全面检验或100%检验。这种质量检验方法适用于生产批量很少的大型机电设备产品，大多数生产批量较大的产品，如电子元器件产品就很不适用。当质量检验具有破坏性时，例如电视机的寿命试验、材料产品的强度试验等，全数检验更是不可能的。

(2)抽样检验是从一批交验的产品(总体)中，随机抽取适量的产品样本进行质量检验，然后把检验结果与判定标准进行比较，从而确定该产品是否合格或需再进行抽检后裁决的一种质量检验方法。

2.计数与计量检验

(1)计数检验。在抽样的样本中，记录每一个体有某种属性或计算每一个体中的缺陷数目的检查，计数检验的计数值质量数据不能连续取值，如不合格数、疵点数、缺陷数等。

(2)计量检验。计量检验的计量值质量数据可以连续取值，如长度、容积、重量、浓度、温度、强度等。

3.理化与感官检验

(1)理化检验是应用物理或化学的方法，依靠量具、仪器及设备装置等对受检物进行检验。理化检验通常测得检验项目的具体数值精度高，人为误差小。理化检验是各种检验方式的主体，特别受到人们的关注。

(2)感官检验就是依靠人的感觉器官对质量特性或特征作出评价和判断。如对产品的形状、颜色、气味、伤痕、污损、锈蚀和老化程度等，往往要靠人的感觉器官来进行检查和评价。

4.破坏性与非破坏性检验

(1)破坏性检验后，受检物品不再具有原来的使用功能，如寿命试验，强度试验以及爆炸试验等。破坏性检验只能适用抽样检验方式。

(2)非破坏性检验是指检验时产品不受损坏，或虽然有损耗但对产品质量不发生实质性影响的检验。

5.固定与流动检验

(1)固定检验就是集中检验，是指在生产企业内设立固定的检验站，各工作现场的产品加工以后送到检验站集中检验。

(2)流动检验就是由检验人员直接去工作现场检验。

6.验收与监控检验

(1)验收检验广泛存在于生产全过程，如原材料、外购件、外协件及配套件的进货检验，半成品的入库检验，产成品的出厂检验等。验收检验的目的是判断受检对象是否合格，从而做出接收或拒收的决定。

(2)监控检验也叫过程检验，目的是检定生产过程是否处于受控状态，以预防由于系统性质量因素的出现而导致的不合格品的大量出现。如生产过程质量控制中的各种抽样检验就是监控检验。

(二)抽样检验方法

抽样检验是外贸出口商品质量检验中使用最多的形式。

1.抽样检查中的基本术语

(1)批：相同条件下制造出来的一定数量的产品，称为“批”。在5M1E(即人、机、料、法、

测、环)基本相同的生产过程中连续生产的一系列批称为连续批;不能定为连续批的批称为孤立批。"5M1E"是指:

①人(man),包括人的质量意识、责任心、技术业务水平、操作熟练程度、身体条件等。

②仪器设备(machine),是否已过检验和校正,运行状况是否正常,是否有严格的管理和使用制度等。

③材料(material),包括试剂、药品、实验动物等是否标准有效。试剂药品有无标明生产厂家、有效期、含量;实验动物是否明确来源、种系、等级、年龄、性别、适应、饲养等情况。

④测量(measure),包括试仪器的精度和测量方法等,是否有明确规定,并严格执行。

⑤方法(method),包括工艺技术路线、操作规程、组织管理方法等是否标准化,规范化、程序化;岗位责任制和考核是否健全。

⑥环境(environment),包括温度、湿度,含尘量、噪声、震动、照明、卫生等条件,该控制的条件是否已得到控制。

(2)单位产品:为实施抽样检查的需要而划分的基本单位称为单位产品。

(3)批量和样本大小:批量是指批中包含的单位产品个数。样本大小是指随机抽取的样本中单位产品个数。

(4)样本和样本单位:从检查批中抽取用于检查的单位产品称为样本单位。而样本单位的全体则称为样本。样本大小则是指样本中所包含的样本单位数量。

(5)合格质量水平(AQL)和不合格质量水平(RQL):在抽样检查中,认为可以接受的连续提交检查批的过程平均上限值,称为合格质量水平。而过程平均是指一系列初次提交检查批的平均质量,它用每百单位产品不合格品数或每百单位产品不合格数表示;具体数值由产需双方协商确定,一般由 AQL 符号表示;在抽样检查中,认为不可接受的批质量下限值,称为不合格质量水平,用 RQL 符号表示。

(6)检查和检查水平(IL):用测量、试验或其他方法,把单位产品与技术要求对比的过程称为检查。检查有正常检查、加严检查和放宽检查等。

(7)两类风险:因抽样检验随机性,将本来合格的批,误判为拒收的概率,这对生产方是不利的,因此称为第Ⅰ类风险或生产方风险;而本来不合格的批,也有可能误判为可接受,将对使用方产生不利,该概率称为第Ⅱ类风险或使用方风险。

(8)抽样检查方案。样本大小或样本大小系列和判定数组结合在一起,称为抽样方案。而判定数组是指由合格判定数系列和不合格判定数或合格判定数系列和不合格判定数系列结合在一起。

2.抽样检查方法的分类

(1)按产品质量指标特性分类。质量指标可以按其测量特性分为计量指标和计数指标两类。计量指标是指如材料的纯度、加工件的尺寸、钢的化学成分、产品的寿命等定量数据指标。计数指标又可分为计件指标和计点指标两种,前者以不合格品的件数来衡量,后者则指产品中的缺陷数,如 1 米^2 布料上的外观疵点个数,一个铸件上的气泡和砂眼个数等。

(2)按抽样检查的次数分类。按抽样检查次数可分为一次、二次、多次和序贯抽样检查方法。

①一次抽检方法。该方法最简单,它只需要抽检一个样本就可以作出一批产品是否合格

的判断。

②二次抽检方法。先抽第一个样本进行检验,若能据此作出该批产品合格与否的判断、检验则终止。如不能作出判断,就再抽取第二个样本,然后再次检验后作出是否合格的判断。

③多次抽检方法。其原理与二次抽检方法一样,每次抽样的样本大小相同,但抽检次数多,合格判定数和不合格判定数亦多。

④序贯抽检方法。相当于多次抽检方法的极限,每次仅随机抽取一个单位产品进行检验,检验后即按判定规则作出合格、不合格或再抽下个单位产品的判断,一旦能作出该批合格或不合格的判定时,就终止检验。

(3)按抽检方法形式分类。抽检方法首先可以分为调整型与非调整型两大类。

调整型是由几个不同的抽检方案与转移规则联系在一起,组成一个完整的抽检体系,然后根据各批产品质量变化情况,按转移规则更换抽检方案即正常、加严或放宽抽检方案的转换,ISO2859、ISO3951 和 GB2828 标准都属于这种类型,调整型抽检方法适用于各批质量有联系的连续批产品的质量检验。

非调整型的单个抽样检查方案不考虑产品批的质量历史,使用中也没有转移规则,因此它比较容易为质检人员所掌握,但只对孤立批的质量检验较为适宜。

任务处理

任务一:拟订合同履行时间进度安排表

董晓根据进料加工合同和成品出口合同的要求,做好合同履行和对合同进行跟踪管理的时间安排。合同履约时间进度表安排见表 9-2。

表 9-2 合同履约时间进度安排

序号	工作环节	工作任务	合同时间要求	完成时间
1	进料加工业务审批	办理各种申办手续	进料加工合同(进口)签订后,料件进口前	2013 年 9 月 6 日前
2	进料加工进口业务	开证申请	/	/
		货运、保险	CIF 条款	无要求
		付款、接货	信用证即期付款	审单后 3 个工作日
		进口报检、报关	/	货到港之日起 15 天内
3	进料加工生产	验厂操作	/	/
		产品生产	最迟装运:2014 年 1 月 1 日	2013 年 12 月 28 日
4	加工成品出口	租船订舱	最迟装运:2014 年 1 月 1 日	2013 年 12 月 31 日
		出口报检、报关	装运前 24 小时	
		制单结汇	装运后 21 天之内	装运后 21 天之内
		企业报核海关核销	手册到期之日起 30 天内	/

任务二:网上填制《加工贸易企业经营状况及生产能力证明》

董晓要办理加工企业资格认证和办理入网手续。《加工贸易企业经营状况及生产能力证明》实行网上申报，董晓通过中国国际电子商务中心网页依照《关于开展全国加工贸易企业经营状况和生产能力核查的通知》等文件及有关补充规定填报有关数据。同时向嘉兴市经济开发区外贸主管部门提交以下材料：

1.申请报告(企业生产经营情况及加工贸易情况介绍，盖公章)；

2.《加工贸易企业经营状况及生产能力证明》(网上在线打印三份，盖公章，法人代表签字)；

3.组织机构代码证复印件；

4.营业执照复印件；

5.对外贸易经营者备案登记表或外商投资企业批准证复印件；

6.税务登记证复印件；

7.海关注册证复印件；

8.外汇登记证复印件；

9.上年度资产负债表(盖公章)；

10.上年度损益表(盖公章)；

11.上月社保及其他保险缴款单复印件(盖公章)。

任务三:完成申办《加工贸易业务批准申请表》

验厂合格后，董晓先按要求填写《加工贸易业务审批申请单》、《进口料件申请备案清单》、《出口制成品及对应进口料件消耗备案清单》(见表 9-3、表 9-4、表 9-5、表 9-6)。董晓填制好《加工贸易业务批准申请表》之后，准备好下列材料，向嘉兴市经贸局申请核发《加工贸易业务批准证》：

1. 经营企业进出口经营备案登记证明；

2. 加工贸易经营企业和生产企业注册地商务主管部门出具的《加工贸易企业经营状况及生产能力证明》；

3.经营企业和加工企业营业执照复印件；

4.经营企业对外签订的进出口合同正本；

5.经营企业与加工企业签订的加工贸易协议(合同)正本；

6.加工贸易审批管理机关认为需要出具的其他证明文件和材料。

2013 年 9 月 6 日，嘉兴市经贸局经审核后签发了《加工贸易业务批准证》。

表 9-3　加工贸易业务审批申请单

1.经营企业名称:浙江韦特家具有限公司	2.加工企业名称:浙江韦特家具有限公司
3.经营企业地址、联系人、电话: 中国嘉兴中山西路 300 号　董晓 0086－573－85773872	4.加工企业地址、联系人、电话: 0086－573－85773872
5.经营企业类型:有限责任公司 经营企业编码:******	6.加工企业类型:有限责任公司 加工企业编码:******
7.加工贸易类型:进料加工	8.来料加工项目协议号:

续表 9-3

<table>
<tr><td rowspan="3">进料加工</td><td>9.进口合同号：
13ZJJXWT0127</td><td rowspan="3">来料加工</td><td colspan="2">10.合作外商</td></tr>
<tr><td>11.出口合同号：
13ZJJXWT0176</td><td colspan="2">12.合同号</td></tr>
<tr><td>13.客供辅料合同号：</td><td colspan="2">14.加工费(美元)：</td></tr>
<tr><td colspan="2">15.进口主要料件(详细目录见清单)：
松木条(详细见目录清单)</td><td colspan="3">16.出口主要制成品(详细目录见清单)：
松木桌椅(详细见目录清单)</td></tr>
<tr><td colspan="2">17.进口料件总值(美元)：15 368.00</td><td colspan="3">18.出口制成品总值(美元)：37 388.60</td></tr>
<tr><td colspan="2">19.进口口岸：上海</td><td colspan="3">20.出口口岸：上海</td></tr>
<tr><td colspan="2">21.出口制成品返销截止日期：20140101</td><td colspan="3">22.加工地主管海关：
中华人民共和国嘉兴海关</td></tr>
<tr><td colspan="2">23.加工企业生产能力审查单位：
嘉兴市外经贸局</td><td colspan="3">24.经营企业银行基本账户账号：
交通银行嘉兴分行：334900010209000 *****</td></tr>
<tr><td colspan="2" rowspan="2">25.国产料件总值：$</td><td rowspan="2">26.深加工结转金额</td><td>转入</td><td>$</td></tr>
<tr><td>转出</td><td>$</td></tr>
<tr><td colspan="2">27.选项说明：
(　　)1.本合同项下产品不涉及地图内容，不属于音像制品、印刷品。
(　　)2.本合同项下产品涉及地图内容，已取得国家测绘局批准文件。
(　　)3.本合同项下产品属音像制品、印刷品，已取省级出版行政机关批准文件。</td><td colspan="2" rowspan="2">29.备注：</td><td rowspan="2">30.
经办人：
审核：
签发：
日期：
(此栏由审批机关使用)</td></tr>
<tr><td colspan="2">28.申请人申明：企业的生产经营和所加工产品符合国家法律、法规的规定</td></tr>
</table>

表 9-4　进口料件申请备案清单

批准证号：嘉经贸(2013)进自第××× ××号　　　　金额单位：美元

序号	商品编号	品名	规格	数量	单位	原产国	单价	总价	币制
1	44092000.90	松木条	45cm×5cm×1.7cm	4 000	根	新西兰	1.04	4 160.00	美元
2	44092000.90	松木条	39cm×5cm×1.7cm	8 000	根	新西兰	1.04	8 320.00	美元
3	44092000.90	松木条	44cm×5cm×1.4cm	2 000	根	新西兰	1.04	2 080.00	美元
4	44092000.90	松木条	80cm×6.5cm×1.4cm	400	根	新西兰	2.02	808.00	美元

注：本清单经批准单位盖章有效。

表 9-5　出口成品申请备案清单

经营单位名称:浙江韦特家具有限公司

加工企业名称:浙江韦特家具有限公司

加工贸易合同号:13ZJJXWT0127　　　　　　　　　　　　金额单位:美元

序号	商品编号	品名	规格	数量	单位	原产国	单价	总价	币制
1	94046900	椅子	2 856	1 000	个	中国	35.82	35 820.00	美元
2	94036091	桌子	3 658	20	个	中国	78.43	1 568.60	美元

注:本清单经批准单位盖章有效。

表 9-6　出口制成品及对应进口料件消耗备案清单

批准证号:嘉经贸(2013)进自第×××××号　　　　　　　金额单位:美元

出口制成表						
商品编码	出口商品名称	规格型号	单位	数量	单价	总值
94046900	椅子	2 856	个	1000	35.82	35 820.00
94036091	桌子	3 658	个	20	78.43	1 568.60

对应进口料件消耗定额					
商品编码	进口商品名称	规格型号	单耗	损耗率%	备注
44092000.90	松木条	45 cm×5 cm×1.7 cm	4	0	
44092000.90	松木条	39 cm×5 cm×1.7 cm	8	0	
44092000.90	松木条	44 cm×5 cm×1.4 cm	2	0	
44092000.90	松木条	80 cm×6.5 cm×1.4 cm	20	0	

注:本清单经批准单位盖章有效。

任务四:办理进料加工免税证明

董晓根据要求填写《保税合同备案预录入呈报表》及《进口料件预录入呈报表》、《出口成品预录入呈报表》(见表 9-7、表 9-8、表 9-9)。

表 9-7　保税合同备案预录入呈报表

1.经营单位名称:浙江韦特家具有限公司	2.经营单位编码:*******	
3.经营单位地址:中国嘉兴中山西路 300 号		
4.联系人:董晓	5.联系电话:0086－573－85773872	
6.加工企业名称:浙江韦特家具有限公司	7.加工企业编码:******	
8.加工企业地址:中国嘉兴中山西路 300 号		
9.联系人:董晓	10.联系电话:0086－573－85773872	
11.外商公司:Reggs Timber Co-operative Group	12.协议号:13ZJJXWT0127	
13.贸易方式:加工贸易	14.征免性质:照章征税	15.贸易国别:新西兰

续表 9-7

16. 保税方法：全额保税	17. 加工种类：家具制造业	
18. 进口合同号：13ZJJXWT0127	19. 进口总值：15 368.00	20. 币制:美元
21. 出口合同号:13ZJJXWT0176	22. 出口总值:37 388.60	23. 币制:美元
24. 批准文号：嘉经贸(2013)进自第××× ××号	25. 审批机关:嘉兴市经贸局	
26. 进口期限:2013 年 11 月 1 日	27. 出口期限:2014 年 1 月 1 日	
28. 进口口岸:上海	29. 出口口岸:上海	
30. 报关员:李敏	31. 填报日期:2013 年 9 月 5 日	
32. 备注:		

表 9-8 进口料件预录入呈报表

经营单位盖章：　　　　　　　　　　进口合同号:13ZJJXWT0127

序号	商品编号	商品名称	规格型号	数量	单位	单价	总价	原产国
1	44092000.90	松木条	45 cm×5 cm×1.7 cm	4 000	根	1.04	4 160.00	新西兰
2	44092000.90	松木条	39 cm×5 cm×1.7 cm	8 000	根	1.04	8 320.00	新西兰
3	44092000.90	松木条	44 cm×5 cm×1.4 cm	2 000	根	1.04	2 080.00	新西兰
4	44092000.90	松木条	80 cm×6.5 cm×1.4 cm	400	根	2.02	808.00	新西兰

表 9-9 出口成品预录入呈报表

经营单位盖章：　　　　　　　　　　出口合同号:13ZJJXWT0176

序号	商品编号	商品名称	规格型号	数量	单位	单价	总价	消费国
1	94046900	椅子	2856	个	1 000	35.82	35 820.00	英国
2	94036091	桌子	3658	个	20	78.43	1 568.60	英国

任务五：填制《加工合同备案申请表》

董晓填制好《加工合同备案申请表》(表 9-10)后，交海关预审后由公司进行合同预录入，办理进料加工合同登记备案手续(表 9-11、表 9-12、表 9-13)。

表 9-10 加工合同备案申请表

备案申报编号　　　　　　　　　　主管地海关：中华人民共和国嘉兴海关

经营单位名称:浙江韦特家具有限公司 经营单位编码:******
经营单位地址:
联系人：董晓　　　　联系电话:0086－573－85773872

续表 9-10

加工企业名称:浙江韦特家具有限公司 加工企业编码:＊＊＊＊＊＊
加工企业地址:中国嘉兴中山西路 300 号
联系人:董晓　　联系电话:0086－573－85773872
外商公司名称:Reggs Timber Cooperative Group 外商经理:DAVID LANGE
贸易方式:加工贸易 征免性质:进料加工
贸易国(地区): 中国 加工种类:家具制造业
内销比例:　　批准文号: 协议号:
进口合同号:13ZJJXWT0127 进口总值:15368.00　　币制:美元
出口合同号:13ZJJXWT0176 出口总值:37388.60　　币制:美元
投资总额: 进口设备总额:　　币制:
进出口口岸:上海 进口日期: 20131120　　出口期限:20140101
申请人:韦特　　申请日期:20130720
备注:

企业签章:浙江嘉兴维特家具有限公司

表 9-11　进口料件申请备案清单

批准证号:嘉经贸(2013)进自第×××××号　　金额单位:美元

序号	商品编码	商品名称	规格型号	数量	单位	单价	总值	原产国
1	44092000.90	松木条	45 cm×5 cm×1.7 cm	4 000	根	1.04	4 160.00	新西兰
2	44092000.90	松木条	39 cm×5 cm×1.7cm	8 000	根	1.04	8 320.00	新西兰
3	44092000.90	松木条	44 cm×5 cm×1.4 cm	2 000	根	1.04	2 080.00	新西兰
4	44092000.90	松木条	80 cm×6.5 cm×1.4 cm	400	根	2.02	808.00	新西兰

注:本清单经批准单位盖章有效

表 9-12　加工出口成品备案申请表

序号	商品编号	商品名称	规格型号	数量	单位	单价	总价	原产国
1	94046900	椅子	2856	个	1 000	35.82	35 820.00	英国
2	94036091	桌子	3658	个	20	78.43	1 568.00	英国

表 9-13 进料加工单耗备案申请表

产品序号	成品名称	对应料件序号	单耗量	损耗率
1	椅子/2856,松木	1. 松木条 45 cm×5 cm×1.7 cm	4	0
		2. 松木条 39 cm×5 cm×1.7 cm	8	0
		3. 松木条 44 cm×5 cm×1.4 cm	2	0
2	桌子/3658,松木	4. 松木条 80 cm×6.5 cm×1.4 cm	20	0

任务六:填制《加工贸易手册》相应部分,为进料加工合同登记备案做准备

董晓于 2013 年 9 月 7 日准备好了下列材料:

1. 进料加工合同和出口合同副本;

2.《加工贸易业务批准证》;

3. 加工贸易企业生产能力证明;

4. 税务部门签发的审核证明。

向嘉兴海关办理进料加工合同登记备案手续。嘉兴海关审核了董晓提交的所有材料,按规定签发了《银行保证金台账开设联系单》。2013 年 9 月 8 日,董晓在交通银行嘉兴分行办理完毕保证金台账手续,并将《银行保证金台账登记通知单》提交嘉兴海关,等待核发《加工贸易手册》(见样本 9-5)。嘉兴海关于 2013 年 9 月 11 日向公司核发了《加工贸易手册》。

样本 9-5 加工贸易手册

手册/分册编号________

中 华 人 民 共 和 国 海 关

中华人民共和国嘉兴海关核发

经营企业名称 浙江韦特家具有限公司

海关注册编码 ＊＊＊＊＊＊

手册备案有效期 一年

加 工 贸 易 企 业 须 知

1. 本加工贸易手册供经营加工贸易的企业,办理加工贸易合同登记备案(变更)、货物进出口和核销之用。本手册适用进料加工、来料加工等业务。

2. 经营企业应当向加工企业所在地主管海关办理加工贸易货物备案手续。企业办理加工贸易相关业务,按照有关规定需要担保的,企业应按规定办理担保手续。

3. 经营企业办理加工贸易货物备案手续,应当提交下列单证:商务(外经贸)主管部门签发的同意开展加工贸易业务的有效批准文件;商务(外经贸)主管部门签发的"加工贸易企业经营状况及生产能力证明";经营企业对外签订的合同;经营企业委托加工的,还应当提交经营企业与加工企业签订的委托加工合同;海关认为需要提交的其他证明文件和材料。

4. 已经办理加工贸易货物备案的经营企业可以向海关申领加工贸易手册分册、续册。

5. 经营企业经海关批准可以开展外发加工业务。外发加工应当在加工贸易手册有效期内进行。

6. 经营企业办理货物进出口手续时，应当持加工贸易手册、加工贸易进出口货物专用报关单等有关单证办理加工贸易货物进出口报关手续。

7. 加工贸易货物备案内容发生变更的，经营企业应当在加工贸易手册有效期内按有关规定办理变更手续。需要报原审批机关批准的，还应当报原审批机关批准。

8. 加工贸易出口制成品属于国家对出口有限制性规定的，经营企业应当向海关提交出口许可证件。加工贸易项下的出口产品属于应当征收出口关税的，海关按照有关规定征收出口关税。

9. 加工贸易货物未经海关许可，不得抵押、质押、留置。

10. 未经海关许可并且未缴纳应纳税款、交验有关许可证件，不得擅自将加工贸易货物在境内销售。加工贸易货物因故转为内销的，海关凭商务（外经贸）主管部门准予内销的有效批准文件，对保税进口料件依法征收税款并加征缓税利息；进口料件属于国家对进口有限制性规定的，经营企业还应当向海关提交进口许可证件。

11. 加工贸易企业应当根据《中华人民共和国会计法》及国家有关法律、行政法规、规章的规定，设置符合海关监管要求的账簿、报表及其他有关单证，记录与本企业加工贸易货物有关的进口、存储、销售、加工、使用、损耗和出口等情况。

12. 海关根据监管需要对加工贸易企业进行核查的，企业应当予以配合。

13. 经营企业应当在手册有效期限内将进口料件加工复出口，以及办理料件或成品的内销、深加工结转、余料结转、放弃、退运等海关手续，并自加工贸易手册项下最后一批成品出口或者加工贸易手册有效期限到期之日起30日内向海关报核。经营企业对外签订的合同因故提前终止的，应当自合同终止之日起30日内向海关报核。报核前必须办结余料结转、征税、退运、放弃等相关手续。

14. 经营企业报核时应当向海关如实申报进口料件、出口成品、边角料、剩余料件、残次品、副产品以及单耗等情况，并向海关提交加工贸易手册、加工贸易进出口货物专用报关单以及海关要求提交的其他单证。

15. 经营企业应妥善保管手册，遗失加工贸易手册的，应当及时向海关报告，并承担相应责任。海关在按照有关规定处理后对遗失的加工贸易手册予以核销。

16. 加工贸易企业出现分立、合并、破产的，应当及时向海关报告，并办结海关手续。加工贸易货物被人民法院或者有关行政执法部门封存的，加工贸易企业应当自加工贸易货物被封存之日起5个工作日内向海关报告。

17. 加工贸易企业从事加工贸易，违反海关法律法规的规定，构成走私或者违反海关监管规定行为的，由海关按照《中华人民共和国海关法》和《中华人民共和国海关行政处罚实施条例》的有关规定予以处理；构成犯罪的，依法追究刑事责任。

18. 本须知未尽事项以及与现行法律法规有抵触的，以现行法律、行政法规、规章为准。

19. 本手册由海关统一印制。

经营企业情况表

经营企业名称(海关注册编码)浙江韦特家具有限公司　　经营期限 长期

注册地址 中国嘉兴中山西路300号　　加工厂厂址 中国嘉兴中山西路300号

注册资本 1000万人民币　　年加工能力 2万套　　年进出口额(美元)600万元

企业管理类别 B类　　厂房所有权:租赁( ) 自建(P) 其他( ) 厂房租赁期 ____

企业负责人 韦特办公电话0086－573－857738××手机138570××××邮箱wt2013@126.com

经办人 董晓 办公电话0086－573－85773872 手机 133270××××邮箱dx2013@126.com

传 真0086－573－85773893　　邮 编314000　　网址www.zjjxwt.com

本企业保证手册填报内容真实有效;愿意遵守《中华人民共和国海关法》及相关法律、行政法规、规章,保证合法经营,按期加工复出口,及时办理变更、核销等海关手续;因故转为内销的,及时按规定办理补税等手续。如有违法违规之情事,愿承担一切法律责任。

企业法人或其授权人签字:韦特

企业盖章:浙江韦特家具有限公司

2013年9月3日

加工企业情况表

企业名称(海关注册编码)________　注册地址________

注册资本________　加工设备价值________

厂房面积________　年加工能力________

企业负责人________　办公电话________　手机________

经办人________　办公电话________　手机________

传真________　邮编________　网址________

本企业愿与经营企业共同承担相应的法律责任。

企业法人或其授权人签字:

企业盖章:

年　月　日

注:如经营企业与加工企业相同,可不填此表。

加工贸易合同备案审批表

加工贸易备案(变更)手册情况表粘贴栏
海关批注意见: 海关备案业务联系电话:________ 海关盖章: 年　月　日

货物进口/结转转入报关登记表

报关日期	报关单编号	运提单号/手册编号	货物名称、规格	单位	数量	价值	海关签章	备注

注：深加工结转和余料结转需在运提单号栏注明转出手册编号。

货物出口/结转转出报关登记表

报关日期	报关单编号	运提单号/手册编号	货物名称、规格	单位	数量	价值	海关签章	备注

注：深加工结转和余料结转需在运提单号栏注明转入手册编号。

货物内销/放弃登记表

报关日期	报关单/凭证号	货物名称、规格	单位	数量	价值	海关签章	备注

注：备注栏注明货物处理方式“内销”或“放弃”。

核销申请表粘贴栏

《海关合同结案表》和《结案通知书》粘贴栏

核 销 申 请 表

手册编号		进口合同号		实际进口额		出口合同号		实际出口额	

实际进口/转入料件情况							实际出口/转出成品耗料情况									征税内销情况		剩余料件/残次品情况		备注
项号	品名和规格	单位	实际进口数量				成品1:		成品2:		成品3:		成品4:		总耗	总量	总价	数量	处理方式:结转/退运/放弃	
			进口	深加工结转	余料结转	总计	出口数量		出口数量		出口数量		出口数量							
							单耗	总耗	单耗	总耗	单耗	总耗	单耗	总耗						

边角料/副产品/受灾货物情况					申报核销单据		缴税情况		本表内容申报无讹,如有不实,本企业愿承担相应的法律责任			
品名和规格	单位	数量	价值	处理方式	手册数量	主册 续册 分册	关税税额		经营企业盖章经办人签字	年 月 日	加工企业盖章经办人签字	年 月 日
					报关单份数	进口 出口						
							增值税额					
					核销申请表	页	消费税额		经营企业电话		加工企业电话	
					其他单据							

任务七:完成单耗申报

董晓在进口加工贸易合同备案的同时,向海关申报《中华人民共和国海关加工贸易单耗申报表》,以便海关在合同备案及核销给予方便,董晓按要求填写《中华人民共和国海关加工贸易单耗申报表》(表 9-14、表 9-15)。

表 9-14 中华人民共和国海关加工贸易单耗申报单

[共 2 页第 1 页]

企业名称		浙江韦特家具有限公司		企业编码	******		手册(电子底账)编号		******
申报环节	□备案 □成品出口前 深加工结转前 内销前 □ 报核前								
成品		项号	1	版本号	/		商品编码		94046900
		商品名称	松木椅	计量单位	套		规格型号		2856
料件	项号	商品编码	商品名称	计量单位	规格型号		单耗/净耗	损耗率	非保税料件比例
	1	44092000.90	松木条	根	45 cm×5 cm×1.7 cm		4		0
	2	44092000.90	松木条	根	39 cm×5 cm×1.7 cm		8		0
	3	44092000.90	松木条	根	44 cm×5 cm×1.4 cm		2		0
注:若“单耗/净耗”栏申报内容为净耗,则需申报相应损耗率数据;若“单耗/净耗”栏申报内容为单耗,则不必重复申报损耗率数据,损耗率栏应为空。									

经办人(签字):董晓 申报日期: 联系电话: 企业印章:

(本申报单一式两联,第一联由海关留存,第二联由加工贸易企业留存)

表 9-15　中华人民共和国海关加工贸易单耗申报单

[共　2　页第　2　页]

企业名称		浙江韦特家具有限公司		企业编码	******	手册(电子底账)编号		******
申报环节		备案　□成品出口前　深加工结转前　内销前　□　报核前						
成品		项号	1	版本号	/	商品编码		94046901
		商品名称	松木桌子	计量单位	个	规格型号		3658
料件	项号	商品编码	商品名称	计量单位	规格型号	单耗/净耗	损耗率	非保税料件比例
	1	44092000.90	松木条	根	80cm×6.5cm×1.4cm	20		0
注:若“单耗/净耗”栏申报内容为净耗,则需申报相应损耗率数据;若“单耗/净耗”栏申报内容为单耗,则不必重复申报损耗率数据,损耗率栏应为空。								

任务八:办理料件进口手续

2013 年 10 月 20 日从上海海关进料,持加工贸易登记手册、装箱单、发票到上海海关预录入进口货物报关单向海关申报。海关经查验后放行,货物运至工厂。填写进口报关单时备案号为海关核发的登记手册编号,报关单中项号、商品编码、规格型号、原产国(地区)、单价、币制按照海关合同备案的内容填写,征免一栏填报“全免”。

任务九:办理成品出口手续

2013 年 12 月 31 日,货物备好后,填制并打印出口货物报关单,备好其他单证,到口岸海关申报,经海关查验后放行。申报所需材料:加工贸易登记手册、已打印好的出口货物报关单、海关需要的其他业务单证。

任务十:办理进料加工核销手续

浙江韦特家具有限公司在海关签发核销结案通知书之日起至次月的增值税纳税申报期内填报《生产企业进料加工手册登记核销申请表》,提供正式申报电子数据及纸质手册或电子化手册,向主管税务机关申请办理进料加工的核销手续。将加工贸易登记手册及该合同所有进出口单据整理并计算核销表,向主管海关核销(有国内购料的,需要提供购料发票;有余料的,余料转至下一个合同或退运出境或补证补税;有废料的,按照海关批准的处理方式处理,无回收利用价值的,可予以免税,有回收利用价值的,应按照规定照章征税)。经海关批准准予核销的,凭海关签发的台账核销联系单到中国银行办理台账核销手续。

技能训练

综合业务题一

翻译成品出口合同的主要交易条款和一般交易条款。

业务背景资料:

主要条款:

品名	数量(双)	单价(美元/双)	总值(美元)
鞋类 订单号 015913/16033	786	8.60	6759.6

续表

品名	数量(双)	单价(美元/双)	总值(美元)
订单号 015914	2772	9.58	26555.76
订单号 016030/29/15916	2190	10.04	21987.6
订单号 016028/27/15916	2268	13.96	31661.28
订单号 015920/18	2268	14.36	32568.48
订单号 015919/21	2268	17.55	39803.4
订单号 015942/34/5/7/16012/4	7392	18.20	134534.4

数量允许5%的溢短装。

贸易术语:FOB 中国上海。

包装:出口纸箱。

装运期:2013 年 7 月 17 日,允许分批,允许转船。

装运港:上海。

目的港:美国港口。

付款方式:提单日后的 60 天内付款。

由买方根据中国人保货物保险条款按发票金额的110%投保一切险。

一般条款:

1. 凡因本合同引起的或与本合同有关的任何争议,均应提交中国国际经济贸易仲裁委员会,按照申请仲裁时该会现行有效的仲裁规则进行仲裁,仲裁裁决是终局的,对双方均有约束力。

2. 品质、数量异议:如买方提出索赔,凡属品质或数量异议须分别于货到目的口岸之日起 30 天或 15 天内提出,对所装货物所提任何异议属第三者责任,卖方概不负责。

综合业务题二

翻译料件进口合同的主要交易条款和一般交易条款

业务背景资料:

品名:皮革。

数量:70795 张。

单价:2.63 美元/张。

贸易术语:CIF SHANGHAI,CHINA。

总值:186 190.85 美元。

付款方式:即期信用证付款。

卖方应提交提单、商业发票、装箱单、原产地证明、重量单、保险单等全套单据。

一般条款:

1. 保险若由买方自理,卖方在货物装运后,立即将合同号、品名、件数、毛重、净重、发票金额、载货船名及装船日期以传真通知买方。

2. 品质、数量异议:在卸货目的口岸,买方申请商检。如买方提出索赔,凡属品质或数量异议须于货到目的口岸之日起 90 天内提出。

3. 凡因本合同引起的或与本合同有关的任何争议,均应提交中国国际经济贸易仲裁委员会，按照申请仲裁时该会现行有效的仲裁规则进行仲裁，仲裁裁决是终局的，对双方均有约束力。

综合业务题三

明确订单对出口产品的包装要求、选择合适的包装材料。

业务背景资料：某公司生产的女士裙，订单要求每件装一个塑料袋，12 件混码装一纸箱。每个纸箱最大重量不超过 20 千克，最小高度不小于 15 厘米。PVC 制作的塑料袋是禁止的，塑料袋必须显示以下警告语：塑料袋是危险的。在选择包装材料的过程中，美国客户来电告知要求纸箱达到如下技术要求：耐破强度 1 500 kPa，边压强度 8 000 牛顿/米，戳穿强度为 100 千克/厘米。请根据要求选择最合适的瓦楞纸板、纸箱（假定每箱衣服重 12 千克，纸箱尺寸为 80 厘米×60 厘米×20 厘米）。

我国瓦楞纸箱分类

种类	内装物最大重量（千克）	最大综合尺寸（毫米）	代号						
			瓦楞结构	1类		2类		3类	
				纸板	纸箱	纸板	纸箱	纸板	纸箱
单瓦楞纸箱	5	700	单瓦楞	S—1.1	BS—1.1	BS—2.1	BS—2.1	BS—3.1	BS—3.1
	10	1 000		S—1.2	BS—1.2	BS—2.2	BS—2.2	BS—3.2	BS—3.2
	20	1 400		S—1.3	BS—1.3	BS—2.3	BS—2.3	BS—3.3	BS—3.3
	30	1 750		S—1.4	BS—1.4	BS—2.4	BS—2.4	BS—3.4	BS—3.4
	40	2 000		S—1.5	BS—1.5	BS—2.5	BS—2.5	BS—3.5	BS—3.5
双瓦楞纸箱	15	1 000	双瓦楞	D—1.1	BD—1.1	BD—2.1	BD—2.1	BD—3.1	BD—3.1
	20	1 400		D—1.2	BD—1.2	BD—2.2	BD—2.2	BD—3.2	BD—3.2
	30	1 750		D—1.3	BD—1.3	BD—2.3	BD—2.3	BD—3.3	BD—3.3
	40	2 000		D—1.4	BD—1.4	BD—2.4	BD—2.4	BD—3.4	BD—3.4
	55	2 500		D—1.5	BD—1.5	BD—2.5	BD—3.5	BD—3.5	BD—2.5

注：1 类箱主要用于出口类贵重物品的运输包装；

2 类箱主要用于内销产品的运输包装；

3 类箱主要用于短途及低廉商品的运输包装。

各类纸箱对瓦楞纸板的技术要求

纸箱种类		纸板代号	耐破强度(千帕)	边压强度(牛顿/米)	戳穿强度(千克/厘米)	含水量(%)
单瓦楞	1类	S—1.1	588	4 900	35	10±2
		S—1.2	784	5 880	50	
		S—1.3	1 177	6 860	65	
		S—1.4	1 569	7 840	85	
		S—1.5	1 961	8 820	100	
	2类	S—2.1	409	4 410	30	
		S—2.2	686	5 390	45	
		S—2.3	980	6 370	60	
		S—2.4	1 373	7 350	70	
		S—2.5	1 764	8 330	80	
	3类	S—3.1	392	3 920	30	
		S—3.2	588	4 900	45	
		S—3.3	784	5 880	60	
		S—3.4	1 177	6 860	70	
		S—3.5	1 569	7 840	80	
双瓦楞	1类	D—1.1	784	6 860	75	10±2
		D—1.2	1 177	7 840	90	
		D—1.3	1 569	8 820	105	
		D—1.4	1 961	9 800	128	
		D—1.5	2 550	10 780	140	
	2类	D—2.1	686	6 370	90	
		D—2.2	980	7 350	85	
		D—2.3	1 373	8 330	100	
		D—2.4	1 764	9 310	110	
		D—2.5	2 158	10 290	130	
	3类	D—3.1	588	5 880	70	
		D—3.2	784	6 860	85	
		D—3.3	1 177	7 840	100	
		D—3.4	1 569	8 820	110	
		D—3.5	1 961	9 800	130	

学习情境十

来料加工业务

学习目标

知识目标：通过学习，要求学生了解来料加工贸易免税的概念，了解申请开具《来料加工贸易免税证明》的企业范围，熟悉来料加工海关核销手续和来料加工登记备案手续。

能力目标：通过学习，能根据交易磋商内容正确缮制来料加工合同；能准确填制《进口料件申请备案清单》、《出口成品申请备案清单》、《出口制成品及对应进口料件消耗备案清单》；能根据相关政策申办《加工贸易业务批准证》；能准确填制《进口料件预录入呈报表》、《出口成品预录入呈报表》、《单耗预录入呈报表》和《保税合同备案预录入呈报表》。

工作任务

浙江金莎进出口有限公司与日本的 PRIME CORPRATION 达成来料加工合同，具体资料如下：

来料：

数量：256M

来料品名及规格：PILE FABRIC 100% POLYESTER

140 CM×30 M

USD 1.132/M

包装：8CTNS

金额：CIF NINGBO USD289.80

来料装运期：2013 年 5 月 30 日

来料目的港：NINGBO

成品：

数量：360PCS

成品名称及规格：100% POLYESTER LADIES VEST IMITATED FURS

包装：CARTON

单价：FOB NINGBO USD4.50

成品装运期：2013 年 8 月 30 日

成品装运目的港：TOKYO

付款方法是：T/T

来料加工合同号码：JS13001001

来料加工合同签订日期：2013 年 2 月 2 日

李婧的工作任务是缮制来料加工合同。

学习环节

任务一　来料加工贸易免税管理

一、来料加工贸易免税的概念

“来料加工”是指由国外客商提供一定的原材料、辅助材料、零部件、元器件、包装材料，必要时提供机器设备及生产技术，委托我国企业按国外客商要求进行加工、装配，成品由国外客商负责销售，我国企业按合同规定收取工缴费的一种贸易方式。根据规定，出口企业取得税务机关出具的《来料加工贸易免税证明》(表 10-1)后，可向主管其征税的税务机关申请办理免征其加工或委托加工货物及其加工收入的增值税和消费税。

表 10-1　来料加工贸易免税证明

__________税务局　　　　　　　　　　　　　　　　　　　　　　　　编号：

__________公司(纳税人识别号：　　　　)下表所列料件属于来料加工贸易的进口料件，请对用此料件加工或委托加工销售的货物及其加工收入免征增值税、消费税。

<table>
<tr><td>来料加工合同号</td><td>来料名称</td><td>单位</td><td>数量</td><td>加工出口的货物名称</td><td>单位</td><td>数量</td><td>加工收入</td><td>备注</td></tr>
<tr><td></td><td></td><td></td><td></td><td></td><td></td><td></td><td></td><td></td></tr>
<tr><td></td><td></td><td></td><td></td><td></td><td></td><td></td><td></td><td></td></tr>
<tr><td></td><td></td><td></td><td></td><td></td><td></td><td></td><td></td><td></td></tr>
<tr><td colspan="5">________财税________分局出具意见：
年　　月　　日</td><td colspan="4" rowspan="2">来料加工出口企业盖章：
年　　月　　日</td></tr>
<tr><td colspan="5">________财税________分局核销意见：
年　　月　　日</td></tr>
</table>

说明：此证明一式四联，由来料加工出口企业填写。经相应财税分局审核签章后，第一联交来料加工出口企业或加工企业的主管税务机关留存，第二联由相应财税分局留存，第三联由来料加工出口企业用于核销，第四联交来料加工出口企业或加工企业留存。

二、申请开具《来料加工贸易免税证明》的企业范围

已办理出口货物退免税认定，对外签订来料加工贸易合同并办理海关来料加工登记手册的各类出口企业，具体包括外贸企业和有进出口经营权的生产企业。来料加工出口企业将承接的来料加工业务再委托其他企业对进口料件进行加工的，由来料加工出口企业负责申请开具《来料加工贸易免税证明》。

三、来料加工贸易的免税管理

(一)来料加工出口企业申请开具《来料加工贸易免税证明》

来料加工出口企业应在执行来料加工合同并免税进口第一批料件后凭以下资料向相应财税分局申请开具《来料加工贸易免税证明》：

(1)海关核签的来料加工登记手册(正本和加盖企业公章的复印件，税务机关留存复印件)。

(2)外经贸主管部门签发的《加工贸易业务批准证》(正本，税务机关留存一联)。

(3)来料加工出口企业与外商签订的来料加工合同。

(4)来料加工出口企业与加工企业签订的委托加工合同(来料加工出口企业自行加工不需提供)。

(5)第一批进料的进口报关单。

(6)填写完整的《来料加工贸易免税证明》(一式四联，来料加工出口企业采用委托加工方式的，应按照来料加工出口企业和加工企业分别填写，并注明加工企业的主管税务机关名称)。

(7)《出口货物退(免)税认定表》正本(表10-2)。

(8)税务机关要求报送的其他资料。

在合同执行中如果发生实际出口额大于合同的，来料加工出口企业应到外经贸主管部门变更《加工贸易业务批准证》，并到相应财税分局办理相应的变更手续。

表 10-2　出口货物退(免)税认定表

编号：

<table>
<tr><td>经营者中文名称</td><td colspan="6"></td></tr>
<tr><td>经营者英文名称</td><td colspan="6"></td></tr>
<tr><td>海关代码</td><td colspan="2"></td><td>拼音助记符</td><td colspan="3"></td></tr>
<tr><td>电话</td><td>传真</td><td></td><td>邮编</td><td></td><td>电子信箱</td><td></td></tr>
<tr><td>住所</td><td colspan="6"></td></tr>
<tr><td>经营场所(中文)</td><td colspan="6"></td></tr>
<tr><td>经营场所(英文)</td><td colspan="6"></td></tr>
</table>

续表 10-2

纳税人识别号				纳税人类型			一般纳税人（ ）		
							小规模纳税人（ ）		
纳税信用等级									
主管征税机关名称									
注册类型	代码		预算级次		行业归属	代码		隶属关系	
	文字					文字			
对外贸易经营者备案登记表编号						经营者类型			
工商登记	注册号		企业法人代表（个体工商负责人）姓名						
	注册日期		注册资金（企业资产/个人财产）（人民币或美元）						
	有效期								
开户银行							账号		
经营者授权办税人员			姓名				电话		
			姓名				电话		
主管外汇管理局									
附送件									
出口退税办法的认定							退税机关认定		
经营者类型及退税计算办法			1. 生产企业免、抵、退税						
			2. 流通企业购进法		1. 加权平均法				
					2. 单票对应法				
			3. 其他						
纸质凭证申报方式			上门申报（ ） 邮寄申报（ ）		电子数据申报方式		上门申报（ ） 邮寄申报（ ）		
是否分部核算			是（ ）否（ ）		分部核算部门电话				
分支机构情况	名称		纳税人登记号	负责人		电话	部门代码		
变更	日期		变更事项				经办人		

认定机关

签章

年　月　日

申请认定者请认真阅读以下条款，并由企业法人代表人或个体工商负责人签字、盖章以示确认。

一、遵守各项税收法律、法规及规章。

二、不伪造、变造、涂改、出租、出借、转让、出卖《出口货物退(免)税认定表》。

三、在认定表中所填写的信息机提交的材料是完整的、准确的、真实的。

四、《出口货物退(免)税认定表》上填写的任何事项发生变化之日起，30 日内到原认定机关办理《出口货物退(免)税认定表》的变更手续。

以上如有违反，将承担一切法律责任。

此表一式两份。

签字(盖章)

年 月 日

(二)税务机关出具《来料加工贸易免税证明》

(1)相应的财税分局应对来料加工出口企业申报资料进行审核，对符合出具条件的，分别为来料加工出口企业和加工企业出具《来料加工贸易免税证明》，按照《加工贸易业务批准证》内的相关金额，在《来料加工贸易免税证明》"意见"栏内注明暂免税金额，并加盖专用章。留存《来料加工贸易免税证明》第二联等资料后，将其他资料退还企业。对发生变更的，相应财税分局应按增加部分出具《来料加工贸易免税证明》。对已出具的《来料加工贸易免税证明》，相应财税分局应通过《来料加工核销告知书》(表 10-3)，告知企业《来料加工贸易免税证明》办理核销的期限，以敦促来料加工出口企业按时办理核销。

表 10-3　来料加工贸易免税核销告知书

________________公司：

你单位________________来料加工手册已申请开具编号为____________的《来料加工贸易免税证明》。请在________年________月________日前，携带以下资料，到________国家税务局第______分局办理免税核销手续：

1.《来料加工贸易免税证明》(第三联)；

2.经主管税务机关核定的《来料加工免税申报明细表》；

3.海关核签的来料加工登记手册(复印件加盖企业公章)；

4.进、出口报关单(收汇核销联正本和加盖企业公章的复印件，税务机关留存复印件；)

5.银行保证金台账或加工贸易合同结案通知书；

6.银行结汇水单或外汇管理部门已核签的银行收汇凭证；

7.税务机关要求报送的其他资料。

逾期未核销的，根据国税规定，将予以补税和处罚。

特此告知。

____________国家税务局第______分局

年　月

(2)对已出具的《来料加工贸易免税证明》,相应财税分局应设立台账,对相关内容和资料进行登记管理,并于每月3日前,将上月已出具《来料加工贸易免税证明》的编号、来料加工出口企业或加工企业名称、纳税人识别号、来料加工登记手册号码、暂免税金额等,以书面形式(包括电子文档)告知各来料加工出口企业及其加工企业的主管税务机关。

(3)来料加工出口企业为加工企业申请开具《来料加工贸易免税证明》的,应将经相应财税分局签章的《来料加工贸易免税证明》第一联、第四联交加工企业。

(三)企业暂免税申请的办理

(1)来料加工出口企业和加工企业应按《来料加工贸易免税证明》开立《来料加工免税申报明细表》(表10-4),并做到一一对应。根据各月实际取得的外商来料加工收入或向来料加工出口企业收取的加工收入,逐笔填写《来料加工免税申报明细表》,随同期的增值税纳税申报表一并向税务机关申请免税。

(2)在办理增值税纳税申报时,来料加工出口企业或加工企业应凭下列资料,向主管税务机关申请办理免征其加工或委托加工货物及其加工收入的增值税、消费税:

①《来料加工贸易免税证明》第四联(交税务机关留存);

②填写完整的《来料加工免税申报明细表》(一式三联);

表10-4 来料加工免税申报明细表

企业名称(盖章):					纳税人识别号:			
《免税证明》编号			手册号		暂免税金额:			
税款所属期	填写日期	外销发票或普通发票号码	出口报关单号码	企业申报免税金额	企业经办人	税务机关核定免税金额	税务机关经办人	备注
合计	—	—	—					

③来料加工合同或委托加工合同(正本和加盖企业公章的复印件,税务机关留存复印件,仅第一次免税申报报送);

④外销发票或收取加工费的普通发票(普通发票为正本和加盖企业公章的复印件,税务机关留存复印件);

⑤税务机关要求报送的其他资料。

(3)加工企业向来料加工出口企业收取加工费时,不得开具增值税专用发票,应开具普通发票。填开发票时,应注明所加工货物的名称、数量、加工费金额等,并在备注栏内注明《来料加工贸易免税证明》编号。

来料加工出口企业向外商收取的加工费,应开具外销发票。

(4)来料加工出口企业和加工企业应按规定将当月申请免税的加工收入填入《增值税纳税申报表》的相应栏目,即属一般纳税人的,填入"出口免征增值税货物及劳务销售额明细"栏,属小规模纳税人的，填入“免税货物”栏。同时，应按规定将来料加工耗用国内垫付料的进项税额转入成本。

(四)税务机关的免税核定

(1)主管税务机关应将相应财税分局转送的《来料加工贸易免税证明》明细资料，按企业分拆到各管理所，用于与企业申报资料的核对。

(2)对企业每月的免税申报，主管税务机关应审核来料加工合同或委托加工合同、外销发票或普通发票等资料，对来料加工出口企业，还应根据企业提供的出口报关单号，核对海关报关电子信息。对无电子信息或纸质凭证不符合要求的加工收入，不予免税。

(3)主管税务机关应对核定的出口收入按照记账汇率进行折算，在市财税三分局确定的“暂免税金额”额度内，将当月核定的免税金额填写在《来料加工免税申报明细表》“税务机关核定免税金额”栏内，然后将《来料加工免税申报明细表》三联退还企业。对合同执行完毕的《来料加工免税申报明细表》，主管税务机关应在“税务机关核定免税金额合计”栏内加盖公章(所戳)，留存一联后，一联由纳税人在核销时交相应财税分局，一联退还纳税人。

(4)主管税务机关应按规定对企业的来料加工国内垫付料进项税额转出情况进行监督。根据相应财税分局出具的《来料加工贸易征税通知单》(表 10-5)，对逾期未办理税务核销以及不予核销部分的已免税收入，按规定进行补税和处罚。

(5)对企业提交的申请资料，主管税务机关应按户按《来料加工贸易免税证明》编号进行归并，并纳入日常纳税申报资料进行管理。

表 10-5 来料加工贸易征税通知单

________________税务局

企业名称	
纳税人识别号	
征税原因	□《来料加工贸易免税证明》编号________________ 未按规定办理免税核销，请予以征税。
	□《来料加工贸易免税证明》编号________________ 金额__________不符合免税核销规定，请予以征税。
备注	
	__________国家税务局______分局 年 月 日
说明：本表一式三份。一份交由来料加工出口企业或加工企业一份由财税分局留存。	

四、来料加工贸易的核销管理

(一)来料加工出口企业的核销申报

来料加工出口企业应在来料加工手册到期后 90 天内，凭以下资料向相应财税分局申请办理来料加工贸易的税务核销：

(1)《来料加工贸易免税证明》(第三联)。

(2)经主管税务机关核定的《来料加工免税申报明细表》(交税务机关留存)。

(3)海关核签的来料加工登记手册(复印件加盖企业公章，交税务机关留存)。

(4)进、出口报关单(收汇核销联正本和加盖企业公章的复印件，税务机关留存复印件)。

(5)银行保证金台账或加工贸易合同结案通知书(正本和加盖企业公章的复印件，税务机关留存复印件)。

(6)外汇管理部门已核签的出口收汇核销单(出口退税专用联)。

(7)税务机关要求报送的其他资料。

委托其他企业进行加工的来料加工出口企业，还应提供加工企业的《来料加工贸易免税证明》第三联及经加工企业主管税务机关核定的《来料加工免税申报明细表》(委托外省市企业加工的，可不提供《来料加工免税申报明细表》，但应提供加工费发票复印件)。

(二)税务机关的免税核销

(1)相应财税分局应对企业免税核销申报资料进行审核，对确认无误的，在《来料加工贸易免税证明》第三联"意见"栏内注明核销金额，并加盖"口退税业务专用章"退还企业。对不予核销的出口收入，相应财税分局应出具《来料加工贸易征税通知单》，要求来料加工出口企业及其加工企业按规定申报纳税。

(2)相应财税分局应按月对已出具《来料加工贸易免税证明》进行清理，对逾期未办理税务核销以及不予核销的，编制《来料加工贸易征税通知单》以书面形式告知各来料加工出口企业及其加工企业的主管税务机关。

任务二　来料加工海关核销

来料加工的特点是：进口料件不付外汇；出口货物仅收取工缴费加工费；加工生产装配的所有权属来料者产品；必须复运出口来料加工项下的进出口货物；一般情况下国家不实行出口许可管理和不征收进口税。海关核销手续 按照我国《海关关于对外加工装配业务的管理规定》加工装配合同必须在合同到期或最后一批加工成品出口后的 1 个月内凭当地税务部门在海关登记手册内签章的核销表连同有关进出口货物报关单以及有关单证向主管海关办理核销手续。核销时应递交下列单证：

①对外加工装配进出口货物登记手册。

②经海关签章的进出口货物报关单。

③对外加工装配补偿贸易合同核销申请结案表。

④对损耗率较高的产品应提供详细的加工生产用料清单和加工工艺说明。

⑤海关需要的其他有关材料。

海关为简化手续提高工作效率体现促进与服务生产的方针根据不同的企业和商品分别采

取信任核销、一般核销和重点核销等方法进行核销：

(1)信任核销。是指海关对守法经营单证齐全合同执行情况正常没有违反海关临管规定可允许由经海关培训认可的企业和自管小组自行核销。核销后的合同、登记手册和单证等应及进送交海关存档。海关除对核销结果保留抽查权外一般不再核对。

(2)一般核销。也称单证核销，是指海关对进口料件和出口成品不涉及国家许可管理保税金额不大有准确的耗料定额没有走私违规嫌疑的可采取一般核销。该方法通常无须下厂核查有关实物和仓储、账册等海关只对有关单证、账册进行证面核对企业只需提供有关资料、样板等配合海关完成核销工作。

(3)重点核销。它是一种单证核对与下厂核量相结合的一种方式。主要适用于信誉不好、有走私违规嫌疑的企业或海关在某段时间内需要作为重点监管的商品。此方式要求企业向海关提供详细的进口料件、存储、保管、提取使用和出口成品的存储、出口销售账册以及相关的商业来往函电、加工工艺流程图等并为海关下厂核查实物、仓储、账册等提供方便，核销中遇有下列情况应主动向海关办理有关手续：

①需要办理征、减、免税手续的。

一是加工完毕后剩余的的边角料件可免领进口货物许可证由海关按其实际使用价值估价征税或酌情减免税企业按海关规定纳税或免税。

二是加工企业按合同规定对外履约后由于改进生产工艺和经营管理而剩余的料件或增产的成品经原审批机关批准转为内销海关核准属实的其价值在进口料件总值 2%以内并且总价值在人民币 3 000 元以下的可免领进口货物许可证和免税其超过部分免领进口货物许可证按料件纳税。

三是合同项下进口料件和加工成品因故要求转内销或因外商单方面中止合同加工单位要求以所存料件或加工成品内销以抵偿工缴费的经原审批机关批准和海关核准后按一般进口货物的规定向海关办理进口手续其中涉及应税商品的照章纳税属国家许可证管理商品的还应申领进口货物许可证。

②将半成品转让加工的。进口料件加工装配后不直接出口而是转让给加一承接进口料件加工成品复出口的加工单位进行再加工装配的由转让料件的单位会同接受转让的加工单位持凭双方签订的购销或委托加工合同等有关单据向海关办理结转和核销手续。

③需要中止、延长或转让合同的。企业因特殊情况需中止、延长或转让某全合同时应向审批机关申请批准后 10 天内向合同主管海关报告经同意后方可执行。核销完毕企业向海关领取加工装配“核销清表”并按海关规定处理合同项下进口的机器设备。

任务三　来料加工登记备案

1. 申请合同备案

报关员应在对外签订的来料加工合同自批准之日起 1 个月内持下列单证向海关申请办理合同登记备案手续。

(1)国家外经贸主管部门批准企业成立的文件；

(2)海关颁发的《报关注册证明书》；

(3)经营单位的公章、报关专用章、合同章和更改章等印模及报关员证件的复印件；

以上为首次开展来料加工业务企业必须递交的单证。

(4)审批部门的批准文件或合同备案证明书(如需以外贸易经济合作部批准立项的项目，还应提供外经贸部批准立项的文件)；

(5)加工单位或外贸(工贸)公司的营业执照；

(6)税务机关签发的税务登记证；

(7)对外签订的正式合同副本和料件清单、耗料定额等；

(8)申请单位向海关购买后填写的签章的“对外加工装配进出口货物登记手册”；

(9)海关认为必要的其他单证如保函。

2. 接受审核

加工企业应接受海关对其单证及加工场所、设备等的审核和勘察，特别是首次申请开办加工装配业务，或开展当前敏感性商品加工项目的企业，应该向海关详细介绍企业生产能力、加工工艺、生产组织形式、经营决策机制和企业会计账册制度等企业基本情况，以便海关对企业的资信进行评估，为海关分类管理企业提供依据。

3. 领取“登记手册”

合同登记备案的目的是最后取得通关资格。因此，凡被确认为符合国家政策规定，符合海关监管要求的合同，均可向海关领取已盖主管海关合同备案专用章及手册编号的“对外加工装配进出口货物登记手册”。报关员凭此手册向口岸海关办理加工装配合同项下料件、设备进口和加工成品出口通关手续。报关员应妥善保管“登记手册”，如有遗失，应及时向主管海关报告，并将有关原进出口货物的单证交主管海关，经海关核查情况属实的，予以补发。在海关补发“登记手册”前，有关货物不得进出口。

任务处理

任务：缮制的来料加工合同

来料加工合同

CONTRACT

(for business of processing(B,s)materials into finished product)

浙江金莎进出口有限公司　　　　　　　　　　　　合同号码：

甲方：ZHEJIANG JINSHA IMP. & EXP. CO., LTD.　　　CONTRACT NO. : JS13001001

Party A：中国宁波市人民南路216号　　　　　　　日期：

216 RENMIN SOUTH ROAD, NINGBO, CHINA.　　　DATE: FEB. 2, 2013

乙方：PRIME CORPRATION

Party B：44－6 YAYO CHOME, NAKANO－KU,

TOKYO JAPAN

甲乙双方经过洽谈，达成来料加工下列商品的协议，现订立合同如下：

An agreement is reached on this date between Party A and Party B on the conclusion of the following business of processing Part B′s materials into finished products according to the provision of this contract.

1. 乙方向甲方负责提供下列原(辅)料，其运输、保险等费用均由乙方承担。

Materials (and finding, if any) to be supplied to Party A by party B′s expense, freight and insurance also to be borne contract.

数量 QUANTIY	来料品名及规格 DESCRIPTION	包装 PACKING	金额(包括保险费及运费) AMOUNT(INSURANCE & FREIGHT INGLUDED)	
256M	PILE FABRIC 100% POLYESTER 140CM×30M	8CTNS	CIF NINGBO USD1.132/M	USD289.80
				TOTAL: USD289.80

来料加工装运期：

Shipment: MAY. 30 ,2013

来料交付目的港：

Destination(for materrials): NINGBO CHINA BY AIR

2. 甲方向乙方提供下列商品：

Finished products to be supplied to Party B by Party A.

数量 QUANTIY	来料品名及规格 DESCRIPTION	包装 PACKING	加工费 PROCESSING CHARGES	
			UNIT PRICE	AMOUNT
360PCS	100% POLYESTER LADIES VEST IMITATED FURS	CARTON	FOB NINGBO USD4.50	USD1620.00 TOTAL: USD 1620.00

付款条件

Terms of Payment: T/T

保险和海运费

Insurance & freight charge: TO BE COVERED BY PARTY B.

成品装运时间

Time of Shipment: SUBJECT TO MATERIALS FOR PROCESSING ARRIVING AT NINGBO NOT LATER THAN AUG. 30, 2013

成品装运目的口岸

Destination(for finished products): TOKYO

凡有关本合同或执行本合同发生争议，由双方友好协商解决。如协商不成，均应提交中国国际经济贸易仲裁委员会宁波分会，按照该会的仲裁规则进行仲裁。仲裁裁决是终局的，对双方均有约束力。

All disputes arising from the axecution of, or in connection with this Sales Confirmation, shall be settled amicably through friendly negotiation. In case no settlement can be reached through negotiation, the case shall then be submitted to China International Economic and Trade Arbitration Commassion, Ningbo Commission for arbitration in accordabce with Rules of Arbitration of China Internatuinal Economic and trade Arbitration Commission. The award made by the Commassion shoud be accepted as final and binding upon both parties.

甲方	乙方
Party A	Party B
ZHEJIANG JINSHA IMP. & EXP. CO., LTD.	PRIME CORPRATION
金莎	PARK

技能训练

综合业务题一

加工贸易业务批准证申请

业务背景资料：上海申宏进出口有限公司委托上海佳美手套有限公司加工一批运动手套复出口，具体内容如下：

经营企业名称：上海申宏进出口有限公司

经营企业编码：3100066677228

加工企业名称：上海佳美手套有限公司

加工企业编码：631766897

加工企业类型：其他企业

加工贸易类型：来料加工

出口制作成品返销截止日期：2013 年 4 月 26 日

来料加工：

合作外商：TOYOSHIMA CO. LTD

合同号：13CRL2E648

加工费(美元)：USD120635.00

进口料件明细：原产国(地区)为加拿大

商品编码	商品名称	规格型号	数量	单位	单价(美元)
5407690021	染色其他聚酯长丝布	140CM	2 446	米	7.874 0
39252000	塑料制衣服着附件		35 525	只	5.340 0
39262000	塑料制衣服着附件		10 595	只	3.450 0
40169990	其他未列名硫化橡胶制品		45 520	只	0.220 0
48211000	纸和纸板印刷的各种标签		46 120	只	0.050 0
5807100020	化纤制机织非绣制标签		46 120	只	0.020 0

出口成品明细:消费国(地区)为泰国,出口口岸为上海海关

序号	商品编码	商品名称	规格型号	数量	单位	单价(美元)	加工费(美元)
1	6216000011	非针织物裁剪制成的运动手套	806	35 526	双	8.813 8	95 207.00
2	6216000011	非针织物裁剪制成的运动手套	1000	6 995	双	6.428 0	16 788.00
3	6216000011	非针织物裁剪制成的运动手套	1000-1	3 600	双	5.920 0	8 640.00

出口制成品及对应进口料件消耗:

进口料件名称	成品 1		成品 2		成品 3	
	单耗	损耗	单耗	损耗	单耗	损耗
染色其他聚酯长丝布	0.06400	0	0.03660	0		
塑料制衣服着附件	1.00000	0				
塑料制衣服着附件			1.00000	0	1.00000	0
其他未列名硫化橡胶制品	1.00000	0				
纸和纸板印刷的各种标签	1.00000	0	1.00000	0	1.00000	0
化纤制机织非绣制标签	1.00000	0	1.00000	0	1.00000	0

进口料件总值(美元):USD258 761.377

出口制成品总值(美元):USD379 393.21

进口口岸:上海海关

出口口岸:上海海关

加工企业地址、联系人、电话:上海市南汇区惠南镇许家村,许佳美,021－77889922

加工地主管海关:上海海关

加工企业生产能力审查单位:上海市南汇区外经委

经营企业银行基本账户账号:10012314645789412

发证日期:2013 年 4 月 27 日

综合业务题二

填制保税合同备案预录入呈报表。

业务背景资料:

经营单位:上海兴华家具进出口公司

经营单位编码:3121236588

经营单位地址:上海新华路 1500 号

联系人:诸兴华 联系电话:021－65080999

加工企业:上海新梅家具有限公司

加工企业编码:3153619826

加工企业地址:上海东方路 285 号

联系人:周新梅 联系电话:021－65080888

外商公司:FISHER CO. LTD

贸易方式:来料加工 征免性质:全额免税 贸易国别:美国

保税方法:全额保税
加工种类:家具制造业
进口合同号:CEB130136
进口总值:18196.00 美元
出口合同:IEB130136
出口总值:37196.00 美元
批准文号:沪经贸(2013)来字第 00018 号
审批机关:上海外经贸委
进口期限:2013 年 2 月 26 日
出口期限:2013 年 12 月 10 日
进出口口岸:上海
报关员:贺贸
填报日期:2013 年 2 月 10 日
加工费:USD15366.92 监管费:0.1%
1.进口料件原产国马来西亚,币别:美元
(1)商品编码:44092000.90 松木条 规格:45 cm×5 cm×1.8 cm 4 000 根 单价:1.04
(2)商品编码:44092000.90 松木条 规格:39 cm×5 cm×1.8 cm 8 000 根 单价:1.04
(3)商品编码:44092000.90 松木条 规格:44 cm×4 cm×1.3 cm 2 000 根 单价:1.04
(4)商品编码:44092000.90 松木条 规格:100 cm×5 cm×1.8 cm 400 根 单价:2.02
(5)商品编码:44092000.90 松木条 规格:39 cm×5 cm×1.8 cm 800 根 单价:2.02
(6)商品编码:44092000.90 松木条 规格:44 cm×4 cm×1.3 cm 200 根 单价:2.02
(7)商品编码:44092000.90 松木条 规格:80 cm×6.5 cm×1.5 cm 400 根 单价:2.02
2.消费国英国,币别:美元

序号	商品编码、品名、规格	数量、单位	单价
1	94016900 椅子 6251	1 000 个	35.82
2	94016900 桌子 6255	20 个	68.80

3.进口料件消耗
(1)桌子(6251),松木

品名、规格	单位耗用量	单位损耗率
松木条 45 cm×5 cm×1.8 cm	4	0
松木条 39 cm×5 cm×1.8 cm	8	0
松木条 44 cm×4 cm×1.3 cm	2	0

(2)桌子(6255),松木

品名、规格	单位耗用量	单位损耗率
松木条 80 cm×6.5 cm×1.5 cm	20	0

综合业务题三

填制报检委托书

业务背景资料：

1. 报送单位：青岛出入境检验检疫局

2. 签字日：2013 年 3 月 1 日

有效期：2013 年 3 月 1 日—2013 年 3 月 31 日

3. 委托方：青岛环岛贸易有限公司

签字人：林园明

传真：0536－3870598

电话：0536－3870597

4. 被委托方：青岛环球物流公司

经办报关员签章：凌聪聪

联系电话：0536－3870565

办理出入境检验检疫事宜：代理报检手续；代缴检验检疫费；负责与检验检机构联系与验货。

5. 主要货物名称

甜杏仁 H.S. 编码：12123012

出口日期：2013 年 3 月 10 日

数量：15 公吨

合同号：HD1302001

6. 代理报检委托书编号：20130123986

参 考 文 献

[1]章安平,王正华.进口业务操作.北京:高等教育出版社,2009.

[2]陈问培,陈培芳.加工贸易业务员.北京:中国海关出版社,2007.

[3]季琼,刘源海.报关与报检实务.北京:高等教育出版社,2012.

[4]郭晓晶,广银芳,朱玉嬴,等.外贸单证实务.北京:高等教育出版社,2011.

[5]俞涔,叶红玉.企业进出口贸易:流程与实务.杭州:浙江大学出版社,2010.

[6]章安平.进出口业务操作.北京:高等教育出版社,2012.

[7]张海燕,肖旭.进出口跟单操作.北京:高等教育出版社,2008.

[8]国际商会中国国家委员会编译.ICC跟单信用证同意惯例(UCP600).北京:中国民主法制出版社,2006.